Inspiring! Kommunizieren im TED-Stil

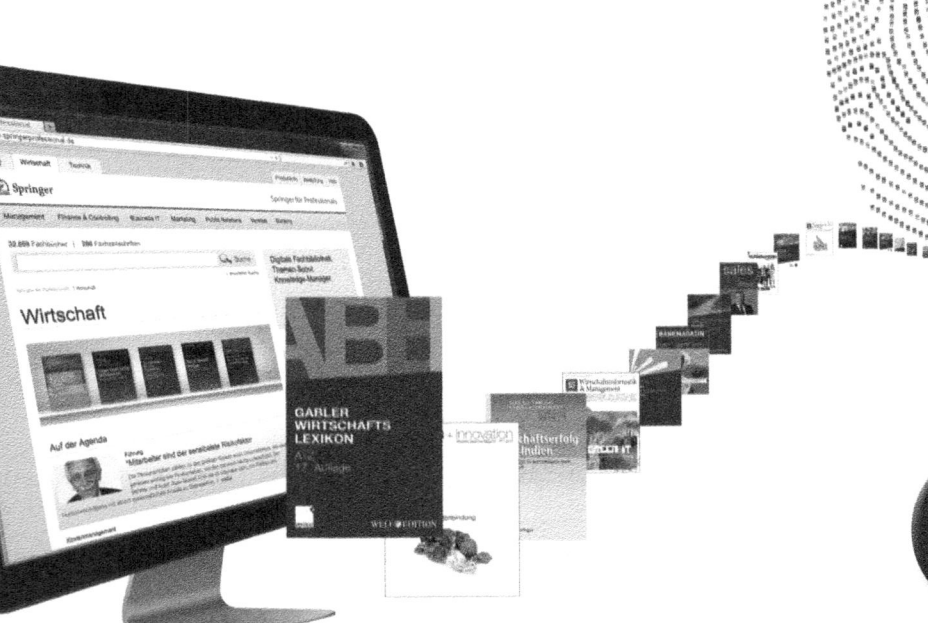 

Frank Edelkraut · Stephan Balzer

Inspiring! Kommunizieren im TED-Stil

 Springer Gabler

Frank Edelkraut
Mentus GmbH
Hamburg
Deutschland

Stephan Balzer
red onion GmbH
Berlin
Deutschland

Das Werk ist nicht durch TED Conferences LLC autorisiert, lizensiert oder gefördert. Es besteht kein Zusammenhang mit den TED-Konferenzen oder den anderen Aktivitäten der TED-Organisation.

ISBN 978-3-658-09572-7
DOI 10.1007/978-3-658-09573-4

ISBN 978-3-658-09573-4 (eBook)

Die Deutsche Nationalbibliothek verzeichnet diese Publikation in der Deutschen Nationalbibliografie; detaillierte bibliografische Daten sind im Internet über http://dnb.d-nb.de abrufbar.

Springer Gabler
© Springer Fachmedien Wiesbaden 2016

Gedruckt auf säurefreiem und chlorfrei gebleichtem Papier

Springer Fachmedien Wiesbaden ist Teil der Fachverlagsgruppe Springer Science+Business Media
(www.springer.com)

Vorwort von Stephan Balzer

Jeder Mensch kennt sie: Momente, in denen man merkt, dass man gerade bei etwas ganz Besonderem dabei ist. Die TED-Organisation spricht in solchen Situationen von den sogenannten „TED Moments": man ist Besucher einer TED-Konferenz und erlebt den Auftritt eines Redners, der im Zusammenspiel mit dem Publikum etwas schafft, das die Kraft hat, neue Visionen und Veränderungen zum Leben zu erwecken. „TED Moments", das sind die Minuten, in denen völlige Stille im Saal herrscht und alle den Atem anhalten. Weil sie merken, welch großer Schritt es für den Redner auf der Bühne ist, mit dem Publikum etwas aus seinem Leben und seiner Erfahrung zu teilen. Sie können sich vorstellen, wie speziell und beeindruckend diese Momente sind. Wenn ich zurückdenke an meine erste TED, die TEDglobal in Oxford, dann war es wie das Eintauchen in einen riesigen Pool an Wissen und an Faszination darüber, wie hier Wissen und Erfahrung geteilt wurden.

Es gab einige Momente, die ich als „TED Moments" für mich bezeichnen würde. Schon als ich mich Ende der 1990er Jahre erstmals mit dem Thema TED befasste, war es mein großer Traum, selbst einmal Gast einer TED zu sein. Zu diesen Zeiten fand die TED noch unter der Leitung von Richard Wurman, dem TED-Gründer, in Monteray statt. Und es war damals fast unmöglich, eine Eintrittskarte zu bekommen: man musste bereits Teilnehmer kennen, die ein Empfehlungsschreiben ausstellten. Zu dieser Zeit kannte ich noch niemanden im Silicon Valley, der mir bei meinem Wunsch nach einer Eintrittskarte hätte helfen können. Man darf nicht vergessen: Die Möglichkeit über das Internet Freunde von Freunden zu finden, die hilfreich gewesen wären, gab es damals noch nicht. Es existierte weder LinkedIn noch Facebook oder andere soziale Netzwerke, die solche Verbindungen hätten schaffen können.

Trotzdem inspirierte mich die Idee der TED so, dass ich Ende der 90er Jahre mit einem Freund von mir, Marc Wohlrabe, eine TED ähnliche Konferenz in Berlin aufbaute – die BERLINBETA. Ähnlich wie bei der TED handelte es sich um ein Festival, das Kreative, Macher, Entdecker und ähnlich gesinnte Menschen zusammenbrachte. Wir kannten damals die Inszenierung einer TED auf der Bühne noch nicht wirklich. Für uns stand der Gedanke im Vordergrund, die unterschiedlichen Disziplinen zusammenzubringen. So gab es bei uns, im Gegensatz zur TED mit jeweils nur einem Speaker auf der Bühne, zahlreiche

Vorträge und Diskussionen zwischen den verschiedenen Gästen. Eine Idee, die eigentlich recht erfolgreich war, hätte uns nicht der Crash der Internet-Wirtschaft 2001 erwischt, so dass wir das Thema Konferenz zunächst wieder auf Eis legen mussten.

Glücklicherweise hatte ich zwischenzeitlich Lara Stein kennengelernt, die nicht nur eine wichtige Rolle bei der Entwicklung der TED-Idee bekommen sollte. Sie war es auch, die das Kapitel TED in mein Leben brachte. Ich kann mich noch gut daran erinnern, wie ich von ihr angesprochen wurde mit der Bitte, mich an einem Projekt zu beteiligen, dass sie damals entwickelte: den TED Price. Lara Stein war damals von der TED engagiert worden, um das Projekt zu steuern und wurde schließlich feste Mitarbeiterin im TED-Team. Sie rief mich 2008 an und berichtete mir von einer faszinierenden Idee: Die TED arbeitete an einem Modell, das es uns erlauben würde, selbst eine TED-Konferenz in Deutschland zu veranstalten. Anfangs schien es mir fast unvorstellbar, dass eine Marke als Lizenz, als Open-Source-Projekt für uns zugänglich sein sollte.

Als das Projekt konkreter wurde und die Regeln für die Veranstaltung einer TEDx feststanden, bewarb ich mich als Erster für ein entsprechendes Event in Deutschland. So durfte ich in Berlin Ende November 2009 die erste deutsche TEDx organisieren und gestalten. Und als ich ein Jahr später, bei der ersten TEDx in Hamburg, meinen ehemaligen Kollegen Frank Edelkraut traf, erkannten wir: Das Potential, das im TED-Format steckt, kann unsere Arbeitswelt und unsere Organisationsformen grundlegend verändern. So entstand die Idee zu diesem Buch – und ich hoffe sehr, dass Sie für Ihre Arbeit viele Ideen finden werden, die Ihnen dabei helfen, Wissen und Ideen spannend und erfolgreich zu verbreiten.

Berlin, Juli 2015   Stephan Balzer

Vorwort von Frank Edelkraut

Es war eindeutig anders! Bereits im Vorhof des Curio-Hauses in Hamburg hatte ich das Gefühl, dass dieser Tag, diese Konferenz anders werden würde als andere Konferenzen. Zuerst war es nur eine diffuse Ahnung, doch dann wurde schon in der ersten Pause klar, was hier so anders war und was dieses Anders ausmachte. Im ersten Abschnitt der TEDx-Konferenz in Hamburg hatten wir mehrere Redner gehört, die alle auf ihre Weise in der Lage waren, uns im Publikum anzusprechen und in den meisten Zuhörern auch etwas auszulösen. Ich kam aus dem Nachdenken, Reflektieren und Weiterdenken gar nicht mehr heraus und hatte auch gar keine Zeit dazu, da die kurzen Talks in dichter Folge wenig Raum dazu ließen. Gut, dass künstlerische Einlagen ein wenig Entspannung boten. Auch die Pause war anders, denn alle Konferenzteilnehmer standen in kleinen, wechselnden Gruppen zusammen, um sich intensiv über die Talks zu unterhalten und einander kennenzulernen. Die Dynamik von der Bühne, die große Offenheit wirkten auch hier und führten zu so etwas wie einem Gefühl der Verbundenheit. Da störte auch der hohe Geräuschpegel und das stete Kommen und Gehen in den Gruppen nicht. Ich wurde geradezu magisch in diese Community hineingezogen und genoss es sehr.

Bisher hatte ich nur die üblichen Konferenzen von Fachorganisationen und Interessenvertretungen erlebt. Diese Mischung aus schneller Taktung, inspirierenden Ideen, Neugier und Vielfalt war anders, war inspirierend. Auf der anderen Seite waren die TED-Konferenzen vor einigen Jahren noch ein echter Geheimtipp und lockten vor allem die Internet Community und einige international erfahrene Menschen dort hin. Nur diese hatten das Wissen darüber, dass es so etwas wie TED überhaupt gab. Heute ist die Gruppe der TED-Enthusiasten stark gewachsen und TEDx-Konferenzen sind entsprechend schnell ausgebucht. Manche Dinge sind aber noch immer gleich. Noch immer kommen die Konferenzteilnehmer schnell und unkompliziert miteinander ins Gespräch. Auch die Inspiration, die von den Rednern ausgeht ist weiterhin groß, vielleicht sogar gewachsen. Denn eines hat sich sicher weiterentwickelt: Die Qualität der Ideen und die Art, wie sie präsentiert werden.

Auf dieser Konferenz in Hamburg habe ich Stephan Balzer wiedergetroffen. Während des Internet-Boom waren wir im selben Unternehmen tätig, hatten uns aber nach dem

„Platzen unserer Blase" aus den Augen verloren. Nun war er Organisator der Konferenz und Ambassador für TED in Westeuropa. Es hat dann noch etwas gedauert, bis unsere jetzige Zusammenarbeit uns wieder eng zusammen geführt hat, aber der Weg war vorgezeichnet. TED Talks haben mich seit damals nicht losgelassen. Trotzdem hat es eine Weile gedauert, bis ich mir als Führungskräfte- und Organisationsentwickler die rückschauend naheliegende Frage gestellt habe, ob man TED Talks sinnvoll in der Weiterentwicklung von Führungskräften und Organisationen einsetzen kann.

Viele der heute über 2000 TED Talks drehen sich um Themen im Bereich Beruf und Karriere und es beeindruckt mich immer wieder, wie es einzelne Redner schaffen, scheinbar alltägliche Themen aus Blickwinkeln zu beleuchten, die überraschend, begeisternd und damit wirksam sind. Ein großer Teil der Wirkung resultiert aus der Machart der TED Talks, die zentrale Elemente des Storytelling mit einer stringenten Durchführung vereint. So entsteht ein Lernraum, der es fast unmöglich macht, nicht animiert zu werden und sich selbst weiterzuentwickeln. Ich persönlich halte TED für eines der wirksamsten Lernformate überhaupt. Wie die Talks und das Lernen zusammenhängen und wie Sie diese Zusammenhänge nutzen können, werden wir in diesem Buch zeigen.

Hamburg, Juli 2015   Dr. Frank Edelkraut

Inhaltsverzeichnis

Einführung

Abb. 1.1 „Backstage" Feeling bei den Proben für die TEDxBerlin im Jahre 2012

© Springer Fachmedien Wiesbaden 2016
F. Edelkraut, S. Balzer, *Inspiring! Kommunizieren im TED-Stil*,
DOI 10.1007/978-3-658-09573-4_1

Start big!

Die erste Regel für TED-Redner muss natürlich auch für ein Buch gelten, von dem wir hoffen, dass es dazu motiviert, die Prinzipien von TED Talks für die eigene Kommunikation zu nutzen. Also lassen Sie uns „big" starten. Wie wäre es mit dem Urknall oder noch besser mit der Geschichte des Universums vom Urknall bis heute? Big enough?

Wahrscheinlich schon aber möglicherweise fragen Sie sich, was das Universum mit TED und der Wirtschaft zu tun hat. Oder Sie zweifeln, dass ein solch komplexes Thema in ein Buch passt. Unsere Antwort: Es passt sogar in einen TED Talk von 17:36 min. Dies beweist der britische Historiker David Christian, der in seinem Talk die Geschichte des Universums darstellt. Dabei spricht er mehrere Aspekte an, die wir an verschiedenen Stellen dieses Buches aufnehmen werden.

David Christian, „The history of our world in 18 min"

„Backed by stunning illustrations, David Christian narrates a complete history of the universe, from the big bang to the Internet, in a riveting 18 min. This is, big history': an enlightening, wide-angle look at complexity, life and humanity, set against our slim share of the cosmic timeline."

Quelle: http://www.ted.com/talks/david_christian_big_history

Der zentrale Aspekt ist nach seiner Auffassung die Fähigkeit der Menschheit, als Kollektiv zu lernen. Wir sind die Spezies auf diesem Planeten, deren geistige Fähigkeit es möglich macht, eine ausreichende Grundlage (Landwirtschaft, Energieversorgung) zu schaffen, so dass der tägliche Kampf ums Überleben in den Hintergrund treten kann. Stattdessen können Kreativität und Austausch erheblichen Raum einnehmen. Zusammen mit einem Sprachvermögen, das uns erlaubt Geschichten zu erzählen haben wir eine Geschichte der Menschheit geschaffen: nicht immer schön, aber über viele Jahrhunderte, Kulturen und Regionen hinweg. Die Vernetzung durch weltweiten Handel, Wissenschaft oder Kultur, hat über die Menschheitsgeschichte hinweg ein globales Netz aus Milliarden Gehirnen geschaffen. Unser Wissen wird immer schneller aufgebaut, über das Internet inzwischen „mit einem Klick".

In gewisser Weise sind die meisten Entwicklungen der Wirtschaft, die wir aktuell diskutieren mit dieser Fähigkeit zum kollektiven Lernen (collective learning) und dessen Beschleunigung durch das Internet verbunden. Damit sind Chancen und Risiken verbunden, Freiheiten sich zu entfalten und Zwänge, sich anzupassen. Wer die Chancen in den Vordergrund stellt, kann Möglichkeiten nutzen, die bisher nicht verfügbar waren. Für die Chancensucher ist dieses Buch geschrieben. Es wird Ihnen helfen, eine der wesentlichen Kompetenzen für den Erfolg in der neuen, agilen Arbeitswelt für sich nutzbar zu machen: inspirierend zu kommunizieren und Menschen zu motivieren. Denn Sprache und Kommunikation sind der Schlüssel der Entwicklung.

Darüber hinaus können TED Talks eine weitere Rolle spielen, denn aktuell gelten sie als Best Practice für inspirierende Kommunikation. In TED Talks wird eine Idee kurz und sehr menschlich vermittelt. Über drei Milliarden Views zeigen, dass sie ihre Wirkung nicht verfehlen. Inzwischen ist eine weltweite Fangemeinde entstanden, die auch als Indikator aufzeigt, welche Konsequenzen TED Talks und andere hochwertige Kommunikationsformate für Unternehmen haben können. Carmine Gallo, ein anerkannter Kommunikations- und Markenexperte in den USA bringt es auf den Punkt. Er betitelt einen Beitrag auf LinkedIn (Gallo 2015): „Why Your Next Presentation Will Be Compared To A TED Talk".

Formate wie die TED Talks begeistern nicht nur aus sich heraus, sie verändern auch die Nutzungsgewohnheiten und die Erwartungen an Kommunikation. Dem kann sich kein Unternehmen, keine Führungskraft auf Dauer entziehen. In Kap. 2 werden wir etwas genauer auf diese Thematik eingehen und Ihnen zeigen, was sonst hinter dieser Entwicklung steckt und welche Konsequenzen sich für Unternehmen, Führung und Sie selbst ergeben. Die Fähigkeit, inspirierend zu reden und zu präsentieren, wird eine der Schlüsselkompetenzen der neuen Arbeitswelt. Im dritten Kapitel schauen wir dann hinter die Kulissen der TED-Organisation, auch hiervon kann man einiges lernen. Übrigens, wenn Sie zu denjenigen gehören, die TED bisher noch nicht kennen und dieses Buch spontan, rein zufällig oder auf Empfehlung lesen, dann könnte es sinnvoll sein, mit dem 3. Kapitel zu starten. Dem Verständnis der Diskussion hilft es, die Geschichte und Organisation von TED und den Siegeszug der TED Talks im Internet zu kennen.

Eine Idee zu vermitteln, ist für einen TED Talk genau richtig, reicht aber sicher nicht für das operative Tagesgeschäft einer Führungskraft. Dafür ist die Komplexität der Führungsaufgabe oder moderner Spezialistenrollen zu hoch. Genau in diesem scheinbaren Widerspruch liegt jedoch eine Chance. Wer die Logik und Techniken hinter TED Talks verstanden hat, kann auch seine sonstige Kommunikation besser fokussieren, Zuhörer gerechter gestalten und einfach effizienter werden. In den Kap. 4 und 5 zeigen wir Ihnen, wie eine zuhörergerechte Kommunikation gestaltet werden kann, und wie Sie konkret eine Rede oder Präsentation aufbauen.

Eine begeisternde Rede oder Präsentation benötigt auch einen angemessenen Rahmen, auch hier haben sich Erwartungen und Möglichkeiten verändert. Eine PowerPoint-Schlacht in einem tristen Tagungsraum tut es nicht mehr. Daher werden wir in den Kap. 5 und 6 hinter die Bühnen einer TED-Konferenz und anderer Event-Formate gehen und sehen, was wir über Veranstaltungen lernen können, die zukunftsweisend sind. Sie werden sehen, dass es sich auch hier lohnt, ein paar Gedanken an den Kontext der Kommunikation und die Wirkung auf Ihre Zuhörer zu investieren.

Investieren ist dann auch das Stichwort. Wir würden uns freuen, wenn Ihre investierte Zeit und Energie in die Lektüre des Buches zu folgenden Wirkungen führt:

- Sie sind motiviert, Ihre eigene Kommunikation weiterzuentwickeln und Inspiration zu erzeugen.
- Sie sind sich klar geworden, welche Methoden und Instrumente Sie einsetzen können, um dieses Ziel zu erreichen.
- Sie haben einen eigenen Weg entwickelt, der Ihnen hilft, jeden zukünftigen Auftritt zum besten Ihres Lebens werden zu lassen.

Lassen Sie uns auf die Reise gehen und erleben, wie inspirierend Wirtschaft und Führung sein können.

Inspiration treibt Wirtschaft

Abb. 2.1 Fred Janssen spricht auf der TEDx Hamburg im Juni 2015 über die Landung der Raumsonde Rosetta auf dem Kometen 67P/Churyumov-Gerasimenko. Foto: Sebastian Gabsch

© Springer Fachmedien Wiesbaden 2016
F. Edelkraut, S. Balzer, *Inspiring! Kommunizieren im TED-Stil,*
DOI 10.1007/978-3-658-09573-4_2

Welcome to the new normal

Wir stecken mitten in einer radikalen Transformation – weltweit und alle Menschen betreffend. Weil wir mitten drin stecken, fällt es dem Einzelnen jedoch nicht immer leicht zu erkennen, wie schnell sich die Welt und damit auch die Grundlagen für Wirtschaft und unser Miteinander verändern (Abb. 2.1).

Wer ein wenig aufmerksam ist, wird die vielfachen Diskussion verfolgen, die sich um Veränderungen in der Wirtschaft drehen. „Industrie 4.0" als Schlagwort und nächste Stufe der Digitalisierung der Industrie, Künstliche Intelligenz, Robotik, neue Energieerzeugungs- und -verteilungssysteme usw. sind aktuelle Beispiele für technologische Fortschritte. Manche Treiber der Veränderung sind jedoch Entwicklungen auf einer ganz anderen Seite, einem sozialen Aspekt von Wirtschaft.

Viele der besonders intensiv diskutierten Entwicklungen resultieren aus einem Phänomen, das mit kollektivem Lernen (collective learning) bezeichnet wird. Gemeint ist die Beobachtung, dass intensiv vernetzte und kommunizierende Gruppen eine deutlich schnellere Lernkurve aufweisen und innovativere Lösungen entwickeln. In solchen Gruppen entstehen schnell Innovationen, die zu neuartigen Geschäftsmodellen, Methoden und Arbeitsweisen führen. Agile Projektmethoden, Crowdworking (vgl. Kasten unten) und Co-Creation oder Mobile Payment und Crowd Financing – neue Geschäftsmodelle entstehen in einer gefühlt immer schnelleren Folge, die auf der Kombination bereits bestehender Technologien beruhen oder neue Arbeitsweisen einführen. Vieles davon war so vor wenigen Jahren nicht denkbar. In der globalen, digitalisierten Wirtschaft besitzen jedoch immer mehr gut ausgebildete Menschen ein Smartphone, dessen Rechnerleistung noch vor wenigen Jahren unbezahlbar war, und das sie über das Internet weltweit vernetzt. Diese Kombination aus kreativen Köpfen und weltweiter Vernetzung ist die Grundlage dafür, dass die Welle an Innovationen und Transformation von Geschäftsmodellen gerade erst anläuft.

Selbstverständlich wird kollektives Lernen in unterschiedlichen Branchen und Regionen unterschiedliche Bedeutung erlangen. Schließlich wird ein großes Infrastrukturprojekt oder ein Produktstart in einem hochregulierten Markt auch zukünftig viel Zeit erfordern und sich durch digitale und kollaborative Systeme nicht wesentlich beschleunigen lassen. Weizen wächst halt nicht schneller, wenn man daran zieht oder sich mehr Leute darüber unterhalten, wie das Wachstum beschleunigt werden kann.

Ideen treiben die Welt vielleicht zu Szenarien und Anwendungen, an die heute wenige denken. Warum denn Weizen oder Großprojekte? Wie wäre es mit Algen oder durch eine KI (Künstliche Intelligenz) gesteuerte Schwärme von Bau-Drohnen? Ersetzen wir die teure Infrastruktur für Strom doch einfach durch dezentrale Speicher- und Steuerungssysteme. Darüber wird bereits diskutiert und wer weiß, was da noch auf uns zukommt. Möglichkeiten gehen einfach nicht aus, solange intelligente Menschen miteinander große Ziele verfolgen. Der entscheidende Punkt ist, dass seit einigen Jahren die Kommunikation der Menschen untereinander nahezu unbegrenzt und gemeinsames Lernen und Befruchten möglich ist.

▶ **Inspiration – Eine Definition** Im Allgemeinen versteht man unter Inspiration eine Eingebung, einen unerwarteten Einfall oder den Ausgangspunkt künstlerischer Kreativität. Der lateinische Ursprung „inspiratio: Beseelung, Einhauchung" weist auf den philosophischen Hintergrund des Begriffes hin, der göttliche Eingebung als Ursache von Kunst und Ideen ansieht. Inspiration beruht häufig auf Überlegungen, die man selber nie angestellt hätte.

Das enorme Potenzial der Vernetzung intelligenter Menschen ist auch ein wesentlicher Treiber der TED-Organisation (www.ted.com), die weltweit Konferenzen organisiert und die Beiträge als Video ins Netz stellt (vgl. Kap. 3). Inzwischen sind allein auf der Hauptplattform rund 2000 Videos zu sehen, die über drei Milliarden Mal angesehen wurden. Der aktuelle Kurator Chris Anderson hat bereits 2010 in seinem Talk „How web videos powers global innovation" gezeigt, was die Grundlage für diese schnelle Verbreitung ist.

Chris Anderson, „How web video powers global innovation"

„TED's Chris Anderson says the rise of web video is driving a worldwide phenomenon, he calls Crowd Accelerated Innovation – a self-fueling cycle of learning that could be as significant as the invention of print. But to tap into its power, organizations will need to embrace radical openness."

Quelle: http://www.ted.com/talks/chris_anderson_how_web_video_powers_global_ innovation

Die Beobachtung, die Chris Anderson in seinem Talk beschreibt, passt genau zu der Beobachtung, die David Christian (vgl. Einleitung) mit dem kollektiven Lernen beschrieben hat. Experten, Querdenker und Menschen mit Leidenschaften treffen sich, um voneinander zu lernen und sich gegenseitig zu fördern. Neu ist, dass sich Menschen aus allen Teilen der Gesellschaft im Internet treffen und Web-Videos nutzen. Voraussetzung für den Erfolg sind drei Faktoren:

1. Crowd – Umso größer die Gruppe ist, desto größer ist deren innovatives Potenzial.
2. Light – Sichtbarkeit dessen, wozu die Einzelnen fähig sind.
3. Desire – Leidenschaft treibt die Menschen dazu, immer besser werden zu wollen.

Wer sich den Erfolg der TED Talks, die zunehmende Nutzung von Crowdworking-Plattformen etc. ansieht, der merkt, dass die von Chris Anderson beschriebene Logik funktioniert. Die Nutzung des internetbasierten Innovationsansatzes setzt allerdings ein Element voraus, dass konträr zu den Vorstellungen der bisherigen Wirtschaftswelt steht: Offenheit und Transparenz. Es ist damit ein Beispiel für mehrere Veränderungen in der Geisteshaltung, die Entscheider in der Wirtschaft vornehmen müssen, wenn sie die Transformation ihrer Unternehmen in die neue, agile Wirtschaftswelt meistern wollen.

Hierzu noch ein Zitat aus dem Talk von Chris Anderson: „Also, the system is self-fue-ling. It's the crowd that shines the light and fuels the desire, but the light and desire are a lethal one-two combination that attract new people to the crowd. So, this is a model that pretty much any organization could use to try and nurture its own cycle of crowd-accele-rated innovation. Invite the crowd, let in the light, dial up the desire. And the hardest part about that is probably the light, because it means you have to open up, you have to show your stuff to the world. It's by giving away what you think is your deepest secret that may-be millions of people are empowered to help improve it."

Exkurs: Die Macht der Vielen – Crowdworking, Crowdsourcing, Crowdfunding

Mit den Begriffen wie Crowdworking oder Crowdsourcing wird eine Verlagerung von Aufgaben in das Internet bezeichnet, die früher innerhalb von Unternehmen bearbeitet wurden. Die Leistung wird kooperativ erbracht. Das wohl bekannteste Beispiel für Crowdsourcing ist Wikipedia, das auf der freiwilligen Zuarbeit vieler Autoren beruht. Nach der gleichen Logik funktioniert auch das Crowdfunding, wobei sich viele Geldgeber zusammenschließen, um ein Projekt zu finanzieren (vgl. http://de.wikipedia.org/wiki/Crowdsourcing).

Wie erfolgreiche Crowdworking-Ansätze aussehen können, zeigen Plattformen wie jovoto (http://www.jovoto.com) oder crowdworx (https://www.crowdworx.de). Dort stellen Unternehmen ihre Design- oder Innovationsfragen ein und ein Team, das sich spontan aus einer großen Communi-ty versammelt (jovoto hat über 20.000 Designern weltweit), arbeitet in kurzer Zeit eine Lösung aus.

Alle drei Faktoren aus dem Talk von Chris Anderson sind vorhanden: Crowd, Light und Desire. Sofort wird auch der Unterschied zur herkömmlichen Vorgehensweise klar. Designaufgaben oder Innovationen werden herkömmlich in definierten Abteilungen entwickelt, in denen eine begrenzte Anzahl Mitarbeiter, in definierten Funktionen mit bewährten Instrumenten an ausgewählten Frage-stellungen arbeiten. Immer im „eigenen Saft schmorend", in der Unternehmenskultur und -politik verhaftet und … Der Effekt muss nicht weiter beschrieben werden.

Kritiker des Crowdworking-Ansatzes weisen immer wieder auf zwei Aspekte hin: Qualität und Vertraulichkeit. Die Erfahrung zeigt jedoch, dass die Qualität der in einer Crowd erarbeiteten Lö-sungen höher ist, sofern innovative Ideen gefragt sind. Für Fragen, die tiefes Spezialistenwissen erfordern, müssen entsprechend vorqualifizierte Crowds gebildet werden, was häufig schwierig ist, weil nur sehr wenige Spezialisten existieren. Der Punkt Vertraulichkeit ist valide und bedarf einer Entscheidung. Hier geht es erneut um den bereits angesprochenen Aspekt der Grundhaltung. Wenn ich (altes Denken) eine Lösung exklusiv für mein Unternehmen nutzen will und die Lösung mög-licherweise auch patentieren lasse, ist der Crowd-Ansatz über die Bildung geschlossener Experten-pools noch immer möglich. Dafür steigen die Kosten und ein Teil des kreativen Potenzials geht verloren. Der Knackpunkt liegt für viele Unternehmen und Entscheider darin, die Logik der Ex-klusivität kritisch zu prüfen und ggf. über Bord zu werfen. In einer VUCA-Welt (s. u.), die immer dynamischer und individueller wird, macht die Logik des Produktschutzes immer weniger Sinn. Eine schnelle, kundenorientierte Lösung verspricht mehr Vorteile, sofern eine schnelle Umsetzung im Unternehmen (time-to-market) gewährleistet ist.

Die Dynamik, die in großen Gruppen steckt und zu Veränderungen in ganzen Systemen führen kann, zeigt unter anderem ein kurzer TED Talk von Peter Norvig. Er hat in Stan-ford einen Kurs über Künstliche Intelligenz gehalten, an dem neben den Präsenzstudenten auch über 100.000 Studierende im Internet teilnahmen. Auch wenn die schiere Anzahl der Studierenden für manchen ein Symbol für die neue, digitale Welt sein mögen, sind es zwei andere Aspekte, die viel größere Relevanz besitzen. Das klassische Lehrformat des „weisen Professors", der eine Vorlesung im wörtlichen Sinne hält, trat in den Hintergrund zugunsten von:

- Kurze Lehrvideos, mit deren Hilfe sich die Studierenden eigenständig mit dem Thema auseinandersetzen, um sie später mit Kommilitonen zu diskutieren (flipped classroom).
- Peer Instruction, d. h. die Studierenden agieren als Lerner und Lehrer, indem sie miteinander lernen und sich gegenseitig unterstützen.

Ein Zitat aus dem Talk von Peter Norvig verdeutlicht dies: „From Daphne Koller and Andrew Ng, we learned the concept of ‚flipping‘ the classroom. Students watched the videos on their own, and then they come together to discuss them. From Eric Mazur, I learned about peer instruction, that peers can be the best teachers, because they're the ones that remember what it's like to not understand. Sebastian and I have forgotten some of that. Of course, we couldn't have a classroom discussion with tens of thousands of students, so we encouraged and nurtured these online forums.“

Man benötigt nicht viel Phantasie, um sich vorzustellen, welches Potenzial in solchen Formaten steckt, wenn sie auf die Personalentwicklung in den Unternehmen, das Wissensmanagement von Außendiensten und Vertriebspartner usw. angewandt werden. Und wieder tauchen an zentraler Stelle Web-Videos auf.

Peter Norvig, „The 100,000-student classroom"

„In the fall of 2011 Peter Norvig taught a class with Sebastian Thrun on artificial intelligence at Stanford attended by 175 students in situ – and over 100,000 via an interactive webcast. He shares what he learned about teaching to a global classroom.“

Quelle: http://www.ted.com/talks/peter_norvig_the_100_000_student_classroom?language=en

---

2.1   Warum ausgerechnet Videos?

Aus dem bisher diskutierten ist noch nicht ersichtlich, wieso ausgerechnet Web-Videos so gut funktionieren, welche Vorteile dieses Format bietet. Auch hierzu hat Chris Anderson Hinweise gegeben: „Here's another example that's close to our hearts at TED, where video is sometimes more powerful than print – the sharing of an idea. Why do people like watching TEDTalks? All those ideas are already out there in print. It's actually faster to read than to view. Why would someone bother? Well, so, there's some showing as well as telling. But even leaving the screen out of it, there's still a lot more being transferred than just words. And in that non-verbal portion, there's some serious magic. Somewhere hidden in the physical gestures, the vocal cadence, the facial expressions, the eye contact, the passion, the kind of awkward, British body language, the sense of how the audience are reacting, there are hundreds of subconscious clues that go to how well you will understand, and whether you're inspired – light, if you like, and desire. Incredibly, all of this can be communicated on just a few square inches of a screen.“

Videos sind somit erfolgreicher als andere Kommunikationsformate, weil sie das menschliche Bedürfnis, möglichst viel über den anderen zu erfahren, ideal bedienen. Somit verwundet es auch nicht, dass Video-Plattformen wie Youtube, Vimeo oder eben TED so großen Erfolg haben. Das geschriebene Wort dagegen, ist in diesem Zusammenhang als eindimensional zu bezeichnen. Darüber hinaus fordert es dem Leser andere Qualitäten ab, z. B. Ruhe oder Reflexion bzw. eine spezielle Form der Intelligenz.

Exkurs: For free. For everyone. Forever. – Die Khan Academy

Die Khan Academy (https://www.khanacademy.org/) ist ein weiteres Beispiel dafür, wie die Möglichkeiten des Internet, intelligent genutzt, schnell zu großer Verbreitung und Weiterentwicklung führen. Ursprünglich als privates Nachhilfe-Projekt eines Hedge Fond Managers in den USA gegründet, ist die Khan Academy heute eine Non-profit-Organisation, die sich selbst folgende Mission gegeben hat: „A personalized learning resource for all ages".

„Khan Academy offers practice exercises, instructional videos, and a personalized learning dashboard that empower learners to study at their own pace in and outside of the classroom. We tackle math, science, computer programming, history, art history, economics, and more. Our math missions guide learners from kindergarten to calculus using state-of-the-art, adaptive technology that identifies strengths and learning gaps. We've also partnered with institutions like NASA, The Museum of Modern Art, The California Academy of Sciences, and MIT to offer specialized content."

Die Khan Academy stellt Selbstlernmaterial zur Verfügung, die es allen Menschen mit Internetzugang erlaubt, sich in vielen Fächern Wissen anzueignen. Inzwischen entstehen internationale Ableger, die Videos mit Untertiteln in verschiedenen Sprachen versehen oder eigenen Content produzieren. Der Erfolg der Khan Academy beruht auf den hochwertig produzierten Videos, die didaktisch hervorragend auch sehr komplexe Themen aus Mathematik und Naturwissenschaften erklären. Viele Nutzer haben erst durch die Videos Sachverhalte verstanden, die sie im normalen Schulunterricht nicht verstanden haben.

Der größte Einfluss der Khan Academy kann darin gesehen werden, dass immer mehr Lehrer und Schulen dazu übergehen, die Schüler zum Selbststudium mit Hilfe der Khan Academy zu ermuntern und die Unterrichtszeit in der Schule primär dazu zu nutzen, die Dinge zu vertiefen, die nicht verstanden wurden. Der übliche Ablauf schulischer Lehre wird somit verändert, weshalb die Logik auch mit „flipped classroom" bezeichnet wird. Diese Methodik hat inzwischen auch in der Personalentwicklung vieler Unternehmen Einzug gehalten, die Selbstlernmaterial elektronisch verfügbar machen und Präsenzzeiten in (meist verkürzten) Seminaren nur noch zur Vertiefung, Einübung von Fertigkeiten und sozialem Lernen generell nutzen. Dieser Trend aus verstärktem Einsatz elektronischer Lernformate für die Vermittlung von Wissen und einer stärkeren Fokussierung der Präsenzzeiten auf soziale Lernformate verbreitet sich rasch, da deutlich bessere Ergebnisse bei geringerem Aufwand verzeichnet werden.

Salman Khan: „Let's use video to reinvent education"

„Salman Khan talks about how and why he created the remarkable Khan Academy, a carefully structured series of educational videos offering complete curricula in math and, now, other subjects. He shows the power of interactive exercises, and calls for teachers to consider flipping the traditional classroom script – give students video lectures to watch at home, and do ‚homework' in the classroom with the teacher available to help."

Quelle: http://www.ted.com/talks/salman_khan_let_s_use_video_to_reinvent_education

2.2   Web-Videos in Unternehmen

Aus Sicht von Unternehmen und Wirtschaft resultiert aus diesem Erfolg der Web-Videos eine zentrale Frage: Wenn Kunden und Mitarbeiter immer häufiger auf Web-Videos zurückgreifen werden und klassische Kommunikationsformate wie Bücher, TV, Zeitschriften Schritt für Schritt an Bedeutung verlören, was ergäbe sich daraus für uns als Unternehmen? Werden die veränderten Nutzungsgewohnheiten auch zu veränderten Erwartungen an Kommunikation führen? Sollten wir dann unsere Kommunikationskanäle und -formate überprüfen? Die Antwort ist eindeutig: Ja.

Das folgende Experiment zeigt pragmatisch, wie eine Wechselwirkung zwischen beruflicher und privater Kommunikationsgewohnheiten und -erwartungen mit der zukünftigen Kommunikation in Unternehmen verbunden ist.

Experiment – Verhalten und Erwartungen verändern

Mehrfach haben wir in diesem Kapitel die Meinung vertreten, dass sich Haltungen und Erwartungen durch Kommunikation und konkret durch Web-Videos oder TED Talks verändern lassen. Konnten Sie dem uneingeschränkt zustimmen? Falls ja, können Sie das folgende Gedankenexperiment entspannt und mit Humor genießen. Wenn Sie dagegen Zweifel an der These haben oder diese gar vollständig ablehnen, laden wir Sie zu einem Experiment ein, das unsere These und Ihre Haltung gleichermaßen herausfordert. Worum geht es?

Viele Unternehmen verbreiten auf ihren Websites Videos, in denen das Unternehmen mit seinen Produkten und Mitarbeitern vorgestellt wird. Diese Videos sind in der Regel von der Marketingabteilung mit einem externen Dienstleister kreiert und realisiert worden. Wir denken, Sie wissen welche Videos wir meinen.

Schritt 1 unseres Experimentes: Bitte sehen Sie sich, sofern vorhanden, das Video Ihres Unternehmens an. Wenn Sie nicht für ein Unternehmen mit Imagevideo arbeiten, suchen Sie sich ein beliebiges Beispiel im Internet, die großen Unternehmen bieten solche Videos an.

Frage 1: Wie wirkt das Video auf Sie? Ist es attraktiv gemacht und überzeugt Sie, dass Ihr Unternehmen in jeder Hinsicht toll ist?

Schritt 2: Bitte sehen Sie sich „Cedric der Film" an. Es handelt sich um die Abschlussarbeit des Studienganges Medienproduktion an der Fachhochschule Lippe Höxter von Jens Kämper, Christian Marschalt und Hendrik Pieta, die 2006 publiziert wurde. Wir empfehlen den gesamten Film (10 min) anzusehen, es lohnt sich! Für die Eiligen, es geht in diesem Experiment um das Imagevideo ab Minute 4:50 (www.cedric-der-film.de).

Frage 2: Wie hat dieses Imagevideo auf Sie gewirkt?

Und nun die zentrale Frage: Wie werden Sie zukünftig Imagevideos sehen und bewerten? Hat sich gerade etwas verändert? Wir wetten ja! Denn schließlich gilt: „Eine Welt des Wandels braucht Flexibilität". Ab heute müssen Unternehmen anders mit Ihnen kommunizieren, Ihre Sicht auf das Format Imagevideo hat sich „verschoben", oder?

Nun sind Imagefilme nur eine Nische in den vielfältigen Kommunikationsformaten, die Unternehmen benötigen, um nach Innen (Mitarbeiter etc.) und Außen (Kunden, Lieferanten etc.) zu kommunizieren. Können Web-Videos auch an anderer Stelle eine bessere Form der Kommunikation darstellen? Wir meinen: auf jeden Fall. Bereits heute sind unzählige Videos im Netz, die als Ersatz für Bedienungsanleitungen erklären, wie Produkte funktionieren oder zu reparieren sind. Lernangebote werden zunehmend als Videos angeboten und ersetzen bzw. ergänzen Präsenzveranstaltungen und Lehrbücher. Es gibt viele

Einsatzmöglichkeiten für Web-Videos und der voranschreitende Ausbau der Netzinfra-
struktur erlaubt immer komplexere und umfangreichere Angebote.

Um sich die gesamte Tragweite dieser Entwicklung klar zu machen, gilt es die zukünftige Wirtschafts- und Arbeitswelt noch einmal genauer zu betrachten und zu analysieren,
wie sich Kommunikation generell und die verschiedenen Kommunikationsanlässe und
-formate entwickeln werden.

2.3 Eine Reise in die VUCA-Welt

„VUCA" ist ein Akronym, das die generelle Volatilität (volatility), Unsicherheit (uncertainty), Komplexität (complexity) und Mehrdeutigkeit (ambiguity) der modernen Welt
bezeichnet. Der Begriff VUCA wird seit den 1990er Jahren verwendet und stammt ursprünglich aus dem militärischen Umfeld. Zwischenzeitlich wird der Begriff auch in der
Wirtschaft immer häufiger verwendet und beschreibt den Effekt, der sich aus den aktuellen Trends der vernetzten Digitalisierung, Verwendung agiler Methoden, kollaborativen
Ansätze etc. ergibt. Diese Treiber führen in letzter Konsequenz zu einer vielschichtigeren,
komplexeren und agileren Wirtschaft, einer VUCA-Wirtschaft. Die Geschwindigkeit und
Radikalität, in der neue Geschäftsmodelle entstehen und ganze Branchen verändern, steigt
erkennbar an. Für die Unternehmen und die Führungskräfte ergibt sich daraus die Not-
wendigkeit, die eigenen Geschäftsmodelle und -strategien immer häufiger zu überprüfen,
zu verändern und die resultierenden Veränderungsnotwendigkeiten zügig umzusetzen.

Eine tiefere Bedeutung von VUCA liegt darin, dass jeder der Begriffe einen anderen
Blickwinkel erfordert und so die strategische und operative Reflexion der eigenen Situation in der Organisation erleichtert. Eine generelle Betrachtung kann so aussehen:

- V = Volatility: die Art und Dynamik der Veränderung, die Veränderungsgeschwindig-
  keit und die Treiber der Veränderung
- U = Uncertainty: rückläufige Vorhersagbarkeit von Entwicklungen, die Zunahme von
  Überraschungen, die Sensibilität und das Verständnis von Ereignissen und Fragestellungen
- C = Complexity: die unterschiedlichen Interessengruppen, die Widersprüchlichkeit verschiedener Aspekte, die Kompliziertheit von Organisationen und ihren Grenzen
- A = Ambiguity: verschwommene Realitäten, das Potenzial von Missverständnissen,
  unterschiedliches Verständnis zu Themen und Aussagen, Unklarheiten bei Ursachen
  und Wirkungen

Die Relevanz von VUCA für das Thema Führung in Unternehmen liegt darin, dass sie her-
kömmliche Vorstellungen von Management, die eher dem Motto „Think-Plan-Act-Learn"
folgen, in Frage stellt. Bisherige Managementmethoden beruhen oft auf einer linearen
Logik von Ursachen und Wirkungen und können die vielschichtig vernetzten Elemente

einer agilen Wirtschaft nur unzureichend erfassen. Dies zeigt sich unter anderem in den hierarchisch aufgebauten Organisationsstrukturen, die in Organigrammen dargestellt werden. Was in der Industrie 2.0 oder 3.0 noch leidlich funktioniert hat, ist in der agilen vernetzten Welt moderner Wirtschaft nicht mehr geeignet, die Organisation steuerungsfähig zu halten.

Letztlich geht es bei VUCA primär darum, auf schlecht Vorhersehbares vorbereitet zu sein und so die notwendige Handlungsfähigkeit auch in überraschenden und schwierigen Situationen zu ermöglichen. Eine konsequente Orientierung und Qualifizierung von Führungskräften und Mitarbeitern für die VUCA-Welt wird unumgänglich sein, verbessert aber gleichzeitig die Fähigkeiten:

- die wesentlichen Wirkfaktoren für aktuelle und zukünftige Themen vorherzusehen,
- die Konsequenzen von Problemen und Handlungen zu verstehen,
- die vielfältigen Abhängigkeiten von Einflussfaktoren zu sehen,
- verschiedene Alternativen und Modelle für die Zukunft zu erarbeiten,
- Gelegenheiten für Chancen und gute Zeitpunkte zu erkennen.

Der erfolgreiche Umgang mit VUCA erfordert eine Geisteshaltung, die technische, soziale, politische und wirtschaftliche Gegebenheiten als miteinander verbunden und gleichwertig betrachtet. Hierzu gehören verschiedene Kompetenzen wie Lernbereitschaft, Neugier, kollaborative Interaktion (vor allem auch die uneingeschränkte gegenseitige Unterstützung) und die Fähigkeit, präzise und inspirierend zu kommunizieren.

Der letzte Punkt ist der, um den es in diesem Buch primär geht. Betrachtet man die Veränderungen auf dem Weg in die VUCA-Welt und überlegt, wie diese Veränderungen auf die betroffenen Menschen wirken, dann fallen ein paar Veränderungen besonders auf. Volatile, ungewisse, komplexe Dinge sind schwer zu verstehen, zu begreifen oder einzuschätzen. Bei den meisten Menschen löst dies Unsicherheit und Misstrauen aus. Die Widersprüche und damit steigende Konfliktwahrscheinlichkeit tragen nicht gerade zu einer positiven Motivation bei. Gerade Innovatoren und Führungskräfte benötigen die Kompetenz, die Unsicherheit der Mitarbeiter und anderer Stakeholder aufzugreifen und möglichst in positive Emotionen zu wandeln. Hier spielt inspirierende Kommunikation eine zentrale Rolle. Die Führungskräfte der Zukunft sind die, die glaubhaft Sinn und Richtung vermitteln können. Dazu werden diese Personen zwei Dinge leisten müssen:

- authentisches Vorbild sein,
- inspirierend kommunizieren können.

Donald Miller sagt: „A story is based on what people think is important, so when we live a story, we are telling people around us what we think is important."

2.4   Inspirierende Führung in der VUCA-Welt

Was macht eine Führungskraft aus, die in der VUCA-Welt erfolgreich sein möchte? Um
diese Frage zu klären, lohnt es sich, einen Schritt zur Seite zu machen und die Wirkung
von Führung generell anzusehen. In vielen Unternehmen werden Kompetenzmodelle eingesetzt, in denen die für die Führungsrolle relevanten Kompetenzen abgeleitet werden.
Die resultierenden Kompetenzprofile bilden die Grundlage für alle Maßnahmen der Führungskräfteentwicklung. Das für die hier diskutierte Fragestellung wahrscheinlich am besten geeignete Kompetenzmodel stammt von Jack Zenger und Jo Folkman und basiert auf
der Auswertung von Führungsfeedbacks (vgl. Details im Kap. 7.7). Es leitet die relevanten
Führungskompetenzen aus 360°-Feedbacks und den realen Ergebnissen der betroffenen
Führungskräfte und ihrer Organisationseinheiten ab.

Bei der Betrachtung des Themas Führung in der VUCA-Welt kann durchaus gefragt
werden: Brauchen Unternehmen überhaupt noch Führungskräfte? Agile Teams arbeiten
selbstorganisiert, die relevanten Entscheidungen können in der Crowd getroffen werden
und überhaupt ist ein deutlicher Trend zu mehr Partizipation erkennbar.

Dies alles ist kein Argument dafür, dass Führungskräfte nicht mehr gebraucht würden.
Der eindeutige Zusammenhang zwischen Führungsleistung und Unternehmensergebnis-
sen (Abb. 2.2) ist auch in Unternehmen gegeben, die bereits auf demokratischere Strukturen, agiles Arbeiten, fluide Belegschaften etc. umgestellt haben. Was sich verändert, sind
die Aufgaben und zentralen Wirkungsfaktoren, die Führungskräfte in einer veränderten
Rolle einsetzen.

Die in der Abbildung dargestellte Abhängigkeit zwischen der Bewertung einer Führungskraft im 360°-Feedback besteht nicht nur für die Mitarbeiterzufriedenheit, sondern
ist durchgängig auch für Kundenzufriedenheit, Umsatz und Gewinn usw. zu finden.

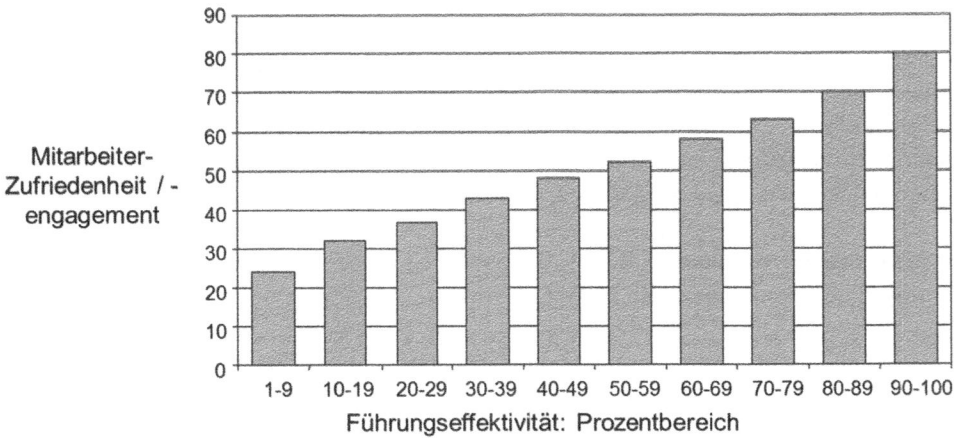

Abb. 2.2 Führungsleistung (auf Basis von 360°-Feedbacks) vs. Mitarbeiterengagement. Daten von
30.661 Führungskräften unterschiedlicher Branchen. (Quelle: http://zengerfolkman.com)

Wie steht es nun um die Frage, ob Führungskräfte zukünftig neue Kompetenzen benötigen? Die Betrachtung der laut Zenger und Folkman besonders relevanten Kompetenzen
lässt interessanterweise nicht erkennen, dass sich der Satz der 16 Kernkompetenzen, die
den Unterschied zwischen guten und exzellenten Führungskräften ausmachen (Abb. 7.5
in Kap. 7.7), verändern müsste. Die Kompetenzen, die bereits heute die herausragenden
Führungskräfte zeigen, werden auch in Zukunft eine ganz entscheidende Rolle spielen.
Was sich in Einzelfällen verschiebt ist die Relevanz einzelner Kompetenzen, die mit der
spezifischen Situation im Unternehmen zu tun haben. Wenn beispielsweise eine größere
Transformation begonnen wird, steigt die Bedeutung von Kommunikation und dem gesamten Cluster „Veränderungen vorantreiben" temporär an.

Die gute Nachricht ist somit, dass die Grundlogik von Führung gleich bleibt und die
wichtigsten Kompetenzen wichtig bleiben. Trotzdem sollte eine Führungskraft für sich
analysieren, ob der Grundstock an Kompetenzen ausreichend ausgebildet ist und wo sich
im Satz der Kernkompetenzen Verschiebungen ergeben könnten.

Die Daten von Zenger und Folkman zeigen, wenn alle Ergebnisse weltweit betrachtet
werden (persönliche Mitteilung Jack Zenger), dass die erkennbar schwächste Kernkompetenz ist: „Inspiriert und motiviert andere zu Höchstleistungen". Hier hat jede einzelne Führungskraft einen großen Hebel in der Hand, die eigene Leistung signifikant zu steigern.
Die TED Talks, dieses Buch und andere inspirierende Formate bieten einige Anregungen,
wie diese Kompetenz deutlich ausgebaut werden kann. Vor allem Kap. 5 wird sich der
Weiterentwicklung der eigenen Kommunikationskompetenz, hin zu einem inspirierenden
„Speaker", widmen.

25 Methoden, andere zu inspirieren

John Zenger und Joseph Folkman haben in Ihrer Arbeit zu den Kompetenzen von Führungskräften
herausgefunden, dass die weltweit am schwächsten ausgeprägte der 16 Kernkompetenzen die Fähigkeit zur Inspiration und Motivation anderer ist. Sie haben in der Folge die Führungskräfte mit
den höchsten Bewertungen bei dieser Kompetenz gesondert angesehen und ausgewertet, welche
Kompetenzen diese Manager auszeichnet, wie sie von den anderen Führungskräften unterscheiden.

Die gute Nachricht, es ist wenig Überraschendes dabei. Die Fähigkeit zu inspirieren und zu motivieren beruht primär auf vielen „Kleinigkeiten". Der Unterschied liegt weniger im Wissen um diese
Dinge, als in der regelmäßigen, konsequenten Nutzung. Die nachfolgenden 25 Verhaltensweisen
zeichnen inspirierende Führungskräfte aus (Feedbackkommentare aus 360°-Feedbacks):

1. Ist verlässlich, hält Versprechen ein.
2. Behandelt Menschen fair. Nicht immer gleich, aber fair.
3. Fokussiert sich auf die Erreichung der wichtigsten Ziele, ohne sich ablenken zu lassen.
4. Zeigt Enthusiasmus und ein hohes Maß an Energie für die Dinge, die wir tun.
5. Hilft uns, das „Warum" (Anm.: den Sinn) hinter großen Entscheidungen zu verstehen.
6. Zeigen ehrliches Interesse an den Menschen, mit denen sie zusammenarbeiten.
7. Hat hohe Ansprüche und stellt diese auch an uns.
8. Erzeugt Begeisterung für größere Initiativen.
9. Ist in seiner Kommunikation immer klar.
10. Berücksichtigt die Bedürfnisse der gesamten Organisation, zusätzlich zu denen unseres Teams.
11. Fördert unsere Kreativität und strategisches Denken.
12. Hält seinen/ihren Fokus aufrecht, kein Multi-Tasking.

13. Dem Wachstum und der Weiterentwicklung des Teams verpflichtet. Investiert viel Zeit in fo-kussiertes Coaching.
14. Behandelt jeden mit Respekt und Würde.
15. Verbindet unsere Teamziele mit der übergeordneten Geschäftsstrategie.
16. Eine hohe Teamorientierung. Arbeitet daran, die unterschiedlichen Teilgruppen zusammenzu-führen.
17. Nimmt sich Zeit, unsere Erfolge zu feiern und ermuntert uns, auf dem Weg weiterzugehen.
18. Hohe Energie; als ob diese niemals enden würde. Positive Grundhaltung.
19. Hat wirklich verstanden, was unsere Kunden wollen und brauchen und stellt sicher, das alle Unternehmensentscheidungen daraus abgeleitet werden.
20. Teilt Ideen und sucht unseren Beitrag aktiv.
21. Stellt Ideen respektvoll in Frage. Ermuntert andere, ihre Meinung zu sagen.
22. Hat einen guten Job darin gemacht, uns auf die Vision „einzunorden".
23. Alles, was er/sie von uns verlangt hat er/sie bereits selber getan oder wäre dazu bereit.
24. Pro-aktiv.
25. Sehr freimütig, kommt direkt zum Punkt. Beschönigt nichts, um gemocht oder populär zu wer-den. Im Ergebnis sehr vertrauenswürdig.

Quelle: Zenger Folkman, „25 Methods for Inspiring Others – Developing Coaching Skills for All Leaders" (2010), http://www.zfco.com/media/articles/ZFA-25-Methods-to-Inspire.pdf

Der Coach Edward Miller schreibt: „Stories are our primary tools of learning and tea-ching, the repositories of our lore and legends. They bring order into our confusing world. Think about how many times a day you use stories to pass along data, insights, memories or common-sense advice."

Einer der beliebtesten TED Talks ist von Simon Sinek und zeigt, worauf es ankommt und wie Kommunikation gestaltet sein kann, um inspirierend zu wirken. Der in seinem Talk „How great leaders inspire action" vorgestellte „Golden Circle" aus „Why, How, What" wird inzwischen in vielen Unternehmen genutzt, um den Sinn der eigenen Tätig-keit (Orientierung) herauszuarbeiten und präziser zu formulieren. Genau um die so ent-stehende Klarheit zum Geschäftszweck, den Glaubenssätzen und den Werten eines Unter-nehmens wird es in Zukunft immer öfter gehen. Führungskräfte, die es schaffen diese Klarheit herzustellen, bieten Orientierung und Glaubwürdigkeit. Diesen Führungskräften werden die Menschen vertrauen (was nicht zwingend bedeutet, dass sie alles teilen und gut finden) und auch in der VUCA-Welt motiviert folgen. Oder, wie Simon Sinek es aus-drückt: „Because there are leaders and there are those who lead. Leaders hold a position of power or authority, but those who lead inspire us. Whether they're individuals or or-ganizations, we follow those who lead, not because we have to, but because we want to. We follow those who lead, not for them, but for ourselves. And it's those who start with ‚why' that have the ability to inspire those around them or find others who inspire them."

Simon Sinek: „How great leaders inspire action"

„Simon Sinek has a simple but powerful model for inspirational leadership all start-ing with a golden circle and the question ‚Why?' His examples include Apple, Martin Luther King, and the Wright brothers …" (Quelle: http://www.ted.com/talks/simon_si-nek_how_great_leaders_inspire_action)

(Anm.: Wie dieser Talk in Unternehmen eingesetzt werden kann, stellen wir in Kap. 2.6 vor.)

Das eine Herausforderung für Führungskräfte in der eigenen Haltung zur digitalen Welt und dem passenden Management liegt, zeigen viele Untersuchungen. Eine davon stammt von Dieser und Newton (2013) und beschreibt die sechs Social Media Skills, die Führungskräfte besitzen sollten, um sich in der digitalen Welt sicher zu bewegen und deren Vorteile zu nutzen. Die größte Herausforderung sehen die beiden Autoren darin, dass Führungskräfte zu viel Angst haben, die vermeintliche Sicherheit der alten Welt zu verlassen und sich den Risiken der digitalen Welt zu stellen. Sie befürchten den Verlust von Kontrolle über die Unternehmenskommunikation, Geheimnisverrat oder einen Verlust der eigenen Bedeutung. Nutzen sie dagegen die Möglichkeiten der neuen Medien und qualifizieren ihre Mitarbeiter und Organisation dies ebenfalls zu tun, eröffnen sich neue Möglichkeiten für Innovation, Zusammenarbeit die Nutzung der Fähigkeiten aller Mitarbeiter, um einen Vorteil im Wettbewerb zu erlangen.

Was fordern die Autoren? Zitat: „At the personal level, leaders must be able to produce compelling, authentic content; master the new distribution dynamics; and navigate information overload. At the organizational level, leaders should encourage usage through thoughtful orchestration and role modeling, become architects of a social-media-friendly infrastructure, and stay ahead of rapid technology shifts." (Newton 2013).

Sie sehen insgesamt sechs Fertigkeiten auf der persönlichen oder strategischen/organisatorischen Ebene:

Persönliche Ebene:
1. Producer (Produzent): Entwickelt kreative Kompetenz (authentisch), nutzt Storytelling und künstlerischen Ausdruck. Grundlegende Kenntnisse der Videoproduktion.
2. Distributor (Verteiler): Versteht die Dynamik der Plattformen und die Ursachen für virale Verbreitung von Content. Bildet einen Stamm an „Followern" auf den Plattformen.
3. Recipient (Empfänger): Erzeugt Resonanz über selektive Antworten und Feedbacks auf „posts". Zeigt durch intelligente Filterung, was wichtig und sinnvoll ist.

Abb. 2.3 Wie Menschen inspiriert werden können, kann eine Führungskraft partiell auch von Künstlern lernen. Diese schaffen häufig eine sehr inspirierende Atmosphäre und ihre Interaktion mit dem Publikum trägt wesentlich zum Erfolg bei. Beispiel: Fetsum at TEDx Berlin. (Quelle: https://www.youtube.com/watch?v=3oOuK8C69jQ. Photo: Sebastian Grabsch)

Strategische/organisatorische Ebene:

1. Adviser (Ratgeber): Befähigt und unterstützt 360°-Umgebungen hinsichtlich der Nutzung von Social Media. Koordiniert und kanalisiert die Aktivitäten, die aus dem eigenen Verantwortungsbereich kommen.
2. Architect (Architekt): Stellt das Gleichgewicht zwischen vertikaler Verantwortung und horizontaler Zusammenarbeit her. Fördert die Nutzung der Social Media in den wichtigen Funktionen im Unternehmen.
3. Analyst (Analyst): Verfolgt die Dynamik der Social Media. Versteht die Einflüsse von Kultur und Verhalten.

Zitat zu einem der Beispiele (Newton 2013): „Lorraine Bolsinger, vice president and general manager of GE Aviation Systems, acquired these skills through experimentation. She began blogging a few years ago but initially didn't get much response. ‚It took time to get my audience actively involved', she recalls. ‚I had to find my voice and become more conversational, more easygoing.' To increase the allure and sustainability of the dialogue, she eventually created a ‚360 blog' where all her direct reports blog with her on the same platform. This networked blog, with 12 regular contributors, provides additional points of view on issues, promotes more frequent communication, and attracts broader participation. Bolsinger says that the quality of her group's dialogue about strategy and operations has improved thanks to these efforts."

Bei GE (General Electric) agieren inzwischen fast alle Top-Manager als Produzenten von Social Media Content und produzieren immer mehr Videos, Blogs und andere Formate, um mit Ihren Mitarbeitern oder nach außen zu kommunizieren. Dabei stellen alle fest, dass die Zeit der gut vorbereiteten und professionell umgesetzten „Hochglanzkommunikation" zu Ende ist. Kommunikation muss heute schnell und präzise sein und vor allem authentisch.

Von den Besten lernen – Steve Jobs

Steve Jobs gehörte unbestritten zu den Wirtschaftsführern, die für besonders wirksame Präsentationen bekannt sind. Seine Art, neue Produkte vorzustellen, ist dabei ebenso herausragend gewesen, wie auch andere Auftritte und kann als Beispiel für die von Dieser und Newton geforderten Kompetenzen (Social Media Skills) gesehen werden. Aber auch bei klassischen Kommunikationsformaten war er sehr erfolgreich, wie seine Rede auf der Abschlussfeier in Stanford in 2005 (s. u.) sehr deutlich zeigt. Aber wie hat er es geschafft, ein herausragender Redner zu werden?

Als Vorbild für die inspirierende Kommunikation in Unternehmen und deren Wirksamkeit können Jobs Produktpräsentationen dienen. Die Termine von Apple-Produkteinführungen avancierten zu festen Terminen im Kalender vieler Apple-Fans und wurden auch von den Medien begierig aufgenommen und gefeiert. Dies hat wesentlich zum großen Erfolg von Apple als Computerhersteller und dem Wert der Marke beigetragen. Die Mischung aus Wissensvermittlung und gleichzeitiger Unterhaltung beruht auf wenigen Techniken, die auch von anderen genutzt werden können.

1. Planung – Seine Reden hat Steve Jobs genauso inszeniert, wie ein Film produziert wird. Er erstellte mit Stift und Papier eine Geschichte, in der er wie in einer Heldenreise, Helden und Schurken, Erinnerungseinblendungen usw. zu einer spannenden Geschichte verband. Die Geschichte stand dabei stets im Vordergrund, Materialien und Folien unterstützen nur. Er plante die Videoeinspielungen, Demonstrationen oder andere Sprecher so ein, dass sich das Publikum nie langweilen konnte aber auch nicht überanstrengt wurde.

2. Pinpoint – In den Produktpräsentationen wurde stets *ein* Merkmal des Produktes herausgehoben und in wenigen Worten auf den Punkt beschrieben. Das McBook Air beispielsweise hat er als „das dünnste Notebook der Welt" bezeichnet. Warum? Zum einen kann sich jeder eine zentrale Eigenschaft merken und zum zweiten sind kurze Formulierungen für die schnelle Verbreitung in den Social Media geeignet. Jede Kernbotschaft muss sich twittern lassen. Wenn eine Botschaft nicht in eine Twitter-Nachricht passt, ist sie nicht durchdacht genug.

3. Schurken – Zu jeder Heldenreise gehören Widersacher, die der Welt Schwierigkeiten machen und nur der Held kann die Welt davor schützen. So hat Steve Jobs auch Apple immer wieder positioniert. Zunächst war IBM der große Krake, der die Computerwelt beherrschen will, dann kam Microsoft als fieser Kopist und Monopolist ins Spiel. Aber auch die Limitierungen der (Mobilfunk-)Technik wurde genutzt, als er das iPhone einführte. Stets war Apple die gute Alternative. Der gemeinsame Feind hat die Apple-Welt stets vereint, egal ob intern oder mit den Apple-Nutzern. Auch hierdurch wurde die Marke gestärkt.

4. Nutzen – Die Produkte stellte Jobs stets über die Vorzüge für den Nutzer dar. Technische Details spielten dagegen nie eine Rolle bzw. waren nur indirekt im Spiel. Entscheidend war stets die Verbesserung des Lebens, die durch die Nutzung von Apple-Produkten eintreten würde, das Versprechen einer besseren Welt. Beispielsweise beschrieb er bei der Einführung des Touchscreen und der „Wischtechnik" nicht die neue Technik, sondern vor allem die Leichtigkeit der Nutzung: „stellen Sie sich vor…", bevor er das iPhone einschaltete und demonstrierte, was er gerade als Wunschvorstellung beschrieben hatte. Kein Wunder, das das Publikum tobte. Die iPhone-Präsentation aus 2007 finden Sie unter dem Link: https://www.youtube.com/watch?v=9hUIxyE2Ns8.

5. Drei ist die magische Zahl – Mit größter Konsequenz befolgte Steve Jobs die Dreierregel, d. h. er präsentierte nie mehr als drei Themen oder zeigte mehr als drei Bilder. Menschen können sich nur bedingt an Dinge erinnern, die sie gehört haben. Die Erfahrung zeigt, dass drei Dinge gut zu merken sind, weniger sind langweilig, mehr sind schwer zu erinnern. Ein guter Redner wird daher immer nur maximal drei Kernbotschaften präsentieren und zusätzliche Informationen schriftlich oder in anderen ergänzenden Formaten liefern.

6. Bilder – Steve Jobs bevorzugte stets Bilder, wenn er Folien zeigte. Seine Folien enthielten nur wenige Worte, die meist dazu dienten, die gleichzeitig gezeigten Bilder zu unterstützen. Bei der Einführung des McBook Air zeigte das Bild ein McBook, das in einem braunen Briefumschlag gesteckt wurde. Die Kernbotschaft war damit jedem sofort klar. Solch starke Bilder erinnern Menschen sehr gut und sie lösen oft auch

Emotionen aus, die die Erinnerung verstärken. Worte können dies nur ganz selten erreichen. Wie sagte Jobs einmal: „Einfachheit ist die größte Form der Raffinesse."

7. Zahlen – In der Wirtschaftswelt spielen Zahlen eine große Rolle und sind in vielen Präsentationen unverzichtbar. Dies galt auch für Steve Jobs. Er achtete bei der Präsentation von Zahlen allerdings stets darauf, dass die Zahlen in einem größeren Kontext dargestellt wurden. Auch andere Apple-Manager achteten darauf, etwa Phil Schiller, der 2009 die Verkaufszahl von 220 Mio. iPhones mit einem Marktanteil von 73 % verband. Als dann noch der Seitenhieb auf den Wettbewerber Microsoft mit einem Marktanteil von 1 % folgte, war das Publikum begeistert. Zahlen in Relationen zu stellen ist gerade auch für den Umgang mit der Presse wichtig, da Journalisten immer versuchen (sollten) eine Relation herzustellen. Diese gleich mitzuliefern erhöht die Wahrscheinlichkeit, dass die eigene Relation in den Medien auftaucht.

8. Worte – Steve Jobs war bekannt für klare und verständliche Worte und Formulierungen. Er sprach so, dass Jedermann folgen konnte und sich unter dem Gesagten etwas vorstellen konnte. Wirtschafts-Jargon vermied er stets, hohle Phrasen von Synergien, Spitzenprodukt usw. nutzte er nie.

9. Aha-Effekte – Jede Präsentation von Steve Jobs beinhaltete einen Moment, in dem er einen besonders emotionalen Anker setzte. In der oben bereits angesprochenen iPhone-Präsentation von 2007 erzählte er nichts über das Gerät, sondern baute zunächst die Spannung auf, indem er die drei Geräte, die das iPhone verbindet, einzeln darstellte und dann erst eröffnete, dass das iPhone alle drei Geräte in einem Gerät verbindet. Für das Publikum kam dies unterwartet und die Überraschung, gepaart mit der unterhaltsamen Vorstellung führte dazu, dass niemand vergessen konnte, was er gerade erlebt (eben nicht nur gehört) hatte.

10. Üben – Wie alle anderen großen Redner hat Steve Jobs seine Reden und Präsentation nicht nur gut vorbereitet, er hat die Präsentation immer und immer wieder geübt. Erst stundenlange Übung und der letzte Schliff am eigenen Auftritt ließ die Auftritte von Jobs so leicht und überzeugend wirken.

Die berühmte Rede in Stanford als ein Beispiel für den Redner Jobs finden Sie unter: https://www.youtube.com/watch?v=D1R-jKKp3NA

2.5   Lernen mit Web-Videos

Für eine erfolgreiche Gestaltung von Unternehmen in der VUCA-Welt wird also ein Faktor an Bedeutung gewinnen: Lernen. Es gibt immer mehr zu lernen und dies immer schneller. Gleichzeitig wächst die Menge an potenziellem Wissen stark. Wie soll dieser Widerspruch aufgelöst werden?

Lernen in der modernen Wirtschaft findet immer weniger in formalen Strukturen (z. B. Seminaren) statt und rückt immer mehr in den betrieblichen Alltag hinein. Mitarbeiter entwickeln die zu vermittelnden Inhalte selbst (z. B. Produkt- oder Kunden-Know-how) und übernehmen vermehrt die Rolle des Trainers für ihre Kollegen.

Daniel Goleman sagte: „Nur Führungskräfte, die über die Grenzen der eigenen Organisation hinaus einen systemischen Fokus für das große Ganze entwickeln, werden künftig erfolgreich agieren."

Web-Videos können helfen, die Herausforderungen zukünftigen Lernens zu bewältigen. Die heute übliche Machart und qualitativ hochwertigen Inhalte erlauben eine Reihe unterschiedlicher Einsatzszenarien in Unternehmen (Edelkraut und Balzer 2014). Neben den bereits aufgezeigten Beispielen der Khan Academy und der Eigenproduktionen bei General Electric, kommen weitere Szenarien in Betracht:

1. Innovationsmanagement

Videos können eingesetzt werden, um Denkprozesse zu initiieren, die zu neuen Ideen führen. Weiterhin können Themen aus unterschiedlichen Blickwinkeln betrachtet werden und erweitern so „das Spielfeld", auf dem sich die Beteiligten bewegen.

2. Transformationsmanagement, Change Management, Projektmanagement

Videos zeigen auf, wie wesentlich aber auch normal eine kontinuierliche Transformation für Unternehmen ist. Die Welt verändert sich drastisch und positive Beispiele für gelungene Transformationen machen Mut, die eigene Transformation durchzuführen. Mit Hilfe der Videos lassen sich gleichzeitig wesentliche Erfolgsfaktoren für das Gelingen von Veränderungen und Projekten aufzeigen. Gegen alle Widrigkeiten und Erwartungen, häufig durch Passion und innovative Ideen.

Talks sind zusätzlich ein Element, die Brücke zwischen strategischen Entscheidungen und den Zukunftsvorstellungen einerseits und dem operativen Verhalten andererseits ein wenig zu schließen. Alleine helfen sie nicht, da Kommunikation die Haltung beeinflusst, aber nur bedingt die Handlung. Schlüsselfaktor für die Umsetzung (execution) bleibt daher das Führungsverhalten. Führungskräfte mit einer ausgeprägten Kompetenz als Redner werden Veränderungen allerdings deutlich leichter vorantreiben können. Zum einen können sie die relevanten Informationen und Handlungsanreize besser adressieren, zum anderen können Mitarbeiter mit ihren individuellen Geschichten leichter eingebunden werden.

Veränderungen (Transformationen) sind stets auch Kulturveränderungen. Kultur ist zuerst ein soziales Konstrukt, das durch typische Haltungen und Verhaltensweisen geprägt und vom jeweiligen Kontext abhängig ist. Für die Veränderung eigenen Verhaltens benötigen Menschen:

- Anlass/Antrieb: Wozu? Orientierung
- Anleitung: Wie/Was?
- Häufige Erinnerung und Kontrolle
- Anreiz, zu starten und später weiter zu machen (Erfolge und die Geschichten dahinter)

3. Organisationsentwicklung, Arbeitsorganisation, KVP

Der Blick über den Tellerrand, das Hinterfragen bestehender Annahmen zur bestehenden Organisation sowie das Aufzeigen anderer Organisationsformen und -denkweisen unterstützen bei der Überprüfung und Neujustierung von Organisationseinheiten.

4. Führungskräfteentwicklung, Teamentwicklung, Qualifizierung von Mitarbeitern

Mit Hilfe der Videos lässt sich vermitteln, wie Menschen lernen und worauf beim Design von Lernformaten zu achten ist. Die Videos selbst und darin vorgestellte Formate und Inhalte geben Anregungen für das eigene Design von Lehrveranstaltungen.

5. Produktmanagement

Die Entwicklung neuer Produkte, deren Vermarktung und die Kommunikation mit Kunden sind Themen, die durch Web-Videos bearbeitet werden können. Sie helfen vor allem, die Sichtweise der Kunden und anderer Stakeholder intensiver zu beleuchten und regen zu vielfältigeren Strategien an.

Wie der Einsatz von Web-Videos konkret aussehen kann, wird vom jeweiligen Kontext abhängen und kann in diesem Buch nur angerissen werden. Anhand zweier Beispiele lässt sich das Potenzial jedoch aufzeigen. Der wohl einfachste Anwendungsfall ist die Nutzung der Web-Videos aufgrund ihres Inhaltes, d. h. ein Video wird in eine Weiterbildung eingebettet. Ein sehr einfach zu realisierendes Format ist das sogenannte „Lunch & Learn", eine meist einstündige Veranstaltung, in der ein Impulsvortrag mit einem gemeinsamen Mittagessen verbunden wird. Nachfolgend finden Sie ein Muster unter Verwendung eines TED Talk (Tab. 2.1):

Weitere Themen für die Nutzung in einem „Lunch & Learn" oder einem Workshop könnten sein:

Tab. 2.1 Lunch & Learn: Grundlagen für Erfolg

Zeit	Inhalt
12:00–12:05	Willkommen und Einführung in das Thema
12:05–12:20	Video: Angela Lee Duckworth, „Der Schlüssel zum Erfolg? Durchhaltevermögen" (Englisch, 6:30 min, http://www.ted.com/talks/angela_lee_duckworth_the_key_to_success_grit.html) Nachdem Angela Lee Duckworth einen prestigeträchtigen Job in der Beratungsbranche aufgegeben hatte, unterrichtete sie Siebtklässler an öffentlichen New Yorker Schulen in Mathematik. Schnell bemerkte sie, dass IQ nicht das einzige war, was die erfolgreichen Schüler von den Schülern mit Schwierigkeiten unterschied. Hier erklärt sie ihre Theorie über „Durchhaltevermögen" (grit) als Vorbote von Erfolg
12:20–12:40	Blitzlicht: „Was hat mich am Video besonders angesprochen? Wo ist der Bezug zu unserem Arbeitsalltag?"
12:40–12:55	Wie soll uns das Thema beeinflussen, was machen wir mit den Erkenntnissen?
12:55–13:00	Zusammenfassung und Fazit, ggf. Verteilung von Aufgaben

- Meine Motivation, eine (Führungs-)Rolle zu übernehmen: Tony Robbins: Why we do what we do (http://www.ted.com/talks/tony_robbins_asks_why_we_do_what_we_do.html)
- Erfolgsfaktoren von Führung: Simon Sinek: How great leaders inspire action (http://www.ted.com/talks/simon_sinek_how_great_leaders_inspire_action.html)
- Mein eigener Führungsstil: Itay Talgam: Lead like the great conductors (http://www.ted.com/talks/itay_talgam_lead_like_the_great_conductors.html) oder Benjamin Zander: The transformative power of classical music (http://www.ted.com/talks/benjamin_zander_on_music_and_passion.html)
- Mitarbeiter motivieren: Derek Sivers: How to start a movement (http://www.ted.com/talks/derek_sivers_how_to_start_a_movement.html)
- Die Interaktion mit Mitarbeitern und anderen Stakeholdern: Dan Ariely: Was lässt uns an der Arbeit gut fühlen? (http://www.ted.com/talks/dan_ariely_what_makes_us_feel_good_about_our_work.html)
- Was in unserer Organisation fördert Fehlverhalten: Philip Zimbardo: The psychology of evil (http://www.ted.com/talks/philip_zimbardo_on_the_psychology_of_evil.html)
- Umgang mit Komplexität: Yves Morieux: As work gets more complex, 6 rules to simplify (http://www.ted.com/talks/yves_morieux_as_work_gets_more_complex_6_rules_to_simplify.html.)

Aus den Talks der beiden Dirigenten hier noch zwei Zitate, die das Potenzial der Talks in der Führungskräfteentwicklung erahnen lassen:

Itay Talgam: „The authority is there, when it is needed, that's very important. But authority is not enough to make people your partners. … If you love something, give it away!"

Benjamin Zander: „A conductor doesn't make a sound. He depends for his power on his ability to make other people powerful. … My job is to awaken possibilities in other people."

Der in der Liste aufgeführte Talk von Simon Sinek wird bereits häufig in der Arbeit mit (angehenden) Führungskräften eingesetzt. Nachfolgend zeigen wir ein Muster (Tab. 2.2),

Tab. 2.2 Titel: Simon Sinek, „How great leaders inspire action"

Abstrakt	Simon Sinek has a simple but powerful model for inspirational leadership all starting with a golden circle and the question „Why?" His examples include Apple, Martin Luther King, and the Wright brothers … (vgl. http://www.ted.com/tedx/events/72.html, TEDxPugetSound, filmed Sep 2009, posted May 2010)
Schlagworte	Inspiration, Leadership, Kommunikation, Nutzerorientierung, Marketing
Einsatz	Der Talk fokussiert die Frage, wie eine inspirierende und aktivierende Kommunikation aufgebaut sein sollte. Dabei wird gezeigt, welche Bedeutung der Aufbau der Kommunikation hat und dass es für erfolgreiche Kommunikation nötig ist, die Grundmotivation herauszuarbeiten. Warum tun wir etwas bzw. wollen wir etwas erreichen?
	Der Talk kann eingesetzt werden, wenn Sie mit Ihren Mitarbeitern z. B. herausarbeiten wollen:
	Teambildung: Was macht unsere Abteilung aus? Was treibt uns bei unserer Arbeit an?

Tab. 2.2 (Fortsetzung)

Ziel(e)	Teambildung: Eine gemeinsame Basis im Verständnis des Beitrages ausarbeiten, den die eigene Organisationseinheit für das Unternehmen und die Kunden erbringt
	Marketing/Sales: Wie wollen wir uns oder unsere Leistung/Produkte darstellen?
	Marketing/Sales: Sinn und Nutzen der eigenen Produkte/Leistung herausarbeiten und in greifbare Kommunikation (für Kunden) umsetzen
Dauer	18:04 min
Ablauf	1. Einführung in das Thema
	2. Film spielen
	3. Diskussion: Was bedeutet der Vortrag, wenn wir unsere Organisationseinheit (Produkte, …) ansehen?
	4. Gruppenarbeit: Aufgabe für die Mitarbeiter:
	Bitte definieren Sie das „Warum" unserer Arbeit. Identifizieren Sie dazu die wesentlich Wertbeiträge unserer Arbeit und bringen Sie diese in eine Rangfolge
	Formulieren Sie eine inspirierende Kommunikation, in der unsere wichtigsten Leistungen für unsere Kunden (intern/extern) in der Logik „why-how-what" dargestellt sind
	Bitte reflektieren Sie die Konsequenzen, die daraus resultieren, wenn wir die von Ihnen definierte Kommunikation einsetzen würden. Wie müssen z. B. unsere Organisation, Fehlerkultur, Zusammenarbeit etc. verändert werden?
	5. Vorstellung der Ergebnisse, Diskussion und Visualisierung des Fazits
	6. Aktionsplan: Was ist nach dem Workshop zu tun?
	7. Zusammenfassung und Verabschiedung
Link	http://www.ted.com/talks/simon_sinek_how_great_leaders_inspire_action.html
Material	Rechner, Beamer, Internetzugang, Flipchart, Metaplanwände und Moderations-karten, Stifte
Ähnliche Talks	1. Von Simon Sinek gibt es mehrere Talks zum Thema, vgl. Youtube.com und TED.com
	2. Von Dan Ariely: Was lässt uns an der Arbeit gut fühlen? http://www.ted.com/talks/dan_ariely_what_makes_us_feel_good_about_our_work.html
	3. Von Dan Pink über die überraschende Wissenschaft der Motivation: http://www.ted.com/talks/dan_pink_on_motivation.html
Tipps	Diskussionen um den Nutzen von Arbeit, Projekten, Produkten usw. sind erfahrungsgemäß zäh, da nicht alle Menschen gewohnt sind, abstrakt zu denken. Bereiten Sie sich selbst gut vor, um die Diskussion und den Erkenntnisprozess (vorsichtig) in die Richtung des zu identifizierenden Nutzens („warum") zu steuern. Ggf. kann es Sinn machen mit ein bis zwei Kollegen im Vorfeld über den Workshop zu sprechen und sie zu bitten, sich erste Gedanken zu machen

wie dieser Einsatz aussehen kann. (Anm.: Im Kap. 7 ist ein weiteres Muster unter Verwendung des TED Talks „The happy secret to better work" von Shawn Achor enthalten.)

Eine analoge Aufbereitung des TED Talks „The happy secret to better work" von Shawn Achor finden Sie im Kap. 7.

Übrigens, es sind nicht nur Themen wie Leadership und globale Wirtschaft bei TED zu finden. In der TEDed (http://ed.ted.com/) finden sich vielfältige „lessons", in denen The-

men von A wie „arts" bis aktuell T wie „thinking & learning" zu finden sind. Diese können beispielsweise in der Ausbildung oder in Englischkursen für Mitarbeiter eingesetzt
werden. Wie wäre es mit einem Mini-Benimmkurs für Azubis, der gleichzeitig mit einer
Englischstunde (es sind nur 5 min) verknüpft ist? Decken Sie den Tisch: http://ed.ted.com/
lessons/how-to-set-the-table-anna-post.html.

Eine weitere Initiative, die als Beispiel für die Nutzung von TED Talks in der Lehre
dienen kann, sind die TED Studies des Verlagshauses Wiley, vgl. http://eu.wiley.com/Wi-
leyCDA/Section/id-814217.html.

Hier werden zu verschiedenen Themen, wie Psychologie, Statistik, Religion, Stadtpla-
nung etc. passende TED Talks zusammengeführt. Ein Essay erläutert Hintergründe zu den
Themen und den Wert, den die ausgewählten TED Talks bei der Betrachtung des Themas
haben. Das Material soll die bestehenden Curricula ergänzen und Elemente einbringen,
die in klassischen Lehrplänen nicht enthalten sind.

Fallstudie: Johnson & Johnson

1. Die Organisation

Johnson & Johnson ist ein weltweit tätiger amerikanischer Pharmazie- und Konsumgüterher-
steller mit Hauptsitz in New Brunswick im US-
Bundesstaat New Jersey. Das Unternehmen ist im Dow Jones Industrial Average gelis-
tet. Johnson & Johnson (JNJ) ist mit 74,3 Mrd. US$ Umsatz in 2014 eines der größten
Healthcare-Unternehmen der Welt. Die Pharmasparte firmiert – in erster Linie – unter
Janssen und machte 32,3 Mrd. US$ Umsatz in 2014.

Johnson & Johnson beschäftigt derzeit rund 126.500 Mitarbeiter in 60 Ländern
weltweit, davon ca. 4000 in Deutschland. Die Produkte der Geschäftsbereiche Consumer, Medical Devices und Pharma werden in 175 Ländern vertrieben.

2. Ausgangssituation und Zielsetzung

„A space for ideas" – mit diesem Motto sind die TEDx JNJ Events überschrieben.
Aus einer Mitarbeiterinitiative heraus entstanden, nutzt Johnson & Johnson die Logik
hinter TED seit 2011 für die interne Vernetzung der Mitarbeiter und Entwicklung des
Ideenpotenzials. Hierzu hat Johnson & Johnson eine Firmenlizenz von TED erhalten
und begann als erstes Unternehmen, eigene TEDx-JNJ-Konferenzen durchzuführen.

TEDx JNJ zielt darauf, einen Raum für den Austausch von Ideen zu schaffen und
deren Wirkung zu intensivieren. So soll ein Beitrag zur Förderung der globalen Innovationskultur geleistet werden. Über die Konferenzen und die auf einem eigenen Portal
eingestellten Videos sollen kritische, authentische Diskussionen über die gemeinsame
Zukunft im Unternehmen ausgelöst werden.

Eine der Hauptkonferenzen, an der Mitarbeiter aller Funktionen, Sektoren und Regionen teilnehmen, wird parallel in regionale Veranstaltungen übertragen, so dass ein
globaler Austausch möglich ist. Allen Mitarbeitern wird so ein Forum geboten, ihre
neuen Ideen und Konzepte zu präsentieren.

Zahlen:

- Zwei globale Konferenzen in 2012 und 2014
- 4 Livestreams von TED-Konferenzen
- 19 „salon events"
- 38 interaktive Aktionen entwickelt
- 94 Redner (75 interne von Johnson & Johnson, 19 externe)
- 158 Talks im Intranet
- 380 Freiwillige aus allen Bereichen des Unternehmens in der Organisation und Durchführung
- 6497 Teilnehmer an den Events
- 27.000 Mitarbeiterzugriffe („unique visitors") auf die Videoplattform mit 35.800 Talk „views"
- zahllose Aktivitäten in den verschiedenen Landesgesellschaften
- zahllose Ideen und Aktivitäten, die durch die TEDx JNJ in der Organisation ausgelöst wurden
  Ziele und Nutzen für das Unternehmen
- Den Mitarbeitern wird ein offener Raum geboten, neue Ideen zu präsentieren.
- Die Mitarbeiter sollen animiert werden, den Status quo in Frage zu stellen.
- Das Mitarbeiterengagement und -loyalität werden gesteigert.
- Die große Diversität im Unternehmen wird genutzt.
- Es werden neue Kontakte über alle Organisationsbereiche hinweg geknüpft.

3. **Erfahrungen mit Talks im TED-Stil**

Die Konsequenzen, die sich aus den TEDx-Aktivitäten im Unternehmen ergeben haben, wurden durch Befragungen und die Nachverfolgung von bei einer TEDx initiieren Aktivität erfasst. In einem Vorstandbericht zum Haupt-Event 2014 wurden die wichtigsten Erkenntnisse und Effekte zusammengefasst. Diese zeigen, welche starke Wirkung inspirierende und gut gestaltete Events auf das Mitarbeiterengagement und die Mitarbeiterleistung haben können.

Die wichtigsten Zahlen aus der Befragung der Teilnehmer am TEDx JNJ in 2014:

- 87 % fühlen sich besser gerüstet, neue Ideen an ihrem Arbeitsplatz einzubringen
- 93 % sagen, dass TEDx JNJ ihre Bereitschaft erhöht hat, den Status quo in Frage zu stellen
- 94 % sagen, dass TEDx JNJ ihr Engagement am Arbeitsplatz erhöht hat
- 95 % sagen, dass die TEDx JNJ ein Beweis dafür ist, dass Johnson & Johnson die Diversität an Hintergründen und Erfahrungen wertschätzt
- 74 % sagen, dass TEDx JNJ ihre Einstellung, Johnson & Johnson als bevorzugten Arbeitgeber zu sehen, deutlich gesteigert hat
- 87 % sagen, dass die TEDx JNJ ihr Engagement erhöht hat

Ein weiterer, gerade für das Wissensmanagement und die Innovationskraft wichtiger Faktor, ist die Zahl und Qualität der Kontakte, die Mitarbeiter untereinander haben. Auch hier zeigen Veranstaltungen wie die TEDx JNJ einen deutlichen Effekt. Auf die Frage „Wie viele neue persönliche Kontakte hast Du während der TEDxJNJ 2014 geschlossen?" antworteten mehr als 2/3 der Teilnehmer, dass dies mindestens vier waren. Ein großer Teil der Teilnehmer hatte mehr als zehn neue Kontakte geschlossen (Abb. 2.4).

Abb. 2.4 Verteilung der
Antworten auf die Frage:
„Wie viele neue persönliche
Kontakte hast Du während der
TEDxJNJ 2014 geschlossen?"

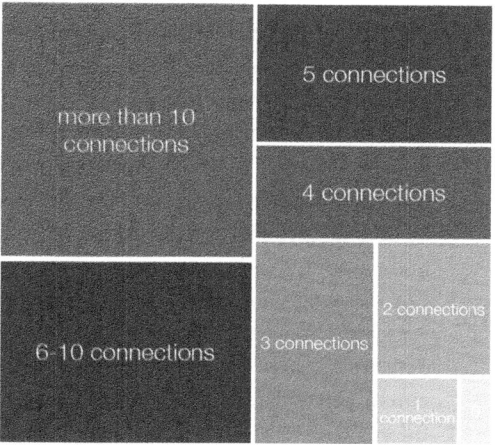

Eine weitere Dokumentation der TEDx-JNJ-Ergebnisse erfolgte in einem „coffee book". Hierin sind ausgewählte Ideen mit ihrer Entstehung und der Weiterentwicklung nach dem Talk auf der TEDx JNJ vom jeweiligen Mitarbeiter beschrieben. Diese Sammlung vorgestellter Ideen zeigt die enorme Breite an Ideen und das große Engagement vieler Mitarbeiter, sich für ein Unternehmen einzusetzen, dass ihnen dazu auch den Raum bietet. Das Booklet wurde allen Mitarbeitern von Johnson & Johnson zur Verfügung gestellt.

Stellvertretend für die Beiträge nennen wir zwei Zitate aus den Teilnehmerbefragungen nach einer TEDx JNJ:

A. M., Associate Director, Janssen PMO: „I feel like I'm bursting with pride. I think this experience shows how thirsty we are for events to connect us with each other. As the 2 days unfolded I kept trying to imprint all the details in my brain so I wouldn't forget. I took many pictures and I keep looking at them with wonder."

Main eventpParticipant, 2014: „I take huge issue with the fact that the Googles and Apples of the world get all the credit and reputation for being high tech, innovative, and overall ‚cool'. I think our medical advances and health technology are far more important and innovative than releasing a new computer or smart phone every year. I want our company to take full ownership of how ‚cool' WE are and tell the rest of the world. Why can't a CPG/healthcare company take a leading position of being one of the ‚coolest' companies in the world?"

4. **Fazit und Ausblick auf die zukünftige Nutzung von Talks im TED-Stil in der Organisation**

Aufgrund der vielfältigen und durchgängig positiven Erfahrungen mit der TEDx JNJ hat Johnson & Johnson entschieden, die strategischen Potenziale noch intensiver zu nutzen. Es wurde entschieden, fünf Punkte in den Fokus zu stellen:

1. Verstärkung der Kultur des Ideenteilens in allen Organisationen von Johnson & Johnson weltweit. Unter anderem wird eine Gruppe von Top-Managern weitere Maßnahmen zur Kulturentwicklung entwickeln, Konzepte für „space for ideas"-

Räume entwickeln und mehr Geschichten von Mitarbeitern sammeln, die anderen Kollegen ein besseres Verständnis dessen ermöglichen, was innerhalb des Unternehmens erarbeitet wird.

2. Aufbau einer tedx.jnj.com-Medien-Plattform und Ausbau der Community an Freiwilligen, die TEDx-JNJ-Events organisieren. Entwicklung weiterer Materialien (Videos), die jeden Dienstag und Donnerstag gezeigt und auf einer kuratierten Plattform verfügbar gemacht werden. Erweiterung der bestehenden Plattform um Austausch- und Zusammenarbeitsformate.

3. Entwicklung weiterer Formate, in denen Mitarbeiter sich austauschen können. Entwicklung von Unterstützungsangeboten, die der Durchführung eigener Formate in den weltweiten Standorten ermöglichen. Experimente mit neuen Formaten, wie einem TEDx-JNJ-Radio, Zuwendungen für exzellente Ideen, Hackathons usw.

4. Intensivere Unterstützung der globalen Community und intensivere Nutzung der entwickelten Formate weltweit. Definition neuer Rollen als Campus Ambassador an 100 Standorten, Bereitstellung von Ressourcen für die Realisierung eigener Events an den weltweiten Standorten.

5. Skalierung der Vorteile für die Personalentwicklung. Ergänzung der Leadership-Programme um Inhalte die befähigen, eigene Veranstaltungen und Aktivitäten zu gestalten und umzusetzen. Hierzu gehören die Inhalte Experience Design, kreative Problemlösung und Entwicklung von Talks.

Hinweis: In Kap. 7.2 finden Sie ein ausführliches Interview mit Steve Garguilo, dem Initiator und Kurator der TEDx-JNJ-Konferenzen, der die Hintergründe der TEDx JNJ, die Highlights und Schwierigkeiten erläutert.

Die Beispiele von General Electric und Johnson & Johnson sind nur zwei von vielen (Gloger 2015; Sattler 2015), die zeigen welche Bedeutung digitale Medienkompetenz und inspirierende Kommunikation für den wirtschaftlichen Erfolg haben können und zunehmend haben werden. Die oft diskutierte digitale Transformation ist eben nicht nur ein technisches Thema, sie besitzt ganz wesentlich eine soziale Komponente: Inspiration treibt Wirtschaft.

2.6 Weitere Formate – Es muss nicht immer (Web-)Video sein

In der bisherigen Darstellung stehen die Web-Videos und Talks im TED-Stil im Vordergrund. Nun ist es an der Zeit auch andere Kommunikationsformate anzusprechen, denn es müssen nicht immer Talks oder (Web-)Videos sein. Ein Beispiel für ein alternatives Kommunikationsformat ist das sogenannte „video scribing".

Unter (Video) Scribing versteht man eine bestimmte Art der Animation, in der handgezeichnete Bilder auf einem weißen Hintergrund genutzt werden, eine gleichzeitig erzählte Geschichte (Audio) zu illustrieren. Scribes sind sehr lebendig und können auch schwierige Sachverhalte verständlich zeigen. Gegenüber einem Redner oder Folien, die in der Regel statisch sind, entsteht der Eindruck eines Films. Die Produktionskosten für einen

Abb. 2.5 Screenshot eines Video Scribe

Scribe sind allerdings deutlich niedriger als die für einen Film. Einschlägige Software-angebote (z. B.: www.sparkol.com) erlauben es inzwischen auch Laien, eigene Scribes zu erstellen (Abb. 2.5).

Wie unterschiedlich ein TED Talk und ein Video Scribe wirken, kann das folgende Beispiel zeigen. Dan Pink, ein bekannter amerikanischer Karriereberater, spricht in einem TED Talk über die Dinge, die Menschen motivieren. Zum gleichen Thema und mit einer großen inhaltlichen Schnittmenge, wurde ein Video Scribe erstellt. Nachfolgend finden Sie die Links zu beiden Formaten.

Dan Pink, „The puzzle of motivation"

„Career analyst Dan Pink examines the puzzle of motivation, starting with a fact that social scientists know but most managers don't: Traditional rewards aren't always as effective as we think. Listen for illuminating stories – and maybe, a way forward."
  Quelle: http://www.ted.com/talks/dan_pink_on_motivation

RSA Animate – Drive, „The surprising truth about what motivates us"

„This lively RSA animate, adapted from Dan Pink's talk at the RSA, illustrates the hidden truths behind what really motivates us at home and in the workplace."
  Quelle: https://www.youtube.com/watch?v=u6XAPnuFjJc

Für die ganz Neugierigen nennen wir die drei wesentlichen Motivatoren, die Dan Pink vorstellt:

- Purpose: Der Sinn in einer Tätigkeit
- Mastery: Der Wunsch, die Dinge immer besser zu machen
- Self-Direction: Die Freiheit, selber zu entscheiden, wie gearbeitet werden soll

Der Vergleich der beiden Formate wird je nach Betrachter und dem Kontext, in dem eigene Kommunikation stattfinden soll, unterschiedlich ausfallen. Aber wer beide Videos gesehen hat, wird unmittelbar verstehen, dass beide ihre Vorzüge haben.

Abb. 2.6 Visual Facilitation:
Ein Format, mit dem Inhalte
und Ergebnisse einer Ver-
anstaltung noch im Verlauf
in Bilder visualisiert werden
(vgl. 7.4). Das Beispiel stammt
von der brand-eins-Konferenz
in 2014 (vgl. Fallstudie in
Kap. 6.13). Visual Facilitator:
Gabriele Heinzel

Im Kap. 7.4 sind weitere Formate für die Kommunikation kurz vorgestellt, um einen
besseren Überblick zu geben. Bei der Auswahl eines geeigneten Formats werden zumeist
drei Felder eine Rolle spielen:

1. Intention und Ziele
    a. angestrebte Wirkung: education, inspiration, entertainment (die drei Gruppen von
       TED Talks) etc.
    b. Nachhaltigkeit (Impuls bis langjähriger Zugriff)
    c. Reichweite (kleine oder große Gruppe)
2. Rahmenbedingungen
    a. in welchem Rahmen findet die Kommunikation statt
    b. Art der Inhalte (Menge und Komplexität)
    c. Technik vorhanden und geeignet
    d. „Frontalbeschallung" bis Kollaboration
    e. alleinstehend oder als Teil einer Reihe (Konferenzbeiträge, Slam, …)
3. Person des Redners und die Zuhörer
    a. Bedürfnisse und Erwartungen der Zuhörer
    b. Vorbildung der Zuhörer
    c. Erfahrung des Redners

Im Weiteren wird der Fokus darauf liegen, an einem Format im Detail aufzuzeigen, was
dazu gehört, wie es funktioniert und wie man es praktisch gestaltet und nutzt. Da bereits
einige TED Talks, TEDed und die Nutzung von TED in Unternehmen angesprochen wurde, werden wir uns auf TED konzentrieren und andere Formate dann einbinden, wenn
sie einen Mehrwert bieten. Im nächsten Kapitel wollen wir uns den Hintergrund und die
Organisation TED sowie die vielfältigen Aktivitäten genauer ansehen (Abb. 2.6).

Die Welt von TED – die Welt am virtuellen Lagerfeuer

Abb. 3.1 Vogelperspektive auf Publikum und Bühne während eines Talks beim TEDSalon in Berlin 2014. (Foto: Duncan Davidson)

© Springer Fachmedien Wiesbaden 2016
F. Edelkraut, S. Balzer, *Inspiring! Kommunizieren im TED-Stil*,
DOI 10.1007/978-3-658-09573-4_3

3.1   Die Idee und ihre Entwicklung

Monterey, die kalifornische Kleinstadt mit weniger als 30.000 Einwohnern, gelegen am Ende einer Halbinsel der Monterey Bay, ist nicht reich gesegnet mit bekannten Sehenswürdigkeiten und historischen Attraktionen. Neben dem weltbekannten Aquarium und dem Monterey-Pop-Festival von 1967 ist das Städtchen höchstens noch unter Literaturfreunden als Kulisse aus einigen Büchern John Steinbecks bekannt, z. B. „Die Straße der Ölsardinen" aus dem Jahre 1945. Und doch ist dieses Monterey der Ort, an dem 1984 eine Revolution ihren Ausgang nimmt, die unsere Art zu denken, zu handeln und sich neues Wissen anzueignen wie kaum ein zweites Phänomen in den letzten Jahrzehnten verändert hat: die TED-Konferenzen (Abb. 3.1).

Der Architekt und Designer Richard Saul Wurman und sein Kollege Harry Marks, der damals als TV-Designer arbeitete, waren Anfang der 80er Jahre davon überzeugt, dass sich die Themenfelder Technologie, Entertainment und Design immer mehr annäherten und die Zeit reif sei für eine neue Art von Konferenz. So riefen sie 1984 die erste TED-Konferenz ins Leben, die ursprünglich nur als einmalige Veranstaltung geplant war.

Passend zum Lifestyle und Denken der Kalifornier, die schon seit langer Zeit bekannt waren für ihre offene Art und ihre Bereitschaft, über bestehende Grenzen hinaus zu denken, prägten sie damals die Grundzüge, die bis heute typisch sind für die Welt von TED. Sie wollten weg von den klassischen Konferenzen, auf denen sich langweilige Männer in langweiligen Anzügen über ihre ewig gleichen Themen austauschten und sich nicht darum scherten, dass ihre Ideen niemals den kleinen Kreis der Experten verlassen würden. Richard Wurman erklärt rückblickend, ihm habe damals die Idee einer Art Dinnerparty mit ihm als Gastgeber vorgeschwebt und erinnert sich: „I wanted curiosity and a community and I want a conversation."

Diese Neugierde war es auch, die von Anfang an ein zweites Ziel von TED prägt. Von Beginn an wollte man multidisziplinär sein und Vertreter unterschiedlichster Denkrichtungen zusammenbringen. Denn Richard Wurman war überzeugt: Innovationen entstehen nur dort, wo sich Vertreter unterschiedlichster Themenfelder treffen, sich gegenseitig befruchten und sich austauschen.

Und so liest sich die Referentenliste der ersten TED-Konferenz wie eine bunte Mischung von Gästen, die bis heute unser Denken und unsere Kultur nachhaltig verändert haben: hier auf der TED-Konferenz wurde erstmals die Compact Disc präsentiert sowie Lucasfilm, denen wir Klassiker wie „Indiana Jones" und die „Star-Wars"-Saga verdanken, stellte erste 3D-Graphics einer breiteren Öffentlichkeit vor. Auch Steve Jobs zeigte hier erste Gehversuche des Apple Macinthosh. Unter den Gästen war auch der französisch-amerikanische Mathematiker Benoit Mandelbrot – er präsentierte sein Konzept der frakatalen Geometrie. Mandelbrot brachte eine Eigenschaft mit, die perfekt zu TED und den Ideen von Wurman und Marks passte: als international anerkannter Experte für hochkomplexe Themen wie die theoretische Physik, die Finanzmathematik und die Chaosforschung setzte er sich in zahlreichen Aufsätzen und Büchern dafür ein, seine Ideen und Erkenntnisse auch populärwissenschaftlich verständlich zu machen und einem interessierten Publikum außerhalb der üblichen akademischen Zirkel zu vermitteln. Das passte perfekt zu dem großen Leitgedanken, der alles rund um TED bis heute prägt: „Ideas worth spreading".

Doch wie bei vielen großen Plänen galt auch für die erste TED-Konferenz: die Idee war gut, doch die Welt offensichtlich noch nicht bereit dafür. Es erscheinen nur 300 Teilnehmer und Besucher, so dass Wurman die Hälfte der Besucher kostenlos einließ, um die vielen freien Plätze im Saal zu füllen. Finanziell war die Veranstaltung ein solches Desaster, dass es bis 1990 dauerte, ehe man sich wieder an eine neue TED-Konferenz wagte.

Doch schon 1984 war eines deutlich geworden: Die Größe der Idee, die Innovationskraft und die Verbindung von unterschiedlichsten Themen und Referenten hatte großes Potential. Als der Autor dieser Zeilen 2004 bei einem Gespräch in Zürich das große Vergnügen hatte, Nicholas Negroponte zu treffen, den berühmten Gründer des MIT Media Lab's und Initiator des Programms „One Laptop per Child" (OLPC), erinnerte sich dieser an seinen ersten Auftritt als Redner in Monterey und wie er den Veranstaltern mit Hilfe seines persönlichen Adressbuches helfen musste, weitere prominente Gäste zu gewinnen. Ihn hatte damals – trotz aller widrigen Umstände – bereits diese erste TED-Konferenz so begeistert, dass er auch 30 Jahre später gerne die Jubiläumsfeier in Vancouver eröffnete. Und er erinnert sich an ein Erlebnis, das Harry Marks schon damals von der Richtigkeit der Idee hinter TED überzeugt hatte: am Ende der Veranstaltungstage tauschte Nicholas Negroponte seine Visitenkarte mit Herbie Hancock, berühmt als Jazzpianist und Komponist mit Oscar- und Grammy-Ehren. Genau dies hatten Richard Wurman und Harry Marks im Sinn gehabt: die klügsten, interessantesten und begabtesten Köpfe aus verschiedenen akademischen, gesellschaftlichen und kulturellen Bereichen miteinander ins Gespräch zu bringen und zum Gedankenaustausch anzuregen (Abb. 3.2).

Dabei halfen den Veranstaltern einige geniale Ideen, die bis heute zum Erfolgsrezept der TED-Konferenzen beigetragen haben, auch wenn sich manches im Lauf der Jahre verändert hat: Zum einen war der Veranstaltungsort clever gewählt. Monterey liegt am Highway 1 zwischen San Francisco (185 km nördlich) und Los Angeles (560 km süd-

Abb. 3.2 Nicholas Negroponte und John Perry Barlow, 2004 in Zürich

lich), so dass alle Teilnehmer bequem anreisen konnten. Bereits die erste TED-Konferenz dauerte volle fünf Tage und dabei ist es bis heute geblieben, so dass man auf jeden Fall die von Richard Wurman gewünschte Neugierde und Begeisterung mitbringen muss. Man stelle sich deutsche Vorstände und Geschäftsführer vor, die sich aus ihrem Tagesgeschäft ausklinken, um sich eine ganze Woche lang intensiv mit einer ganzen Palette von Themen zu befassen, von denen die meisten neu für sie sein dürften.

Denn bei allen imposanten Innovationen, die auf den verschiedenen TED-Konferenzen sozusagen das Licht der Welt erblickten, vom bereits erwähnten ersten Mac über den Segway oder die Kult-Figur „Shrek" bis zu den Anfängen von Google, sind die TED-Konferenzen auch deshalb immer spannend geblieben, weil sie neben hochwissenschaftlichen Erkenntnissen und Theorien gerne unterhaltsame Kuriositäten lieferten. So sprach etwa Microsoft-Executive Nathan Myhrvold über das Thema „How dinosaurs fuck". Richard Wurman erinnert sich im Rückblick auf seine Zeit als TED-Mastermind und TED-Organisator: „It was like being a child being able to say what I wanted to have happen. I'd like a juggler. I'd like a magican."

Schon dieses Zitat macht deutlich, wie stark die TED-Konferenzen anfangs durch Richard Wurman und seine visionäre Persönlichkeit und Neugierde geprägt waren. Bis heute gilt für alle Redner, was Wurman einst verfügt hatte: gewünscht ist die freie Rede, möglichst kurz (aus der ursprünglichen Vorgabe „short" wurde später das heutige Standardformat von 18 min für einen TED-Talk) und auf keinen Fall langweilig. Um letzteres durchzusetzen, schreckte Richard Wurman auch nicht vor unkonventionellen Methoden zurück. Erschien ihm ein Vortrag nicht interessant genug, signalisierte er dem jeweiligen Referenten sein Missfallen durch einen einfachen, aber sehr wirkungsvollen Trick: er stellte sich demonstrativ direkt hinter den damals noch im Sitzen sprechenden Gast und zeigte so dem Saal: „Der Nächste, bitte!" Zur Kürze der Vorträge, die durchaus auch kritisch gesehen wird (dazu später mehr), erklärte Wurman bereits in den Gründungstagen der TED-Konferenzen sinngemäß: Wenn jemand nicht innerhalb dieser Zeit in der Lage ist, eine Idee zu präsentieren, dann ist es keine Idee.

Aus heutiger Sicht erscheint es angesichts der ersten Erfahrungen fast unvorstellbar, aber sechs Jahre später nahmen Wurman und Marks einen neuen Anlauf, um das Konzept TED-Konferenz wieder zum Leben zu erwecken. Und dieses Mal wurde es der Beginn einer Erfolgsgeschichte, deren Ende bis heute nicht in Sicht ist. Ab 1990 gab es jährlich eine TED in Monterey, die immer mehr Vertreter unterschiedlichster Fachrichtungen und Disziplinen anzog und bald zu einer Art Geheimtipp unter allen Menschen wurde, die neugierig auf Ideen für die Welt von morgen waren. Zum damaligen Zeitpunkt standen die Türen der TED noch nicht jedem offen. Nur wer eine Einladung vorweisen konnte, für die er zwei Bürgen finden musste, konnte sich zum erlauchten Kreis der Teilnehmer zählen. Und wenn man TED heute als eine global vernetzte Community sieht, so war es in den Anfangstagen eher eine fast schon elitäre Insider-Versammlung, was nicht zuletzt auf die stolzen Eintrittspreise von einigen tausend Dollar für eine Karte zurückzuführen war.

Wie begehrt der Zugang zum Wissen der TED-Community inzwischen geworden ist, zeigen nicht nur die weltweit ständig wachsenden Zugriffszahlen auf die Videos der TED

Talks, sondern auch ein Vorfall aus dem Jahr 2009. Damals wurde der Fotograf Duncan Davidson, der für die damalige Konferenz akkreditiert war und bis heute als Fotograf arbeitet, auf offener Straße überfallen. Doch der Täter hatte es zu Davidsons großer Überraschung nicht auf seine teure Foto-Ausrüstung abgesehen, sondern auf seinen Zugangspass für die Tagung. Und die zu Hilfe gerufene Polizei staunte nicht schlecht, als Davidson den flüchtigen, glücklicherweise erfolglosen Angreifer nicht als klassischen Straßenräuber, sondern als typischen kalifornischen Geschäftsmann in Jeans und Blazer beschrieb. Davidson erklärte den Vorfall damals mit der Erkenntnis: „It's easy to think that money is the currency of the world, but there are other currencies."

Doch zurück zur Geschichte der TED. Wie viele große Visionäre kam für Richard Wurman irgendwann der Zeitpunkt, an dem er sich auf die Suche nach neuen Ideen machen wollte und TED für ihn den Reiz des Neuen verloren hatte. Da traf es sich gut, dass er in dem Verleger Chris Anderson im Jahr 2000 einen Interessenten fand, der bereit war, die stattliche Summe von US$14 Mio. für die Rechte an der Idee TED auf den Tisch zu legen. Anderson hatte in Oxford studiert und war Verleger von Fachzeitschriften. Er machte schnell deutlich, dass er einen neuen Weg einschlagen wollte: er legte 18 min als Länge für jeden TED Talk fest, setzte die Auswahl „seriöserer" Themen durch und verlegte den Veranstaltungsort vom beschaulichen Monterey nach Long Beach, Los Angeles. Damit einher ging eine deutliche Vergrößerung der Teilnehmerzahl, die auch den Charakter der Veranstaltung verändern sollte: handelte es sich früher bei TED um eine „Invitation only"-Konferenz, galt nun „first come, first serve". Die Eintrittspreise verteuerten sich und man musste sich nach wie vor für die TED bewerben. Dafür war eine Membership-Fee zu entrichten, verbunden mit weiteren Vorteilen wie eine Mitgliedschaft in einem TED-Buchclub, mit Titeln rund um die TED-Veranstaltungen, Networking-Tools und DVDs mit Aufzeichnungen der Konferenzen. Diese Mitgliedschaft als Basis für eine Teilnahme beginnt bei $8500, von denen $6000 in den USA steuerlich absetzbar sind. Noch etwas kostspieliger ist das sogenannte TED-Donor-Paket für fünf Jahre, das bis zu $150.000 für diesen Zeitraum kostet.

Mit dem wachsenden Erfolg und den steigenden Besucherzahlen verlor TED zwangsläufig auch den Nimbus der Insider-Gesellschaft, die zum anfänglichen Hype beigetragen hatte, denn statt 500 oder 600 Besucher im Monterey Conference Center trafen sich nun über 1500 Teilnehmer mitten in L.A. Ein Grund für diese Maßnahme bestand dabei schlicht und einfach in der wachsenden Zahl von Sponsoren, die im Gegenzug für ihre Unterstützung natürlich eine entsprechende Zahl an Tickets für ihr Unternehmen erwarteten. 2014 wurde der Standort der TED-Konferenz schließlich nach Kanada verlegt, was damals einer kleinen kulturellen Revolution gleichkam. Bis dahin war TED stets vom kalifornischen Umfeld geprägt, das es Gästen aus anderen Staaten und Ländern oft schwer machte, überhaupt Zugang zu finden. Doch für den Umzug nach Kanada 30 Jahre nach der ersten TED sprachen auch ganz praktische Gründe. Denn die Produktionsfirma, die alle Konferenzen produziert, hatte schon seit langem ihren Sitz in Kanada.

Einigen Prinzipien blieb Chris Anderson aber treu, die bis heute den Erfolg von TED ausmachen: das inspirierende Format der freien, allgemein verständlichen Rede auch bei anspruchsvollsten Themen, die Suche nach den interessantesten Geschichten und die Leidenschaft, diese einem breiteren Publikum näherzubringen. Und Anderson war verantwortlich für verschiedene Innovationen, die zwischen 2001 und 2006 für noch mehr Aufmerksamkeit und eine verstärkte Wahrnehmung der TED-Themen in der Öffentlichkeit sorgten.

Richard Wurman, der geniale Kopf und Gründer hinter TED, hat eine interessante Theorie zum Erfolg von TED: er stellte fest, dass die Nutzung moderner Kommunikationsmittel wie Skype und E-Mail die klassischen Konferenzen eigentlich verzichtbar machen müssten. Doch der gegenteilige Trend zeichnet sich ab: TED wird immer beliebter und durch die TEDx-Konferenzen mit inzwischen 12.000 Veranstaltungen in 170 Ländern weltweit immer größer. Diese Entwicklung führt er darauf zurück, dass nichts auf der Welt das persönliche Gespräch und den direkten Austausch mit anderen Menschen ersetzen kann. Werden neue Ideen so überzeugend, leidenschaftlich und authentisch wie bei den meisten TED Talks präsentiert, verbreiten sie sich wie ein Lauffeuer von selbst – an alle, die neugierig sind, um einen Blick über den eigenen Tellerrand zu werfen und neue Wege zu gehen.

Um genau diese Menschen als Redner für TED zu gewinnen bedient man sich einiger Ideen, die so ungewöhnlich wie erfolgreich zugleich sind. Wer eingeladen wird, um bei TED zu sprechen, bekommt symbolisch das Bild eines gravierten Steines zugeschickt. Es enthält die „The TED Commandments", die zehn Gebote für TED-Referenten. Eine der wichtigsten Regeln, die bis heute zur Beliebtheit der Auftritte beigetragen hat, ist der Hinweis: „Thou shalt not sell fom the stage". So wird man niemals Redner oder Rednerinnen sehen, die – wie wir es etwa aus deutschen Fernsehshows zur Genüge kennen – ganz „zufällig" gerade ihr neues Buch oder sonstiges Machwerk in die Kamera halten. Ebenfalls bis zum heutigen Tage bekommt ferner keiner der Redner ein Honorar für seinen Auftritt, sondern muss sich stattdessen bereit erklären, seinen Beitrag TED zur Verfügung zu stellen, damit dieser unter einer Creative-Commons-Lizenz verbreitet werden kann.

Längst ist das Phänomen TED zu einem Teil der Populärkultur geworden: nicht nur durch die massenhafte Verbreitung der TED Talks im Netz, sondern auch durch neue Ideen, die im Rahmen von TED-Begegnungen ihren Ursprung hatten, wie etwa das Magazin „Wired". Auch die immer spektakulärer werdenden Auftritte haben den Hype um TED verstärkt. Während Bill Gates 2009 über den Kampf gegen Malaria sprach, entließ er Moskitos in den Saal. Heute gehören Programmpunkte wie ein TED Talk aus dem All ebenso zum Programm wie die berühmte Rede der Hirnforscherin Jill Bolte Taylor, die mit Hilfe eines echten Gehirns über ihren selbst erlebten Gehirnschlag berichtete. Und wer sich neben der akademischen Welt auch in der Welt der Muppets auskennt, der weiß, dass Scooter, der quirlige Assistent der Hauptfigur Kermit, in einem der Muppet-Filme zur großen Freude des Publikums zu einem Google-Mitarbeiter und TED-Konferenz-Besucher befördert wurde.

Kehrt man noch einmal zu den Ideen von Richard Wurman zurück, der einst sagte: „In coming to TED, I asked people to take a journey with me from not knowing to knowing", so kann man guten Gewissens behaupten: auf diese Reise haben sich immer mehr Neu-

gierige gerne begeben. Denn in diesen wenigen Worten beschreibt er treffend die grund-
sätzliche Haltung hinter der Welt von TED. Neugier und die positive Grundhaltung in
Bezug auf die Verbindung verschiedener Disziplinen mit modernster Technologie lassen
ein Grundrauschen entstehen, das diese Veranstaltungen zu einem fast magischen Erlebnis
machen.

3.2   Die Organisation

Schon während seiner Arbeit als Architekt und Designer hat Wurman sich mit dem Gedanken beschäftigt, wie man Informationen besser verarbeiten und vereinfachen kann. Wie
in seinen zahlreichen Büchern zu diesem Thema beschrieben hat er es bei der ersten TED
gehalten: alle Informationen wurden von ihm noch einmal neu gestaltet und so aufbereitet,
dass sie für alle verständlich waren. Und er hat sich selbst an einen Grundsatz gehalten,
der gerade in der akademischen Welt nicht immer selbstverständlich ist: Er hat bewusst
Redner eingeladen, die smarter waren als er, um so von ihnen zu lernen und interessante
Diskussionen mit ihnen führen zu können. Die größten Erkenntnisse, die er nach eigener
Aussage in Bezug auf die TED gewonnen hat, waren die von ihm so genannten „5 Cs".
Die fünf Cs setzen sich zusammen aus: curiosity, convervenge, connection, communica-
tion, community.

Inzwischen ist Richard Wurman fast 80 Jahre alt, doch die Neugier hat ihn bis heute be-
gleitet. Als Visionär seiner Zeit hat er schon früh erkannt, dass die Konvergenz zwischen
Technik und anderen Disziplinen immer wichtiger wird und bis heute die Kraft hat, um
Menschen überall auf der Welt zu begeistern.

Aber noch einmal zurück zum Format. Betrachtet man die TED-Dauer von fünf Tagen
und die Tatsache, dass die Teilnehmer die Zeit von einer Woche zusammen verbringen –
also auch den restlichen Teil der Zeit jenseits der Vorträge zusammen verbringen – ist das
sicherlich unter den Aspekten Communication und Community eines der großen Erfolgsgeheimnisse.

Der zweite Aspekt ist gewiss die Leistung Wurmans, alle Teilnehmer dazu zu bringen,
ihre komplexen Themen so verständlich zusammenzufassen und zu präsentieren, dass beispielsweise ein Technologe vor Musikern oder Architekten verständlich erklärt, woran er
arbeitet. Und das in einer Art und Weise, die wesentlich emotionaler ist, als wir es norma-
lerweise von Konferenzen kennen.

Ein weiterer Erfolgsfaktor ist das breite Themenspektrum, bei dem immer weniger
mit klassischen Methoden wie PowerPoint und immer mehr mit Bildern und Geschichten
gearbeitet wird. So gesehen kann man Richard Wurman wohl zu Recht als den Erfinder
des modernen Lagerfeuers bezeichnen. So nennt Chris Anderson heute das jährliche Zusammenkommen bei TED: Das große, globale Lagerfeuer, an dem wir alle sitzen und
lauschen, um Themen und Geschichten aus aller Welt zu hören, bei denen es schon lange
nicht mehr nur um Technologie, Entertainment und Design geht, sondern um alles, was
unser Leben verändern kann.

3.3 TEDGlobal

Mit TEDGlobal entstanden ab 2005 international orientierte Konferenzen überall auf der Welt, die ihren Schwerpunkt zunächst in Oxford, dann in Edinburgh hatten. Sie richteten sich, im Gegensatz zur stark amerikanisch-kalifornischen Ausrichtung früherer Zeiten, verstärkt an ein internationales Publikum. Im Gegensatz zur größer gewordenen TED-Hauptkonferenz kehrte man hier zu einer Teilnehmerzahl von 600 bis 700 Personen zurück, von denen nur etwa 30 % US-Amerikaner waren. Kuratiert werden die fünftägigen Konferenzen von dem gebürtigen Schweizer Bruno Giussani, dem European Director der TED. 2014 entschloss man sich, die Veranstaltung nach Rio de Janeiro zu verlegen. Im Jahr 2015 wird die TEDGlobal als fünftägiger Event an einem Ort ausgesetzt. Dafür wird es zwei ebenfalls als TEDGlobal betitelte, kürzere Veranstaltungen in Genf und London geben.

▶   Tipp: Mehr Informationen über TEDGlobal und die geplanten Veranstaltungen finden Sie unter: https://www.ted.com/attend/conferences/tedglobal

3.4 TED Price

Die zweite Innovation, die Chris Anderson ab 2005 etablierte, war die Verleihung des „TED Price", der bis zum Jahr 2010 an Einzelpersonen verliehen wurde. Sie erhielten nicht nur ein Preisgeld von $100.000, sondern auch eine Gelegenheit, die typisch für die Gedankenwelt und visionäre Kraft von TED ist. Denn der jeweilige Gewinner des „TED Price" durfte einen „wish to change the world" formulieren und auf der Hauptkonferenz vortragen. Ab 2010 wurde dieser Prozess leicht variiert: Von nun an wurde auch noch der Wunsch an die TED formuliert, das jeweilige Anliegen zu unterstützen. 2012 wurde die Reihe der ausgezeichneten Einzelpersonen unterbrochen, um den „TED Price" symbolisch an das Konzept der „City 2.0" zu vergeben und so auf das aktuelle, globale Phänomen der Urbanisierung hinzuweisen.

Die Liste der Preisträger ist dabei ebenso lang wie eindrucksvoll: beginnend mit dem Musiker Bono von U2 im Jahr 2005 reicht sie über den Mediziner Larry Brilliant, der sich seit Jahren gegen die Verbreitung von Epidemien engagiert, bis zu Bill Clinton im Jahr 2007 oder der Religionswissenschaftlerin Karen Armstrong und dem britischen Koch Jamie Olivier, der für sein Schul-Aufklärungsprogramm rund um gesunde Ernährung ausgezeichnet wurde. Viele der Preisträger sind dabei mit ihren Lebensgeschichten und Projekten so ungewöhnliche Charaktere, wie sie schon immer prägend für die Geschichte von TED waren – etwa 2015 Dave Isay, der als mit seiner Idee „StoryCorps" jeweils zwei Menschen zusammenbringt, die sich gegenseitig etwas erzählen. So ist er zum Geschichtensammler geworden, der die weltweit größte Sammlung von aufgezeichneten Berichten angelegt hat, in denen Menschen ihre Wünsche und Vorstellungen für eine bessere Zukunft schildern.

▶ Tipp: Wenn Sie mehr über Dave Isay erfahren möchten, finden Sie seine Geschichte und seinen Talk von der TED-Konferenz 2015 auf der TED-Webseite unter folgenden Links:

http://www.ted.com/participate/ted-prize/prize-winning-wishes/story-corps-dave-isay

http://www.ted.com/talks/dave_isay_everyone_around_you_has_a_story_the_world_needs_to_hear

3.5 TED.com

Die wohl wichtigste Veränderung von allen, die wir Chris Anderson verdanken, war die Idee hinter der Website TED.com: 2006 wurden erstmalig ausgewählte TED Talks kostenlos abrufbar ins weltweite Netz gestellt. Bis dahin waren zwar alle TED Talks aufgezeichnet worden, aber nie online zu sehen. 2005 hatte Anderson June Cohen angeheuert, die in seinem Auftrag mit TED Media aus den bereits bestehenden Beiträgen der TED Talks ein eigenständiges TV-Format entwickeln sollte. Diese Idee wurde jedoch bald wieder verworfen und man entschied sich, mit einer Creative-Commons-Klausel versehene TED-Beiträge auf Youtube bzw. iTunes zu hochzuladen. Alle Beiträge wurden dabei von einem redaktionellen Team im Hintergrund ausgewählt, dass vor allem auf den alten TED-Gedanken „Ideas worth spreading" Wert legte. Bereits die ersten Schritte waren so erfolgreich, dass man sich schnell entschied, mehr Beiträge auf TED.com und im Netz zur Verfügung zu stellen.

Hatte man im Juni 2006 die ersten sechs TED Talks online gestellt, verzeichneten sie im September 2006 bereits mehr als eine Million Zugriffe. So stand schnell fest: Jede Woche gibt es einen neuen Beitrag. Ein Konzept, das nicht nur für unglaubliche Zugriffszahlen, sondern auch für jede Menge internationaler Medienpreise sorgte. Zum heutigen Zeitpunkt (2015) gibt es bereits mehr als 2000 Talks, die hochgeladen wurden und schon am 13. November 2012 wurde die magische Schallgrenze von einer Milliarde Downloads durchbrochen. Inzwischen wurden die Talks mehr als drei Milliarden Mal angesehen.

Bis heute umfasst die Liste der Gäste, die im Rahmen einer TED-Konferenz auf der Bühne standen prominente Namen wie Al Gore, Richard Dawkins, Bill Gates, die Google-Gründer Larry Page und Sergey Brin, zahlreiche Nobelpreis-Gewinner, aber auch unzählige Menschen, die erst durch ihren Auftritt bei TED einer breiten Masse bekannt wurden und vorher nur einem kleinen akademischen Zirkel ein Begriff waren. Und es werden mit jeder neuen TED-Konferenz mehr Beiträge, die für eines stehen: „Ideas worth spreading".

3.6 TEDx

Hat man eine Idee gefunden mit einer Kraft und Reichweite wie die TED, gibt es mehrere Möglichkeiten, wie man damit umgehen kann. Man kann dieses Konzept hüten wie einen Schatz, so wie es die Entdecker der Geheimformel für den berühmten Soft-Drink Coca-

Cola bis heute tun. Oder man kann versuchen, möglichst vielen engagierten Menschen den Zugang zu diesem Ansatz zu ermöglichen und sie ermutigen, selbst im Sinne von TED aktiv zu werden. Es lag in der Natur der klugen Köpfen hinter den TED-Talks sich für die zweite Variante zu entscheiden. So entstand der Plan, die Marke „TED" im Rahmen eines Open-Source-Projektes allen Interessierten weltweit zur Verfügung zu stellen.

Natürlich konnte dies nicht bedeuten, dass von nun an jeder überall auf der Welt unter dem Label TED auftreten konnte, denn man wollte sicher sein, dass die Grundideen von TED auch weiterhin überzeugend vertreten wurden. Deshalb war es nur folgerichtig, durch ein Team von TED-Mitarbeitern einen klaren Prozess zu definieren, wer die Lizenz zur Nutzung des TED-Labels erhalten sollte und welche Regeln dabei einzuhalten sind. Eine wichtige Rolle bei diesem Schritt, der TED insgesamt auf eine neue Entwicklungsstufe führte, waren zwei Überlegungen von Chris Anderson: die Website TED.com war bereits ein Erfolg, mit dem die Idee TED immer mehr Menschen erreichte und begeisterte. Doch nun suchte man nach einem Weg, um das Live-Erlebnis der TED Talks auch in Ländern möglich zu machen, in denen TED bislang noch nicht mit Konferenzen in Erscheinung getreten war.

Anderson fand für diese Aufgabe Lara Stein. Lara Stein war Stephan Balzer aus früheren Tätigkeiten bereits seit 2002 bekannt. In 2008 meldete sich Lara Stein bei uns und berichtete von den ersten Eckdaten für ein Projekt, das wir heute unter dem Namen TEDx kennen. Hier bot sich für zahlreiche Menschen die Möglichkeit, in ihren eigenen Städten und Ländern ein TED-Projekt beginnen zu können. Und es spricht für die Gründer und führenden Köpfe von TED, dass sie ihre Marke TED für ein solches Experiment in fremde Hände gaben und darauf vertrauten, dass in ihrem Sinne gearbeitet wurde. Auch hier zeigt sich, was Unternehmen und Kommunikationsexperten von der TED lernen können: die Lizenz für eine TEDx-Konferenz wurde den jeweiligen Machern von der TED-Marke im Hintergrund kostenlos zur Verfügung gestellt. Dies passt zu einem Gedanken von Anderson, der einmal sinngemäß sagte: Das Wichtigste, das man nach außen gibt, ist das, was einen selbst am größten macht. Wer ein Interview durch TED-Mitarbeiter und eine Überprüfung seines Backgrounds und seiner Kompetenzen hinter sich gebracht hat, erhält ohne weitere Hürden die Lizenz für eine eigene TEDx-Konferenz. Doch dabei bleibt es nicht – auch die Genehmigung zur Nutzung von Marke und Logo sowie detaillierte und sehr hilfreiche Beschreibungen, wie man eine TEDx-Veranstaltung organisiert, sind Teil des Paketes. Der visuelle Auftritt für die verschiedenen Bereiche wie die Bühne, mögliche Publikationen und in der allgemeinen Kommunikation sind ebenfalls genau definiert. Dabei ist das Regelwerk für eine TEDx-Lizenz in den letzten sechs Jahren stark verfeinert worden: Inzwischen gibt es die unterschiedlichsten Lizenz-Varianten, etwa für Universitäten und Unternehmen, die damit interne TEDx-Veranstaltungen durchführen können.

▶   Tipp: Die Idee und das Regelwerk für Interessenten, die TEDx-Konferenzen veranstalten wollen, sind auf TED.com dargestellt: http://www.ted.com/participate/organize-a-local-tedx-event/before-you-start

Alle Lizenzen und TEDx-Konferenzen haben stets ein großes Ziel, das auch schon den klassischen TED-Events zugrunde liegt. Man möchte eine Plattform bieten, die das Teilen von Ideen ermöglicht. Um dieses Anliegen zu unterstützen, sind alle TEDx-Veranstaltungen weltweit als Non-Profit-Events ausgerichtet, bei denen die Tickets möglichst günstig oder sogar gratis sein sollten. Natürlich erwartet niemand von den Veranstaltern, dass sie aus reiner Gutmütigkeit die Kosten einer TEDx-Konferenz übernehmen, aber das benötigte Kapital sollte von Partnern und Sponsoren stammen und nicht aus den Taschen der wissenshungrigen Besucher. Und wie bei der klassischen TED-Konferenz ist auch bei der TEDx ein Teil des Erfolges das fehlende Honorar für alle Redner. So kann man sicher sein, dass es den Gästen wirklich um die Präsentation und Verbreitung ihrer Ideen geht.

Alle Talks müssen von den TEDx-Veranstaltern auf Video aufgezeichnet und auf einem TED-Youtube-Kanal hochgeladen werden. War dieses Konzept anfangs noch ein Experiment, dem sich bei TED gerade einmal zwei Mitarbeiter widmeten, ist es heute eine ganze Abteilung mit 13 Mitarbeitern, die immer mehr Aufgaben übernehmen: Die Zahl der TEDx-Events ist genau wie die Zahl der Videos mit Beiträgen geradezu explodiert. Im Jahr 2015 gab es bereits in über 170 Ländern TEDx-Veranstaltungen, auf denen in 60 verschiedenen Sprachen neue Visionen und Ideen vorgestellt wurden. Weltweit gibt es pro Tag zwischen 12 bis 15 TEDx-Events. Und die Anzahl der Talks auf der TEDx-Youtube-Plattform beträgt mit mehr als 50.000 Beiträgen deutlich mehr als auf der klassischen TED.com-Seite, wo gerade einmal knapp 2000 Talks zu sehen sind. Die Zahl der Aufrufe hat inzwischen über eine halbe Milliarde erreicht, nicht zuletzt dank der 2,3 Mio. Abonnenten des Youtube-Kanals weltweit. Damit ist TEDx zu einem globalen Phänomen geworden, das die Ursprungsidee TED in vielen Ländern längst an Bekanntheit überholt hat. In manchen Ecken der Welt hält man TEDx sogar für die ursprüngliche Idee, während man dort TED nicht oder nur vereinzelt kennt. Auch zahlreiche Unternehmen haben inzwischen das große Potential erkannt, dass die TEDx-Veranstaltungen für die interne Kommunikation und Wissensvermittlung bieten und nutzen die internen Lizenzen, um solche Veranstaltungen zu organisieren.

3.7   TED Open Translation Project

Das TED Open Translation Project begann im Jahr 2009. Das Ziel bestand darin, den Teil der Weltbevölkerung zu erreichen, der kein oder kaum Englisch spricht. Das sind immerhin 4,5 Mrd. Menschen. Als Chris Anderson diese Idee entwickelte, setzte er auf eine crowd-basierte Lösung. So gab es Untertitel und Transkripte für die TED Talks und die TED-ED-Videos (s. u.), die immer mehr Menschen das Entdecken der TED-Themen ermöglichten. Technischer Partner war dabei zunächst bis Mai 2012 Dotsub, später dann das Open-Source-Übersetzungstool Amara. Am Anfang des Projektes gab es weltweit 300 Übersetzer, die in 40 Sprachen übersetzten. Doch die Idee fand schnell immer neue Unterstützer, so dass es 2013 bereits mehr als 40.000 Übersetzungen in fast 100 Sprachen

gab. Man kann davon ausgehen, dass diese Idee der Schlüssel zum internationalen Erfolg der TED-Seite war: Der Traffic außerhalb der USA stieg um 350 %, in Asien sogar
um 600 % und in Südamerika durch die Übersetzung ins Spanische und Portugiesische
sogar um 1000 %. Dabei muss man kein zertifizierter Übersetzer sein, um das Projekt zu
unterstützen, aber jeder Teilnehmer wird Teil eines Teams, das sich in Foren und Face-
book-Gruppen austauscht. Zusätzlich gibt es natürlich feste Prozesse, die zusammen mit
TED entwickelt wurden, um den Qualitätsstandard der Übersetzungen sicherzustellen.
Das wirklich faszinierende an dieser TED-Idee: Allein durch die freiwillige Mitarbeit der
Übersetzer wurde dieses Projekt international so erfolgreich. Der Grund dafür besteht in
dem Wunsch, der jeweiligen Community interessante und besonders lehrreiche TED Talks
näher zu bringen und Wissen zu verbreiten.

▶   Tipp: Weitere Informationen und Hintergründe zum TED Open Translation Pro-
     ject finden Sie unter:
     https://www.ted.com/about/programs-initiatives/ted-open-translation-project

3.8   TEDWomen

Die TEDWomen feierte ihre Premiere im Jahr 2010, bevor sie für einige Zeit wieder pau-
sierte. Erst 2013 gab es wieder eine Veranstaltung, bevor es 2015 zum ersten Mal eine
dreitägige TEDWomen-Konferenz gab. Das Ziel der TEDWomen ist, wie der Name bereits vermuten lässt, die Kraft und die Rolle der Frauen als Kreative und Change-Maker in
den Fokus zu stellen. So ist diese Idee vergleichbar mit den anderen TED-Formaten, hat
aber nur weibliche Redner und entsprechende Themen auf der Agenda.

Interessanterweise kehrte die TEDWomen 2015 an den Ursprung der gesamten TED-
Idee zurück und fand mit 600 Besucherinnen und Rednerinnen im Konferenz-Center von
Monteray statt. Und ähnlich wie bei der TEDYouth (vgl. Kap. 3.9) gibt es auch hier unzählige Veranstaltungen überall auf der Welt, die den Live-Stream der Konferenz übertragen und mit einem eigenen Programm vor Ort Frauen auf die Bühne bringen. Zu den
bekanntesten Talks, die wir der TEDWomen verdanken, gehört der Beitrag der Autorin
und Managerin Sheryl Sandberg, den sie unter dem Titel „Why we have too few women
leaders" 2010 gehalten hat. Allein dieser Talk brachte es auf über 5,3 Mio. Views weltweit.
Nach der Veröffentlichung ihres Buches „Lean in: Women, Work and the Will to Lead" (in
Deutschland erschienen unter dem Titel „Lean in: Frauen und der Wille zum Erfolg"), war
sie noch einmal zu Gast bei der TEDWomen. In einem Gespräch mit der Moderatorin Pat
Mitchell stellte sie die Thesen ihres Bestsellers vor.

▶   Tipp: Die Talks von Sheryl Sandberg finden Sie unter den Links:
     http://www.ted.com/talks/sheryl_sandberg_why_we_have_too_few_
     women_leaders
     http://www.ted.com/talks/sheryl_sandberg_so_we_leaned_in_now_what

3.9 TEDxYouth

Entsprechend der Mutterkonferenz TED, die auch die TEDWomen gründete, startete 2011 ein Jugendprojekt namens TEDYouth. Die Kernzielgruppe sind Jugendliche zwischen 13 und 18 Jahren, die nicht nur im Saal teilnehmen, sondern auch das Programm selbst gestalten sollen. Seit 2011 fand dieses Projekt jedes Jahr statt. Unterstützt wird das Modell durch einen internationalen TEDYouth Day, bei dem alle TEDx-Organisatoren dazu aufgerufen sind, in ihren örtlichen Communities TEDxYouth Events zu organisieren. Wie bei der großen TED geht es auch hier um den Dialog mit Wissenschaftlern, Technologie-Experten, Designern, Künstlern und anderen, die ihr Wissen mit den Jugendlichen teilen. Langfristiges Ziel ist dabei natürlich auch, das Interesse an der TED zu wecken und junge Menschen dazu zu bringen, sie in Zukunft mitzugestalten. Der zentrale TEDxYouth Event kann kostenlos in einem Live-Stream verfolgt werden, inzwischen in verschiedenen Sprachen. Die Veranstaltungen der letzten Jahre und die begeisterte Teilnahme von Jugendlichen aus aller Welt zeigen das große Potential, das in dieser Idee steckt – immer mehr junge Menschen leisten einen eigenen Beitrag, nicht nur im Publikum, sondern auch als Redner auf der Bühne.

> ▶ Tipp: Mehr über die TEDxYouth-Veranstaltungen und den TEDxYouth Day können Sie nachlesen:
> https://www.ted.com/participate/organize-a-local-tedx-event/community -resources/event-type-resources/youth-event-resources

Der 13-jährige Massai Richard Turere ist genau genommen gar kein Beispiel für einen der vielen Jugendlichen, die bei der TEDYouth auftreten. Er war einer der Redner der TED-Konferenz 2012, gehört also zu einem sehr ausgesuchten Kreis von Rednern. Seine Geschichte passt jedoch gut hierher, da Chris Anderson seinen Artikel „How to Give a Killer Presentation" (2013) mit der Geschichte beginnt, wie er auf Richard Turere aufmerksam wurde und warum er ihn auf die große TED-Bühne holte.

Chris Anderson berichtet, dass er und ein paar TED-Kollegen Richard Turere in Nairobi 2012 trafen. Er erzählte ihnen seine Geschichte, in der es darum geht, wie er als Viehhirte seiner Familie die Löwen davon abhielt, das Vieh zu reißen. Er hatte dazu eine simple aber geniale Apparatur gebaut, die die Löwen in der Nacht mit wechselnden Lichtern verscheuchte. Diese Geschichte fanden alle so faszinierend, dass sie Richard Turere auf die TED-Bühne holten. Um diese Apparatur bauen zu können, bedurfte es einer sehr genauen Beobachtungsgabe, um das Verhalten der Löwen vorher zu sehen.

Für die TED-Verantwortlichen war es eine echte Herausforderung, einen 13-Jährigen, der nur schlechtes Englisch sprach, in die USA zu holen und vor 1400 Zuhörern zu stellen, die Persönlichkeiten wie Sir Ken Robinson oder Bill Gates gewohnt waren. Aber, sie taten es und der Erfolg des Talk – Richard erhielt stehende Ovationen – gab ihnen Recht. Der Schlüssel zum Erfolg war wie immer eine gründliche Vorbereitung und ausdauerndes Üben. Auch Richard profitierte von dem Talk, denn seine neue Berühmtheit verschaffte ihm ein Stipendium für eine exzellente Ausbildung.

Richard Turere, „My invention that made peace with lions"

In the Maasai community where Richard Turere lives with his family, cattle are all-important. But lion attacks were growing more frequent. In this short, inspiring talk, the young inventor shares the solar-powered solution he designed to safely scare the lions away.

Quelle: http://www.ted.com/talks/richard_turere_a_peace_treaty_with_the_lions

In gewisser Weise ist Richards Geschichte typisch dafür, wie Jugendliche zu TED, auf die Bühne kommen und was dieser Auftritt mit ihnen macht. Häufig gibt ein Erwachsener, etwa ein Lehrer den initialen Startschuss, im Unterricht TED Talks statt der klassischen Lernmaterialien einzusetzen. Etwa Randy Wallock, der sich eine TEDx-Lizenz beschaffte und dann Schüler dazu animierte, eigene TED Talks zu entwickeln und zu halten. Dabei suchte er gezielt solche Schüler aus, die durch eher schwache schulische Leistung aufgefallen waren und die nun ein anderes Format zur Verfügung hatten, um zu lernen und aktiv teilzuhaben. Die Schüler zeigten hier durchgängig ein deutlich größeres Engagement und entwickelten sich sehr positiv weiter (Flanagan 2014).

Die Schülerin Kate Griffith, Flanagan 2014, sagte: „My mind is more open to different ideas, and I have the ability to look at things in a different way than I did before."

3.10 TED Fellows

Eines der interessantesten Kapitel der TED sind die TED Fellows, die von der TED gefördert werden: 2007 wurde dieses Programm gestartet, während der ersten TEDx-Konferenz auf dem afrikanischen Kontinent. Damals wurden erstmals 100 junge Teilnehmer eingeladen, zwei Jahre später in Indien waren es 99 Fellows aus Südostasien, die man zur Konferenz dazu holte. Heute gibt es jedes Jahr 40 neue Fellows, die unter mehr als 1000 Bewerbern ausgewählt werden. Unter den 40 Glücklichen, die dabei sein dürfen, werden später noch so genannte Senior Fellows gewählt, die an einem 2-Jahres-Programm teilnehmen können. Es umfasst den Besuch zweier TED-Veranstaltungen: Der Haupt-TED in Vancouver und der TEDglobal, so dass insgesamt vier Teilnahmen an TED-Konferenzen auf dem Programm stehen. So kommen jedes Jahr 40 neue Fellows dazu, die mit 30 Senior Fellows aus den Vorjahren zusammentreffen. Dabei sind die Auswahlkriterien nicht rein wissenschaftlich orientiert – wichtiger als die akademische Reputation ist die Beteiligung an Zukunftsprojekten. Neben dem TED-Zugang erhalten die Fellows darüber hinaus Unterstützung durch Mentoren, die von der TED ausgewählt werden. Auch eigene Vorträge werden von der TED unterstützt, damit sie erfolgreich auf der TED-Bühne im Rahmen des Fellow-Programms oder als Teil der TED University gehalten werden können. Diese Talks finden üblicherweise einen Tag vor der eigentlichen Hauptkonferenz statt. Für die TEDx-Organisatoren ist dieses Programm eine reichhaltige Quelle für neue Ideen und Stimmen – die deutschen TEDx-Veranstalter entdeckten hier schon zahlreiche spannende Beiträge und Redner für die eigenen Veranstaltungen.

▶ Tipp: Details zum TED-Fellows-Programm stehen auf der TED Website: http://
www.ted.com/participate/ted-fellows-program
Einen ersten Überblick über Beiträge, die von TED Fellows stammen, kann die
folgende Playlist mit zehn Talks vermitteln: http://www.ted.com/playlists/242/
top_10_talks_by_ted_fellows

3.11 TED-Ed

Nicht nur Kinder stellen viele Fragen, auch Erwachsene haben den Drang immer neue
Fragen zu stellen. Deshalb ist es gut zu wissen, dass mit dem TED-Programm TED-Ed
schon mehr als fünf Millionen Fragen zu den unterschiedlichsten Themen beantwortet
wurden. Dabei greift dieses Bildungsprojekt der TED auf das Wissen zahlreicher Lehrer,
Professoren und Studenten zurück, die zu ihrem Thema eine Art TED-Unterrichtsstunde
(sogenannte „lessons", von denen es inzwischen über 123.000 gibt) entwickeln. Zuschauer und Schüler können dabei online Fragen zu den jeweiligen Themen stellen und Diskussionen zu den einzelnen Beiträgen beginnen. Das Themenspektrum ist extrem vielfältig
und geht von A wie „arts" (Kunst) über Literatur, Mathematik, Sozialstudien bis hin zu
Wirtschaft und Religion.

Langfristiges Ziel ist die Gründung von TED-Ed-Clubs an möglichst vielen Schulen
und Hochschulen, um so Wissen unterhaltsam aufbereitet zu verbreiten und zu zeigen,
dass Lernen auch Spaß machen kann.

▶ Tipp: Mehr über TED-Ed erfahren Sie unter: http://ed.ted.com/

3.12 Die Organisatoren der TEDx-Konferenzen

Wer sind eigentlich die Menschen, die sich die Mühe machen, eine eigene TEDx-Konferenz zu organisieren? Als es vor drei Jahren die erste TEDx-Summit mit 500 Organisatoren aus aller Welt gab, stand Stephan Balzer (Abb. 3.3) als einer der Moderatoren
auf der Bühne. Und er stellte begeistert fest: Mehr als 90 % der Teilnehmer waren junge
Menschen unter 40 Jahren, die in ihren Ländern mit Hilfe der TEDx-Ideen etwas Grundlegendes verändern möchten. Ob soziale Entwicklung, innovative Ideen oder kulturelle
und politische Herausforderungen wie zu Zeiten des sogenannten „Arabischen Frühlings"
– oft war die Möglichkeit, bei TEDx neues Denken zu präsentieren einer der Grundpfeiler
für die Veränderung ganzer Gesellschaften. Und so ist es nicht verwunderlich, dass immer
mehr nordafrikanische Länder auf die Idee der TEDx zurückgriffen, auch wenn dies nicht
immer risikolos war. Bei einer TEDx in Tunis wurde der Organisator durch staatliche
Stellen verhaftet, kehrte aber nach der friedlichen Revolution in seinem Land nicht nur
zurück, sondern wurde gleich auch noch Teil der neuen Regierung. Was in akademischen
Kreisen für die ersten TED-Redner galt, zeigt nun auch seine Wirkung für Menschen, die

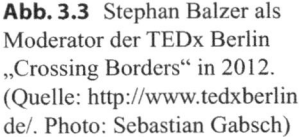

Abb. 3.3 Stephan Balzer als Moderator der TEDx Berlin „Crossing Borders" in 2012. (Quelle: http://www.tedxberlin. de/. Photo: Sebastian Gabsch)

ihre Länder verändern möchten: Viele von ihnen werden durch ihren Auftritt als TEDx-Redner so bekannt, dass sie mehr gesellschaftlichen Einfluss bekommen und Veränderungen – etwa mehr Arbeitsplätze – durchsetzen können.

Würde man alle Teilnehmer aus allen Städten, in denen bislang eine TEDx-Konferenz stattgefunden hat, zusammenbringen, hätte man sicherlich eine interessante globale Community versammelt, die nachhaltigen Einfluss auf unser Leben und die Entwicklung und Zukunft unseres Planeten mit sich bringt. Eines der Erfolgsgeheimnisse für diese erfolgreiche Arbeit sind die „shared values": Alle Teilnehmer, Redner und Organisatoren der TEDx-Veranstaltungen folgen den gleichen Regeln. Jeder akzeptiert und hilft dem anderen, denn alle sind auf der Suche nach den besten Ideen für das beste Programm auf ihrer jeweiligen Veranstaltung. Für alle gilt, dass sie keine Sponsoren auf der Bühne auftreten lassen und bei jedem möglichen Redner kritisch prüfen, ob eine Idee wirklich überzeugend und ausgereift genug ist. So kommen Ideen zusammen, die es wirklich wert sind, dass man sie gemeinsam verbreitet und so vielen Menschen wie möglich zugänglich macht.

Zu guter Letzt noch eine Beobachtung aus der Sicht eines deutschen TEDx-Organisators: Als Stephan Balzer anfing, selbst TEDx-Konferenzen zu planen und zu veranstalten, musste Führungskräften jenseits der 50 oft ausführlich erklärt werden, was sich hinter der Idee TED und dem Ableger TEDx überhaupt verbirgt. Zum Glück hat sich dies in den letzten Jahren geändert und immer mehr Führungskräfte interessieren sich für eine Teilnahme an TEDx Events. So ist es möglich geworden, mehr Unternehmern und Wirtschaftslenkern aufzuzeigen, welche Chancen das Format TEDx auch für die interne Kommunikation und Motivation der Mitarbeiter haben kann. Dieses Thema wird in Kap. 5 aufgegriffen und diskutiert.

„Creative Commons" (CC; Englisch für „schöpferisches Gemeingut")
CC ist eine gemeinnützige Organisation, die verschiedene Standard-Lizenzverträge veröffentlicht, mit denen ein Autor der Öffentlichkeit auf einfache Weise Nutzungsrechte an seinen Werken ein-

räumen kann. Diese Lizenzen sind nicht auf einen einzelnen Werktyp zugeschnitten, sondern für beliebige Werke anwendbar, die unter das Urheberrecht fallen, z. B. Texte, Bilder, Musikstücke, Videoclips usw. Auf diese Weise entstehen freie Inhalte.

Gegründet wurde die Creative-Commons-Initiative in den USA 2001, wobei der maßgebliche Kopf hinter der Initiative Lawrence Lessig war, damals TED-Redner und Rechtsprofessor an der Stanford Law School (heute Harvard). Der erste Satz Lizenzen wurde im Dezember 2002 veröffentlicht.

Entgegen einem häufigen Missverständnis ist Creative Commons nicht der Name einer einzigen Lizenz. Einige CC-Lizenzen schränken die Nutzung relativ stark ein, andere wiederum sorgen dafür, dass auf das Urheberrecht so weit wie möglich verzichtet wird. Veröffentlicht jemand beispielsweise ein Werk unter der Lizenz CC-BY-SA, dann erlaubt er die Nutzung durch andere Menschen unter der Bedingung, dass der Urheber sowie die betreffende Lizenz angegeben werden. Darüber hinaus darf der Nutzer das Werk unter der Bedingung verändern, dass er das bearbeitete Werk unter derselben Lizenz veröffentlicht. Das ist die Lizenz, die auch Wikipedia verwendet.

2008 waren bereits ca. 130 Mio. Arbeiten unter verschiedenen Creative-Commons-Lizenzen veröffentlicht. Allein der Fotohoster Flickr hatte im Oktober 2011 über 200 Mio. Creative-Commons-lizenzierte Fotos (Quelle: Wikipedia).

Tipp: Mehr über die Hintergründe und die Gesichte dieser Ideen erfahren Sie unter: http://de.wikipedia.org/wiki/Creative_Commons

3.13   Kritik an TED

Es wäre erstaunlich, wenn eine Erfolgsgeschichte wie TED nicht früher oder später auch Kritiker auf den Plan gerufen hätte. Die bis heute geäußerte Kritik reicht dabei von möglicher Einflussnahme durch Sponsoren, wie den Automobilkonzern BMW, über Unzufriedenheit angesichts der Eintrittspreise bis zum Vorwurf, TED würde den akademischen Diskurs zu einer Art Unterhaltungsshow machen, bei der es mehr auf einen gelungenen Auftritt als auf fundierte Faktenvermittlung ankäme. So nannte der Finanzmathematiker Nassim Taleb TED eine „montrositsy that turns scientists and thinkers into low-level entertainers, like circus performers".

Grundsätzlich ist festzustellen, dass Chris Anderson und seine Mitarbeiter oft in einer Zwickmühle stecken. Besonders interessante TED Talks, z. B. zu Themen einer möglichen Weltwirtschaftskrise, können weitreichende Folgen haben, die im schlimmsten Fall nicht auf den Referenten, sondern auf TED als Überbringer der Nachricht zurückfallen. Gerade die emotionale, auf 18 min zusammengefasste Präsentationsform kann hier unter Umständen kontraproduktiv, nämlich zu vereinfachend, wirken.

Das Team hinter TED hat selbst mehrfach Stellung zu verschiedenen Vorwürfen erhoben, die in den letzten Jahren immer wieder zu hören waren. Dabei wird oft ein schmaler Grat beschritten. Sucht man weltweit nach den besten Referenten, kommt schnell der Vorwurf auf, man wäre elitär. Und angesichts der Kritik an den Eintrittspreisen verweist man gerne auf den Versuch, die TED Talks den Menschen auf der gesamten Welt kostenlos über das Netz zugänglich zu machen. Auch das Bemühen neutral zu bleiben, ist nicht immer einfach – hat man sich doch das Ziel gesetzt, ausgewogene Beiträge zum Thema auf TED.com zu machen und nicht einseitig nur einem Standpunkt Redezeit zu gewähren.

Die Öffnung von TED zu den weltweiten TEDx-Angeboten hat mancherorts dazu geführt, dass es auch unwissenschaftliche und esoterische Referenten bis auf die Bühne geschafft haben. Hier versucht TED mit klaren Richtlinien einzugreifen und legt bei solchen Themen Wert auf einen wissenschaftlichen Hintergrund. Dabei ist TED grundsätzlich offen für jedes neue Thema, solange es seriös und ansprechend präsentiert wird.

Und zum Vorwurf, TED wäre eine Lizenz zum Gelddrucken, entgegnen die Macher, dass sie zum einen großen Wert auf faire Bezahlung aller Mitarbeiter legen. Zum anderen wird ein Großteil des eingenommenen Geldes in den Ausbau der weiteren Infrastruktur investiert.

Letztendlich gilt für die Kritik an TED wohl, was einst Andy Warhol ansprach, als er jedem 15 min möglichen Ruhm als Künstler zubilligte: TED ist ein Tool, das jedem und jeder die Chance bietet, sich in 18 min mit seinem Anliegen und seinen Visionen einer weltweiten Öffentlichkeit zu präsentieren. Wie erfolgreich dieser Auftritt dann jeweils wird, das lässt sich nur schwer vorhersagen, planen und steuern gar nicht. Doch am Ende gilt: Einer guten Geschichte haben schon immer Menschen gerne ihr Gehör geschenkt – egal, wer sie erzählt oder welchen akademischen oder sozialen Hintergrund der Erzähler hat.

Storytelling – Wie uns Geschichten bewegen

Abb. 4.1 Marco Maas während seines Talk auf der TEDx Hamburg, Juni 2015. Foto: Sebastian Gabsch

© Springer Fachmedien Wiesbaden 2016
F. Edelkraut, S. Balzer, *Inspiring! Kommunizieren im TED-Stil*,
DOI 10.1007/978-3-658-09573-4_4

4.1 Geschichten, das kollektive Gedächtnis von Menschen

„Noch lag die Altstadt von Damaskus unter dem grauen Mantel der Dämmerung, als ein unglaubliches Gerücht an den Tischen der kleinen Garküchen und den ersten Kunden der Bäckereien seine Kreise zog: Nura, die schöne Frau des angesehenen und wohlhabenden Kalligraphen Hamid Farsi, sei geflüchtet.

Der April des Jahres 1957 bescherte Damaskus sommerliche Hitze. Zu dieser frühen Stunde füllte die Nachtluft noch die Gassen, und die Altstadt roch nach den Jasminblüten der Höfe, nach Gewürzen und nach feuchtem Holz. Die gerade Straße lag im Dunkeln. Nur Bäckereien und Garküchen hatten Licht.

Bald drangen die Rufe der Muezzins in die Gassen und Schlafzimmer. Sie setzten kurz nacheinander ein und bildeten ein vielfaches Echo." Zitat aus: Rafik Schami, „Das Geheimnis des Kalligraphen"

Nur 111 Worte, aber sie sind bereits eine kleine Welt. Wer die ersten Zeilen aus Rafik Schamis Roman liest, wird unweigerlich in eine Welt hineingezogen, die der Autor Zeile für Zeile aufbaut. Vieles von dem, was er beschreibt erleben die Leser in dem Moment geradezu, selbst wenn sie gemütlich im Sessel sitzen, mit einem Becher Tee, einem Kaminfeuer oder einer Kerze und eben diesem Buch.

In den Zeiten, als die Schrift noch nicht erfunden war, überlieferten sich die Menschen ihre Erfahrungen über das Erzählen, später auch über Zeichnungen und Bilder. In dieser frühen Form des „Wissenteilens" wurden über Geschichten das eigene Wissen, Werte, Lebenserfahrungen, Problemlösungen und Handlungsempfehlungen transportiert. Geschichten sind das Gedächtnis der Menschheit, sie halfen beim täglichen Kampf ums Überleben und speicherten das Wissen der Gruppe.

Kinder werden mit Hilfe von Geschichten erzogen. Sie hören aufmerksam zu, spielen die Geschichten nach und spinnen diese weiter. Kinder lernen mit und durch Geschichten – genau wie Erwachsene (Abb. 4.2).

Das Geschichtenerzählen hat sich über die Jahrtausende stark verändert. Höhlenmalereien waren die ersten bildhaften Darstellungen. Seit der Erfindung des Buchdrucks im 15. Jahrhundert wurden rund 130 Mio. Bücher gedruckt. In jüngerer Zeit übernehmen andere Medienformen wie Fernsehen, Kino, aber auch Youtube, TED und andere Formate die Rolle, Informationen zu teilen und weiter zu geben. Dennoch werden trotz der neuen, zusätzlichen Medien heute pro Jahr mehr Bücher publiziert, als je zuvor. Der Hunger der Menschen nach guten Geschichten ist kaum zu stillen. Wir Menschen leben heute anders, aber geblieben sind die Faszination und die verbindende Wirkung von Geschichten. Gute Geschichten tun uns gut.

▶ **„Storytelling" (Deutsch für „Geschichten erzählen")** ist eine Erzählmethode, mit der explizites, aber vor allem implizites Wissen in Form einer Metapher weitergegeben und durch Zuhören aufgenommen wird. Die Zuhörer werden in die erzählte Geschichte eingebunden, damit sie den Gehalt der Geschichte leichter verstehen und eigenständig mitdenken können. Das zu vermittelnde Wissen soll so besser verstanden werden. Heute wird

Abb. 4.2 Großvater und
Enkel. Opa Heinrich war ein
begnadeter Geschichtenerzähler und Sänger. Foto: Rolf
Edelkraut

Storytelling neben der Unterhaltung durch Erzähler unter anderem auch in der Bildung, im
Wissensmanagement und als Methode zur Problemlösung eingesetzt.
   Quelle: http://de.wikipedia.org/wiki/Storytelling_(Methode)

So wundert es nicht, dass über die Jahrtausende einige Geschichten entstanden, die immer
weitergetragen werden und auch heute nichts von ihrer Faszination eingebüßt haben. Obwohl sich die Welt seit ihrer Entstehung deutlich verändert hat. Sie werden immer wieder
neu erzählt, verändert und weitergesponnen, bleiben aber erkennbar. Allein die Traumfa-
brik Hollywood hat in den vergangenen Jahren immer wieder auf klassische Geschichten
zurückgegriffen. Von Beowulf über Alexander und Leonidas mit seinen 300 Spartiaten
bis hin zu Jeanne d'Arc, Robin Hood oder Lawrence von Arabien, die Klassiker der Geschichte tauchen immer wieder in anderen Medien oder als Replik auf. Dabei fällt nicht
nur auf, dass ein und derselbe Stoff immer wieder neu bearbeitet wird, auch die Grundstruktur vieler Geschichten ähnelt sich sehr. Wieso verlieren wir trotzdem nicht das Interesse an solchen Heldengeschichten?

Geschichte = Geschichten

Die Geschichte der Menschheit ist die Summe ihrer Geschichten. Ist diese These haltbar? Lassen Sie uns dazu ein kleines Gedankenexperiment durchführen.

Schritt 1: Bitte denken Sie an die geschichtlichen Ereignisse, die Sie besonders berühren, an die Sie sich erinnern. Dies werden sehr unterschiedliche Ereignisse aus sehr unterschiedlichen Perioden der Menschheitsgeschichte sein. Je nachdem, was jeden Einzelnen besonders interessiert oder was besonders intensiv vermittelt wurde.

Schritt 2: Wie genau erinnern Sie sich an diese Ereignisse?

Sehr wahrscheinlich werden die Erinnerungen auf konkrete Bilder aus Film und Fernsehen, die plastische Beschreibung einer nahestehenden Person oder aus einem Buch beruhen. Egal, was die Quelle ist, Ihre Erinnerung oder Vorstellung des Ereignisses wird sehr bildhaft sein. Wir denken in Bildern. Die Konsequenz ist, dass wir uns an die Geschichten hinter der Geschichte erinnern, aber nur mit großem Aufwand (Interesse und intensive Auseinandersetzung) an die Fakten und Hintergründe.

Ein Beispiel: Was ist relevanter: die europäische Machtordnung oder eine Dose? Natürlich die europäische Ordnung, die auch im Siebenjährigen Krieg ausgefochten wurde, in dem wichtige Weichen für die Geschichte mehrerer Nationen, ja ganz Europas gestellt wurden. Sie erinnern sich sicher an die Zahlen und Hintergründe. Oder? Wann war noch einmal die Schlacht von Kunersdorf? Keine Ahnung? Es war der 12. August 1759. 24.000 Mann im österreichischen Korps und 55.000 Russen verfügten über 84 Bataillone, 60 Grenadier-Kompanien und 98 Schwadronen mit 79.000 Mann und 212 Geschütze. Die Preußen verfügten über 49.900 Mann, insgesamt 63 Bataillone, 110 Schwadronen und 160 Geschütze.

Seien wir ehrlich, mit den Zahlen und Fakten verbinden die meisten Menschen gar nichts. Wichtiger ist eine Dose, genauer gesagt, eine Schnupftabakdose. Daran erinnern Sie sich garantiert, wenn Ihnen deren Beitrag zur europäischen Geschichte jemals erzählt wurde.

Friedrich der Große stand in Kunersdorf wie immer mitten in seiner Armee und hatte bereits zwei Pferde verloren, die ihm wortwörtlich unter dem Hintern weggeschossen wurden. Trotzdem blieb er bei seiner stark dezimierten Armee, als er von einer Kugel auf der Brust getroffen wurde. Stöhnend fiel er vom Pferd und … seiner Tabakdose wird er noch lange dankbar gewesen sein. Denn diese hatte die Kugel abgefangen und Friedrich das Leben gerettet.

Selbst in dieser stark gekürzten und wenig dramatisierten Version kann sich jeder in das Geschehen hineindenken, davon ein Bild erzeugen und sich mit dem König identifizieren. Oder mit Leonidas und seinen 300 Spartiaten oder den Griechen im trojanischen Pferd oder …

Es sind die bildhaft vorstellbare Szenen der Geschichte, die uns erlauben, diese zu „erleben" und uns zu erinnern. An die Fakten und relevanten Hintergründe erinnern wir uns viel schwerer. Oder wissen Sie noch, was das militärische Engagement Deutschlands in Afghanistan ausgelöst hat? Gar nicht lange her, und in einer parlamentarischen Demokratie auch sehr intensiv und öffentlich diskutiert. Aber Hand aufs Herz, erinnern Sie sich wirklich an die Entwicklung der Ereignisse, die zur Entscheidung des Bundestages geführt hat?

Übrigens, falls Sie die Tabakdose einmal besuchen möchten, Sie finden diese in der Waffen- und Schatzkammer der Burg Hohenzollern.

Robert McKee sagte: „Stories are how we remember, we tend to forget lists and bullet points."

4.2   Die Wirkung von Geschichten – die Wissenschaft hinter Geschichten

Die Heldengeschichte ist die am weitesten verbreitete Struktur für Geschichten (vgl. Kap. 3.3). Egal, ob Filme oder TED Talks, die wesentlichen Grundelemente sind immer gleich: ein Mensch, der zu höherem berufen ist, Zweifel und Widerstände überwinden muss und mit Hilfe eines Mentors ein großes Ziel erreichen soll. Eine zentrale Frage ist: Was macht die Heldengeschichte so erfolgreich? Warum reagieren so viele Menschen so intensiv? (Wer hat bei Winnetou III nicht geweint? Wer hat nicht mit Luke Skywalker in Star Wars „gekämpft"?)

In den letzten Jahren hat es eine Reihe wissenschaftliche Untersuchungen zu diesen Fragen gegeben und die kurzgefasste Erkenntnis ist: Unser Gehirn liebt Geschichten. Warum? Paul J. Zak (2014) liefert dazu mehrere Erklärungen. Ein wichtiger Teil liegt in der sozialen Grundstruktur des Menschen. Wir sind soziale Wesen und die Fähigkeit, mit anderen Mitgliedern der Gruppe oder Fremden in Kontakt zu treten bestimmt über unseren sozialen Erfolg in der Gemeinschaft. Daher reagiert der Mensch besonders stark auf Reize, die mit seiner Stellung in der Sozialstruktur zu tun haben. Geschichten sind hierzu besonders wichtig, was man daran erkennt, dass sie mehrere Teile des Gehirns anregen und viel besser erinnert werden können, als reine Faktendarstellungen, die nur auf eine Hirnregion wirken.

In seinen Untersuchungen zur Reaktion des Gehirns auf Geschichten fand Paul J. Zak zwei Aspekte, die eine effektive Geschichte ausmachen:

1. Die Geschichte muss Aufmerksamkeit erregen und diese Aufmerksamkeit erhalten.
2. Die Geschichte „transportiert" uns in die Welt eines anderen Menschen (die Hauptfigur).

Ein wesentliches Element für den „Transport" ist die Tatsache, dass Menschen die gehörten oder gelesenen Geschichten „nachempfinden", selbst wenn sie gemütlich im Sessel sitzen und lesen. Stellen Sie sich einfach vor, Sie lesen eine Detektivgeschichte der „Serie Noir":

> Die Sonne war gerade untergegangen, als John noch immer in seinem Büro saß. Sein Stuhl zurückgelehnt, die Füße lagen übereinandergeschlagen auf dem Schreibtisch. Einer kribbelte bereits, weil die Blutzirkulation ebenso niedrig war, wie Johns Konzentration. Versonnen starrte er auf die Staubpartikel, die von der tief stehenden Sonne durch die halbgeschlossene Jalousie angestrahlt wurden. Sein Whiskyglas war leer, aber noch immer hing der leichte Geruch von Alkohol und Torf in seiner Nase. Zwei Mal hatte das schwarze Telefon auf seinem Schreibtisch bereits geklingelt, als er den schrillenden Ton realisierte und erschreckt aufsprang. Sein Herz schlug schneller und als er den Hörer abnahm, meinte sein Frau: ‚Du hast gar nicht angerufen!' Schlecht verhohlener Ärger mischte sich in ihre Stimme mit Sorge und …

Wenn wir einen solchen Text lesen, werden mehrere Hirnregionen aktiv:

- Sensorischer Kortex und Cerebellum: Verarbeitung von haptischen Reizen, etwa der Textur von Stoff oder Oberflächen. Hier: Füße auf dem Tisch, taubes Gefühl im Fuß.
- Motorischer Kortex: Bewegung. Hier: aufspringen.
- Olfaktorischer Kortex: Gerüche oder Erinnerungen an Gerüche. Hier: Der Geruch des Whisky.
- Visueller Kortex: Farben und Formen. Hier: schwarzes Telefon, Spiel des Sonnenlichts.
- Auditiver Kortex: Geräusche. Hier: Schrillen des Telefons, Stimme seiner Frau.

Mit größter Wahrscheinlichkeit haben Sie während des Lesens ein inneres Bild gesehen und an manchen Stellen eine Empfindung für Geruch, Farbe etc. gehabt. Vielleicht hat sogar der im Sonnenlicht glitzernde Staub in der Nase gekitzelt. Das mentale Bild ist zu weiten Teilen von der individuellen Vorerfahrung und dem erwarteten Kontext abhängig. Vor dem Text steht „Serie Noir". Wer die zugehörigen Bücher und Filme kennt, wird automatisch ein schwarzes Telefon mit Wählscheibe, Schnur und einem mechanischen Klingeln vor dem inneren Auge gehabt haben. Ein anderer Kontext hätte automatisch ein anders inneres Bild des Telefons erzeugt. Wie wäre es mit Penthouse im Silicon Valley? Wie sieht das „innere Telefon" hier aus? Oder in der Sonnenallee, oder dem Oval Office, oder …

Unsere Erfahrungen mit früheren Erlebnissen und Geschichten bestimmen unsere Erinnerungen und sie sind ein Teil des Bewusstseins. Unser Gehirn wird immer wieder das gerade wahrgenommene mit früheren Erfahrungen vergleichen und entsprechende Erinnerungen abrufen. So wird die Arbeit für das Gehirn leichter. Aber hierin stecken auch Schwächen. Motto: „Wer einen Hammer hat, wird in allem einen Nagel sehen."

Der Grund dafür, dass unser Gehirn stets versucht, möglichst „automatisiert" zu arbeiten, liegt in seinem großen Energieverbrauch. Denken ist ein evolutionärer Vorteil, es strengt uns aber an. Daher ist die Fähigkeit des Menschen, aufmerksam zu sein, eher begrenzt. Wir können uns nur rund 20 min konzentrieren, bevor unsere Aufmerksamkeit nachlässt. Es erfordert schon besondere Anstrengung und Motivation, länger konzentriert zu bleiben. Wir können auch nur eine begrenzte Anzahl Informationen aufnehmen, weswegen erfahrene Redner nur maximal drei Aspekte in ihrer Rede ansprechen. Für eine gute Geschichte ist es daher wichtig, immer wieder einen „Haken" zu finden, der die Aufmerksamkeit hält. Dies können Überraschungen sein oder neue Charaktere, stark emotionale Momente und eine kontinuierlich ansteigende Spannung. So werden Menschen immer intensiver in eine Geschichte „hineingezogen", identifizieren sich mit den Figuren, fangen selbst körperlich an so zu reagieren (schwitzen, erschrecken, …), wie die Figur im Buch oder auf der Leinwand gerade reagiert.

Diese „emotionale Simulation" ist die Grundlage menschlicher Empathie. Diese ist für alle sozialen Wesen extrem wichtig, da sie uns zeigt, in welchem emotionalen Zustand ein anderer gerade ist und Vorhersagen darüber erlaubt, was das Gegenüber in der spezifischen Situation als nächstes tun wird. Die Empathie ist somit die grundlegende Kompetenz, die es Menschen erlaubt, schnell Beziehungen zu knüpfen und auch größere Gruppen zu bilden. Es entsteht das Potenzial zum kollektiven Lernen und der Realisierung auch großer Vorhaben, die eine intensive Kooperation Vieler voraussetzt. So wurden die Pyramiden ebenso möglich, wie der Weg des Menschen in den Weltraum. Die Grundlage dafür bleibt stets die Fähigkeit, mit anderen Menschen Beziehungen zu knüpfen. Damit wir dies tun, brauchen wir Vertrauen und dieses entsteht aus der Geschichte des anderen und den Geschichten über ihn (Reputation). So wundert es nicht, dass wir stets wissen wollen, wo Menschen herkommen, was sie tun, was ihre Leidenschaften sind und die Dinge, die wir gemeinsam haben.

Die biochemische Grundlage dieses Verhaltens hat mit dem Hormon Oxytocin zu tun. Wenn unser Gehirn Oxytocin produziert, werden andere Menschen als vertrauenswürdig, generös, mitfühlend wahrgenommen. Oxytocin macht Menschen sensitiver für die sozialen Prozesse um sie herum. Es löst Hilfsbereitschaft aus, insbesondere wenn der andere hilfsbedürftig wirkt. Wie mächtig diese Wirkung ist, zeigen sowohl kritische Situationen, in denen Menschen „unüberlegt" zu Hilfe eilen, aber auch in den intensiven und hoch wirksamen Beziehungen, wie sie zwischen einem Mentor und seinem Mentee bestehen.

Damit eine Geschichte die geschilderte Wirkung erzielt, sollte sie einige Anforderungen erfüllen. In einem Experiment wurde gezeigt (Zak 2014), dass eine flache Geschichte, eine Geschichte ohne eine besondere Struktur, nicht in der Lage ist, die Aufmerksamkeit längere Zeit aufrecht zu erhalten. Vielmehr weisen alle interessanten Geschichten einen bestimmte Struktur auf, den sogenannten Spannungsbogen. Dieser besteht aus einem Beginn, der Neues zeigt oder überrascht, einem folgenden Spannungsanstieg durch Schwierigkeiten, die der Hauptakteur bewältigen muss, oft aufgrund von Verhalten oder Fehlern in der Vergangenheit des Akteurs und einer Selbstreflexion und Selbsterkenntnis, die dann zu einer finalen Auflösung führt. Ist diese positiv (Happy End), dann fühlen sich Menschen gut, ist sie negativ, wurde etwas gelernt.

Die Story eines TED Talks – Eine Analyse

Im Folgenden zeigen wir eine exemplarische Analyse anhand des TED Talk „Weekday Vegetarian" von Graham Hill hinsichtlich seiner Struktur und dem Aufbau der Geschichte.

Graham Hill, „Why I'm a weekday vegetarian"

„We all know the arguments that being vegetarian is better for the environment and for the animals – but in a carnivorous culture, it can be hard to make the change. Graham Hill has a powerful, pragmatic suggestion: Be a weekday veg."

　Quelle: http://www.ted.com/talks/graham_hill_weekday_vegetarian

Graham Hills TED Talk „Why I'm a Weekday Vegetarian" ist nur 4 min lang – jedoch finden sich darin eine Reihe von Elementen, die diesen Talk spannend, verständlich nachvollziehbar und nachhaltig einprägsam machen. Was sind die Elemente eines guten Talk?

1. Der Redner startet seinen Talk mit einer starken Frage, genauer: einer starken „Warum"-Frage. „About a year ago, I asked myself a question: Knowing what I know, why am I not a vegetarian?"

2. Mit dieser Frage und der anschließenden Ausführung, „After all, I'm one of the green guys: I grew up with hippie parents in a log cabin. I started a site called Tree Hugger ..." usw., eröffnet er ein Rätsel und macht uns neugierig darauf, wie es wohl weitergeht und wie die Frage „Warum ist er kein Vegetarier mit diesem Hintergrund und diesem Wissen?" beantwortet werden wird.

3. Der Redner mischt in den ersten 1:30 min persönliche Erlebnisse mit Daten und Fakten. Zahlen werden in einen verständlichen Kontext gesetzt („beef production uses 100 times the water that most vegetables do") und die persönliche wie übergeordnete Bedeutung veranschaulicht („I also knew that I'm not alone ...").

4. Es findet auch ein Identifikationsprozess statt – der Zuschauer fragt sich neben dem „Warum ist er kein Vegetarier" höchstwahrscheinlich auch: „Warum bin ich eigentlich kein Vegetarier?" Vielleicht fragt er sich auch: „Gibt es eine Lösung für dieses Dilemma, dieses Problem?"

5. Es wird ein Spannungsbogen aufgebaut. Durch die Fragen, die der Redner stellt am Anfang, zwischendurch, z. B. bei 1:45 min „So why was I stalling?" oder bei 2:20 min „Might there be a 3rd solution?", sowie durch die Fragen, die beim Zuschauer implizit entstehen, wird die Spannung geschaffen, aufrechterhalten und immer weiter verstärkt.

6. Graham Hill nutzt eine visuelle Sprache und Gesten, keine PowerPoint-Präsentation, z. B. bei 1:40 min: „Yet here I was: tucking into a big old steak."

7. Er beschreibt das Problem als einen Konflikt („So my common sense, my good intentions, were in conflict with my taste buds", 2:08 min) und visualisiert den Konflikt mit Körpersprache und Gestik.

8. Er adressiert das Publikum direkt, z. B. bei 2:00 min: „Imagine: your last hamburger ..." Er stellt durch diese und andere Fragen eine emotionale Beziehung

zum Publikum her (er bringt sie u. a. zum Lachen). Das emotionale Engagement wird auch durch gute, an das Publikum adressierte rhetorische Fragen herge-stellt, z. B. bei 2:19 min: „Not surprisingly: later never came. Sounds familiar?"

9. Zwischen 2:35 und 3:30 erklärt er die Lösung des Konflikts, einen neuartigen Weg, das Dilemma aufzulösen zwischen „gar kein Fleisch mehr" und „so weiter machen wie bisher": den „Weekday Vegetarian"-Ansatz.

10. Graham Hill endet mit einem starken Handlungsaufruf („Call to Action", CTA), der als Frage und intelligent verneinend formuliert ist: „So, please ask yoursel-ves [..]: What is stopping you from giving ‚weekday veg' a shot?" Er schließt mit einem überraschenden Kniff: „After all, if all of us ate half as much meat, it would be like half of us were vegetarians." – Sicherlich hatte kaum jemand im Publikum die Sache aus diesem Blickwinkel betrachtet.

Analyse des TED Talk „Why I'm a weekday vegetarian" von Graham Hill. Grün dargestellt: die eingesetzten Strukturelemente. Schwarz dargestellt: Zitate aus dem Talk. Quelle: Christopher Kabakis, red onion, © 2014

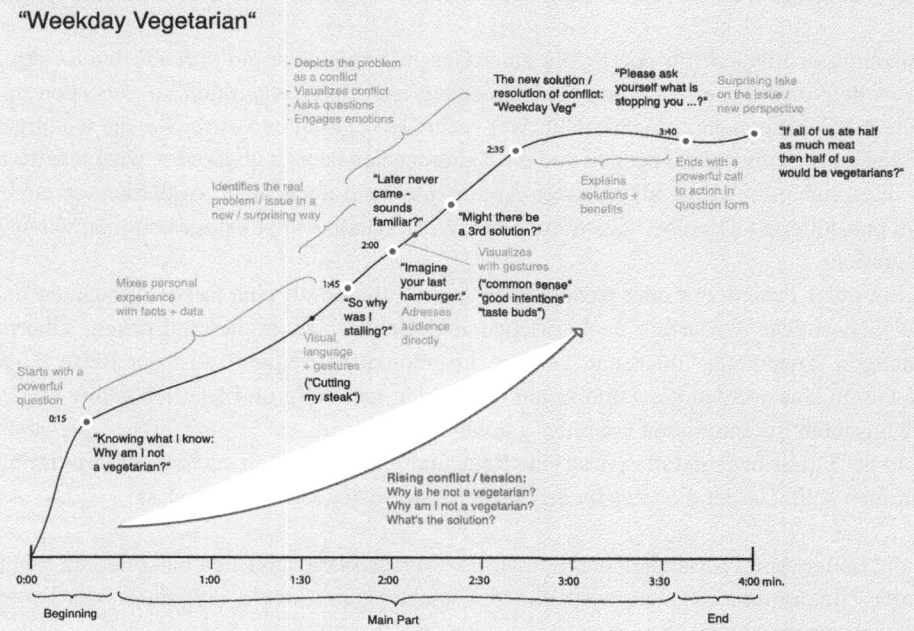

Das Zuhören hat sich also gelohnt: Wir wurden in den Bann einer persönlichen Geschichte gezogen, die klimatisch auf einen Höhepunkt, die Auflösung des Rät-sels/Dilemmas hinausläuft, haben etwas potentiell für uns nützliches gelernt und unsere Perspektive auf die Thematik verändert. Außerdem wissen wir konkret, was wir tun können, um „besser" zu werden. TED geht davon aus, dass jeder Talk eines oder mehrere unserer vier Grundbedürfnisse ansprechen sollte (self-interest & desire, love & belonging, learning & growth, hope & change). Bei Graham Hill wird hauptsächlich unser Bedürfnis nach „learning & growth", aber auch „self-interest & desire" sowie „hope & change" angesprochen. Graham Hill hat sich außerdem auf eine Idee („a single unifying idea") beschränkt und nicht den Fehler begangen, zu viele Themen oder Ideen in einem Talk abhandeln zu wollen. Und zu guter Letzt sollte man noch betonen, dass er seinen Talk frei hält (ohne Notizkarten oder eine strukturgebende Präsentation). Dadurch kann er stärker mit dem Publikum in Resonanz treten und nichts lenkt von ihm und seiner Geschichte ab.

Gastbeitrag von Christopher Kabakis, Verantwortlicher für Corporate Services bei der red onion GmbH in Berlin und Speaker Coach für Führungskräfte sowie für die TEDx-Events TEDxBerlin, TEDxHamburg & TEDxMünchen.

4.3   Grundstrukturen wirksamer Geschichten – Die Heldenreise

Ein zentrales Element für den Erfolg einer Geschichte ist eine gut durchdachte Struktur, die es dem Zuhörer erlaubt, den Gedankengang nachzuverfolgen und zu verstehen und seine Aufmerksamkeit aufrechterhält. Wer meint, es sei klug und es reiche, die wichtigen Fakten und Argumente zu nennen und die Zuhörer seien danach überzeugt, wird scheitern. So überzeugend sind die allermeisten Argumente dann doch nicht. Außerdem erzeugen früh präsentierte Fakten bei vielen Zuhörern Widerstände – aber darauf kommen wir später zurück.

Ein guter Präsentator oder Redner wird seine Zuhörer auf eine Reise mitnehmen und das menschliche Bedürfnis nach Erleben und Emotionen, Sinneseindrücken, Überraschungen, Spannung, Glück und anderen Emotionen befriedigen. Auf der Reise durch die Geschichte werden die Zuhörer auf die Fakten neugierig und letztlich selber zu den gewünschten Erkenntnissen kommen – soweit die Theorie.

In der Praxis bedeutet dies, dass jede Rede und Präsentation eine passende Struktur bekommen sollte, in der die verschiedenen Elemente so angeordnet sind, dass:

- die nötige Aufmerksamkeit erzeugt wird → Versprechen, dass sich das Zuhören lohnt,
- der Hintergrund erläutert wird und die wichtigsten Akteure eingeführt werden → Orientierung geben,
- ein Protagonist eingeführt wird → Identifikation aufbauen,
- ein Spannungsbogen aufgebaut wird → intellektuelle und emotionale Ansprache,
- die Zuhörer zu einer Erkenntnis führt → Auflösung und Handlungsantrieb.

Die geläufigste, weil sehr oft eingesetzte Struktur für eine Geschichte, ist die sogenannte „Heldenreise" (Monomyth). Viele Sagen, Märchen und religiösen Schriften greifen seit jeher auf diese Struktur zurück. Bevor alternative Strukturen vorgestellt werden, wollen wir die Heldenreise einmal genauer betrachten.

Die Heldengeschichte ist bekannt geworden durch ein Buch von Joseph Campbell, „The Hero with a Thousand Faces". Er sagt: „A hero is someone who has given his or her life to something bigger than oneself." Laut Campbell ist der Held üblicherweise jemand, der etwas verloren hat oder der das Gefühl hat, dass etwas in seinem normalen Leben fehlt. Er lebt in einer völlig normalen Umgebung, in der allerdings merkwürdige Dinge passieren. Er wird als Außenseiter gesehen oder es wird gezeigt, dass er anders ist.

▶   Tipp: Matthew Winkler, „What makes a hero": https://www.youtube.com/watch?v=Hhk4N9A0oCA
    In dieser TED-ED Lesson beschreibt der Autor die Struktur der Heldengeschichte in 4:33 min.

Die Heldenreise folgt einer Struktur, die im Wesentlichen die folgenden Schritte beinhaltet:

- Aufbruch
- Berufung
- Ablehnung
- Helfer
- Mentor
- Die Schwelle
- Straße der Prüfungen
- Ultimative Herausforderung
- Belohnung
- Zurück in die normale Welt

Aufbruch
Die Reise beginnt. Der Held wird in seiner normalen Welt vorgestellt und dort erreicht ihn der Ruf des Abenteuers. Er realisiert, dass sich Dinge verändern werden, unabhängig davon, ob er dem Ruf folgt oder nicht.

Berufung
Die Berufung des Helden erfolgt durch einen Boten. Dies kann eine Person sein, eine Naturgewalt, ein Symbol etc. Der Bote zeigt dem Helden, dass er eine Entscheidung treffen muss, dass er an einer Kreuzung steht und sich entscheiden muss, ob er den Ruf annimmt oder nicht. Im späteren Verlauf der Heldengeschichte kann der Bote immer wieder auftauchen, etwa als Mentor oder Helfer.

Ablehnung
Die meisten Helden lehnen ihre Berufung zunächst ab. Dies kann begründet sein in einem Pflichtgefühl gegenüber dem Umfeld, Angst vor dem Unbekannten, Unsicherheit über die Konsequenzen etc. Häufig fühlt sich der Held unwürdig und nicht in der Lage, die gestellte Herausforderung meistern zu können. Am Ende akzeptiert der Held den Ruf, sonst wäre die Geschichte langweilig oder zu Ende.

Helfer

Wenn die Reise beginnt, gesellen sich Helfer zum Helden, die ihn auf seiner Reise begleiten. Neben den Alliierten, die das gleiche Ziel verfolgen, kann dies ein anderer Held sein (der seine Heldenreise bereits hinter sich hat und nun als Mentor agiert oder sein eigenes Heldentum durch die Unterstützung weiter ausbaut) oder einfach Wegbegleiter, die dann vielfach exotische, humorvolle und andere Aspekte in die Geschichte einbringen. Beliebt ist der Unterstützer des Helden, der nicht auf Augenhöhe spielt, aber eine wichtige Rolle im Fortgang der Geschichte hat. Was wäre Batman ohne Robin oder Han Solo ohne Chewbaka? Je nach Geschichte kann der Helfer auch eine übernatürliche Kraft sein, die in Form eines Talismans oder Zaubers über den Helden wacht und ggf. in Träumen zu wichtigen Personen oder Hilfsmitteln führt. Schwertschmiede (früher), IT-Nerds (heute) oder verdrehte Wissenschaftler („Das ist noch nie getestet worden …") sind weitere sehr beliebte Helfer.

Mentor

Ein Mentor ist eine erfahrene Person, die der Held wahrscheinlich bereits in seiner Vergangenheit kennengelernt hat. Nun erweist sich der Mentor als wertvolle Stütze, die mit Rat und Tat hilft und insbesondere in den kommenden Gefahren oft für die entscheidende Wende sorgt. Die wichtigste Aufgabe des Mentors ist die Weitergabe von Wissen und Erfahrungen, die der „Jungheld" benötigt, wenn er erfolgreich sein will. Unangenehm für die Mentoren ist, dass sie im weiteren Verlauf zur Seite treten müssen, um den Helden allein im Licht stehen zu lassen. Dies ist insbesondere deswegen unangenehm, da die meisten Mentoren hierzu sterben oder sich wesentlich verändern. Nicht jeder Mentor hat, wie Obi Wan Kenobi, die Möglichkeit, als „Bote der Macht" transzendental weiterzuleben.

Die Schwelle

Ab hier gibt es kein Zurück mehr. Der Held überschreitet die Schwelle in ein anderes Land und stellt sich seiner Berufung. Er verlässt die Welt, die er kennt über eine Schwelle, die ein Gegenstand, wie eine Tür, eine Landmarke, eine Brücke etc. ist. Dahinter ist die Welt anders oder wie Dorothy in „Wizard of Oz" feststellt: „Toto, I've a feeling we're not in Kansas anymore." Viele Schwellen sind durch Wächter besetzt, die der Held überwinden muss, um in die Welt des Abenteuers zu gelangen. Er muss sich zum ersten Mal bewähren. Wächter können böse sein, müssen es aber nicht. Wichtig ist, dass der Held bei dieser ersten Herausforderung reflektiert, ob er weitergehen will.

Straße der Prüfungen

Der Held wird mehreren Prüfungen ausgesetzt, in denen er sich bewähren muss. Dies oft körperlich, indem er Fähigkeiten erlernen muss, aber auch geistig, wenn er neue Denk- und Glaubenswelten kennenlernt und daran reift. Oft folgt ersten Prüfungen eine Initiation, in der der Held höhere Weihen von seinem Mentor, einem Meister etc. erhält. Auf der Straße der Prüfungen werden Mut, Geschicklichkeit und die Bereitschaft, etwas Höherem zu dienen, gefordert. Der Held muss sich als ausreichend charakterstark erweisen. Beliebte Prüfungen sind die Schlacht der Brüder (familiär oder alte Freunde), Verlassenheit in der Nacht, auf See oder andere Einsamkeit und der Kampf gegen den Drachen, der den Schatz behütet. Der Drachen steht oft für einen inneren Drachen, d. h. unterdrückte Ängste, eine schlechte Eigenschaft usw. Oft wird der Held zunächst scheitern und durchläuft die Prüfungen mehrfach (oft drei Mal), bevor er ausreichend gereift ist, den Weg fortzusetzen.

Ultimative Herausforderung

Oft in einer Höhle oder einem anderen mystischen und abgeschiedenen Ort findet der Held seine ultimative Herausforderung. Durch seine Helfer findet er den Eingang. Auf dem Weg dahin erlebt er vielleicht noch einmal lustige oder romantische Episoden, aber unausweichlich bewegt sich alles auf die finale Schlacht zu. Die größte Herausforderung ist der letzte, große Test und der Höhepunkt der Geschichte. Das Schlüsselelement aller Heldengeschichten sind Tod und Veränderung, die nach der letzten Schlacht folgen werden. Offen ist nur, wer stirbt, und welche Veränderungen folgen werden. Der Tod kann tatsächlich eintreten. Es können aber auch im übertragenen Sinn Freundschaften zerstört werden, der Mentor verloren gehen oder die größten Ängste des Helden Realität werden. Er steht hier zum ersten Mal dem Bösen in seiner vollen Größe und wahren Gestalt gegenüber. Erst hier zeigt sich, ob er ausreichend vorbereitet und innerlich stark genug ist, das Böse zu besiegen. Der Held wird die ultimative Herausforderung siegreich überstehen, sie wird ihn aber auch verändern. Häufig findet er etwas, was in seiner Qualität besonders ist (eine Erkenntnis, Beziehung etc.) oder ihn in eine neue Position bringt, einen neuen Platz in der sozialen Ordnung (der Sohn, der den tyrannischen Vater vom Thron stößt oder Luke Skywalker, der Darth Vader auf die helle Seite der Macht zurückholt). In jedem Fall wird ein Teil des Helden sterben und er wird sich verändern. Dies symbolisiert das endgültige Verlassen der alten Welt und den Eintritt in eine neue, bessere Identität. Im Extremfall stirbt der Held einen Opfertod und geht in eine neue mythische Form über. Er vereint sich in einer höheren Welt mit den Charakteren, die er auf dem Weg verloren hat.

Belohnung

Nachdem die finale Schlacht geschlagen ist, erhält der Held seine Belohnung: das goldene Vlies, den heiligen Gral, das Gold oder die Prinzessin, oder …

Zurück in die normale Welt

Normale Welt? Die gibt es für den Helden nicht mehr. Nach den bestandenen Abenteuern könnte der Held wieder zu seinem Lehnstuhl zurückkehren. Aber in der Rückschau ist die alte Welt für ihn einfach unattraktiv, er verweigert sich der Rückkehr. Am Ende wird sich der Kreis allerdings (fast) schließen. Der Held kehrt zurück, wird jedoch eine andere Rolle in seiner Welt einnehmen. Er hat durch seine Abenteuer und die damit verbundene Reife eine neue Freiheit gewonnen, sein Leben anders zu gestalten, er lebt als Meister zweier Welten oder übernimmt eine schützende und unterstützende Rolle. Vielleicht wird er der Mentor für einen neuen Helden. Fortsetzung folgt …

Neben der Heldengeschichte gibt es weitere Strukturen für Geschichten, die bestimmten Abläufen folgen und daher als eigene Technik gelten. Beispiele für weitere Techniken und deren Anwendung, werden im folgenden Abschnitt diskutiert.

Exkurs: Unwirksame Geschichten

Warum soll man sich eigentlich die Mühe machen, eine Geschichte zu entwickeln und mühsam die verschiedenen Elemente in eine wirksame Verbindung setzen? Das geht doch alles viel einfacher und zeitsparender. Im Folgenden nennen wir ein paar nicht ganz ernstgemeinte Strukturen für garantiert unwirksame Geschichten:

1. Ignoranz: Der Held sitzt gemütlich in seinem Lehnstuhl, als er von der Bedrohung erfährt und davon, wie wichtig sein Beitrag zur Rettung der Welt ist. Er zuckt die Schultern, sagt sich, dass die Welt sich doch selbst retten soll und vertieft sich wieder in sein Buch. Die Welt geht doch nicht unter.

2. Fehler 1: Die Heldin wird beschuldigt, einen Fehler begangen zu haben und ein schwerer Konflikt steht im Raum. Sie nimmt das Ganze nicht so ernst, da sie um ihre Unschuld weiß und alles beruhigt sich mit der Zeit.

3. Fehler 2: Der Held akzeptiert seine Berufung, stellt sich dem Bösewicht und ... stolpert. Auf der Nase liegend kann er den Angriff des finsteren Lords nicht abwehren und stirbt. Schade.

4. Rätsel: Die Protagonistin stößt auf ihrer Suche nach der Wahrheit auf ein sehr komplexes Problem, das sie mit den verfügbaren Mitteln nicht lösen kann. Sie gibt auf.

5. Verlangen: Der Protagonist spürt tief in sich ein unstillbares Verlangen nach ... (bitte einsetzen, was gerade in den Sinn kommt) und den Zweifel, ... (bitte einsetzen, was gerade in den Sinn kommt). Er setzt sich daher an den Tisch, grübelt kurz und gönnt sich dann eine üppige Brotzeit. Danach hat sich das Thema für ihn erledigt.

Fazit: Zu einer guten Geschichte gehört immer auch ein (innerer) Konflikt und Kampf. Ohne diese ist jede Geschichte langweilig.

4.4   Storytelling in Unternehmen

Wenn das menschliche Gehirn auf das Erzählen von Geschichten eingerichtet ist und diese liebt, wenn nur wenige Grundstrukturen existieren und leicht genutzt werden können, warum werden Geschichten dann in der Wirtschaft so selten genutzt? Häufig besteht Unternehmenskommunikation aus:

- Banalitäten und Plattitüden: „Eine Welt im Wandel braucht Flexibilität."
- Unverständlichem: „Im Nachgang der jüngsten Ankündigung unserer strategischen Initiativen haben wir nun begonnen, eine umfassende und in ihrer Qualität einzigartige Projektserie zu starten, die in den nächsten Monaten dazu führen wird, ..."

- Unglaubwürdigem: „Wir sind Weltmarktführer und unsere hervorragend ausgebildeten Mitarbeiter werden alles tun, die Kunden zufrieden zu stellen. Diese Mitarbeiter sind unser wichtigstes Gut."

Wir verstehen die Aussagen zwar, aber oft ist es harte Arbeit, sie zu verstehen und viel wichtiger, wir vertrauen den Aussagen nicht. Derartige Sprachregelungen werden automatisch als Flucht vor der Wahrheit, Unwissenheit oder Inkompetenz interpretiert. Trotzdem sind solche Formulierungen immer wieder anzutreffen.

Die Ursache kann darin liegen, das Wirtschaft auf der Erbringung von Leistung beruht, vielfach über technische Produkte und daher Zahlen, Daten und Fakten eine große Rolle spielen. So werden eher Sachargumente, Problemlösung und methodische Logiken verwendet, während kreative, emotionale und geschichtenbasierte Kommunikation als eher unpassend gesehen wird. Dass dieses Ungleichgewicht nicht sinnvoll ist, zeigen bereits die immer nutzerorientierteren und zwischenzeitlich in ihrer Wirkung gut erfassten Methoden der Werbung. Hier spielen Geschichten, die eine Verbindung des Kunden mit dem Produkt erzählen immer öfter zum Standard.

Jonathan Gottschall schildert das so: „A story is a trick for sneaking a message into the fortified citadel of the human mind."

Beispiel: Storytelling in der Werbung

Lassen Sie uns ein Auto verkaufen. Wie können wir den Kunden überzeugen? Mit PS, Drehmoment, Anzahl der Sitzvarianten, Verbrauch, …? – Autos sind ein hochemotionales Gut und werden über Geschichten verkauft. Banale Geschichten, wie ein schickes Fahrzeug, das über leere Straßen fährt und dem Fahrer grenzenlose Freiheit verspricht oder exzellente Geschichten, die den Zuschauer einfangen und in die Geschichte hineinziehen. Volkswagen hat ein Beispiel geliefert und das Youtube-Video mit „Darth Vader" wurde über 62 Mio. Mal angesehen. Ach ja, der Passat spielt auch mit.

Link zum Video: https://www.youtube.com/watch?v=R55e-uHQna0

In der Kommunikation mit Mitarbeitern dagegen werden primär informationszentrierte Formate eingesetzt, während gleichzeitig behauptet wird, dass die Mitarbeiter inspiriert und motiviert sein sollten. Wie soll das funktionieren? Für Inspiration müssen Geschichten eingesetzt werden, die lebendig erzählt, leicht zu verstehen, emotional ansprechend und überzeugend sind. Die Menschen, an die sich die Kommunikation richtet, sollten mit allen Sinnen angesprochen werden und verstehen, warum diese Kommunikation dem Absender wichtig ist, wo er seine Geschichte in der Geschichte sieht und wie er seine zukünftige Rolle gestalten wird.

Ein weiteres Argument für mehr Geschichten und weniger faktenzentrierte Darstellungen ist die Beobachtung, dass Fakten gerne in Zweifel gezogen werden. Dies liegt zu einem guten Teil daran, dass die faktenorientierte Argumentation allein dazu einlädt, die Argumente zu hinterfragen. Warum soll das stimmen? Wer hat die Fakten wie erhoben und überprüft? Was spricht dagegen? Dies sind naheliegende Fragen. Ist so ein Stadium in einem Gespräch erreicht, ist ein überzeugender Abschluss nur noch schwer zu realisieren. Zu viele Fakten können also einen gegenteiligen Effekt haben.

Wie kann gelungene Kommunikation in der Wirtschaft aussehen? Übertragen wir die Erkenntnisse der Neurobiologie auf die Wirtschaft, resultieren folgende Tipps:

- Jede Präsentation etc. sollte mit einer spannenden Geschichte eines Menschen beginnen.
- Die Präsentation sollte so aufgebaut sein, dass sie zeigt, was sich durch das Produkt, die Leistung oder was sonst im Fokus steht, verändert. Wie verändert das Dargestellte das Leben, die Welt, das Geschäft? Wie werden sich Menschen fühlen, die so agiert haben, wie es vorgeschlagen wird?

Insgesamt geht es darum, die Geschichte überzeugend (durch menschliche „Verbindung") und leicht zu erinnern (Gedächtnisanker) zu gestalten. Das Gesagte gilt natürlich extern und intern. Menschen wollen für Unternehmen arbeiten, deren Aktivität einen Zweck erfüllt, die sinnvoll ist. Was dazu produziert und verkauft wird, ist zweitrangig. Der übergeordnete Sinn der unternehmerischen Tätigkeit wird am Einfachsten durch eine Geschichte vermittelt. Dies kann bei der Gründungsgeschichte des Unternehmens beginnen und konkreten Beispielen aus bestehenden Kundenbeziehungen enden. Wenn ein begeisterter Kunde darüber schreibt, wie schwierig eine Situation war und welche Verbesserung die Zusammenarbeit gebracht hat, kann dies eine große Geschichte werden. Der Schmerz der Ausgangssituation im Vergleich zu der aktuellen Erleichterung wird es den eigenen Mitarbeitern leichter machen, auf das eigene Unternehmen, die eigene Leistung Stolz zu sein. Gerade Joseph Campbells Struktur für Heldengeschichten (vgl. Kap. 3.3) ist gut für solche Kundenbeispiele geeignet. Helden müssen nicht immer außergewöhnlich sein, auch ein schüchterner aber intelligenter Controller kann zum Helden werden, ohne sich vorher auf mysteriöse Weise in einen muskelbepackten, schwertschwingenden Koloss zu verwandeln. Howard Gardner, Harvard University, meint: „Stories are the single most powerful weapon in a leader's arsenal."

Auch die Gründungsgeschichte des Unternehmens liefert mit sehr großer Wahrscheinlichkeit genügend Stoff für eine Heldengeschichte. Unternehmen werden sehr oft gegründet, um einen konkreten Nutzen zu generieren. Dies kann zur Erleichterung für tägliche Arbeiten sein (Waschmaschine, Dampfmaschine), die Eröffnung neuer Horizonte (Innovationsdienstleistung, neue Methoden) oder die Verbesserung des Zusammenlebens (Post, Internet) oder, oder, oder. Die Gründer sind meist Getriebene (Berufung), die sich Herausforderungen stellen, an denen viele andere gescheitert sind oder noch wahrscheinlicher, gar nicht erst versucht haben, das Gewohnte zu verlassen. Sie erleben Widerstände und massive Probleme (viele sehr erfolgreiche Unternehmen standen in ihrer Anfangszeit kurz vor dem Zusammenbruch), aber auch unerwartete Unterstützung und „göttliche Fügung". Die Gründer verändern sich als Unternehmer und werden oft zu Förderern von Neuem oder dem Nachwuchs. Ihre Visionen der Zukunft sind durch ihre Vergangenheit viel glaubwürdiger, als die Ideen von Menschen, die nicht durch ähnliche Erfahrungen gegangen sind.

Die Beschreibung des Gründers, seines Verhaltens, der Kultur, die sich über Jahre entwickelt hat, sind eine Orientierung für alle. In gewisser Weise werden die Geschichte eines Unternehmens und die Art wie sie erzählt wird zur DNA der Unternehmenskultur. Sie liefern Hinweise dazu, wie sich Mitarbeiter verhalten sollten, was von ihnen erwartet wird und was mit der Vision, Mission und Werten zu verbinden ist. Soweit die Theorie. In der Praxis weist jedes Unternehmen eine spezifische Unternehmenskultur auf, die aus den real gelebten Glaubenssätzen, Verhaltensweisen und Ideen der Menschen im Unternehmen resultiert. Diese „wahre Kultur" im Unternehmen hat mehr oder weniger große Schnittmengen mit der definierten/angestrebten Kultur und verändert sich stetig. Auf jeden Fall bietet sich hier viel Stoff für eine Geschichte.

Aus Sicht der Unternehmensleitung ist es wichtig, die reale Unternehmenskultur so zu beeinflussen, dass sie der erwünschten Kultur möglichst nahe kommt. Dazu werden sehr unterschiedliche Vorgehensweisen und Instrumente gewählt, die sehr unterschiedlich funktionieren. Vom WalMart-Lied zum Arbeitsbeginn bis zu 200-Seiten „Code of Conducts" (Verhaltensleitlinien) gibt es eine lange Reihe an gescheiterten Versuchen, die Mitarbeiter zu gewünschten Ansichten und Verhaltensweisen zu motivieren. Auf der anderen Seite stehen viele Beispiele gelungener Kulturmaßnahmen, in denen es gelingt, die Werte im Design der Maßnahme zu leben und die Mitarbeiter in ihrer erlebten Realität zu erreichen.

Übung: Corporate Story

Aufgabe: Bitte entwickeln Sie für Ihr Unternehmen eine kurze Geschichte.

Hintergrund: Eine Unternehmensgeschichte ist ein Text, die allen relevanten Stakeholdern beschreibt, was die Essenz des Unternehmens ist. Sie dient dazu, die Bindung zwischen dem Unternehmen und den Mitarbeitern, Kunden, Lieferanten etc. zu stärken. Weiterhin hilft sie der eindeutigen Positionierung im Markt, d. h. auch der Abgrenzung gegenüber den Wettbewerbern.

Zielsetzung: Erkennen, das selbst bekannte Dinge, die uns selbstverständlich sind, häufig nicht präzise (die „Essenz") beschrieben werden können.

Tipp für die Vorbereitung: Simon Sineks TED Talk: „How great leaders inspire action" beschreibt das „Why, How, What" in der Unternehmenskommunikation. Hier geht es darum, in wenigen Worten das „Why" der Organisation zu beschreiben.

Tipp: Die Elemente einer guten Unternehmensgeschichte:
- Die Geschichte nutzt einmalige Worte zur Beschreibung des Unternehmens.
- Sie referenziert auf die Geschichte des Unternehmens.
- Sie beschreibt die wesentlichen Stärken des Unternehmens.
- Sie personalisiert das Unternehmen und gibt ihm ein menschliches Gesicht.
- Sie folgt einem roten Faden.
- Sie nimmt die wichtigsten Bedenken und Widerstände von Außenstehenden auf.

Vorgehen bei der Entwicklung einer Unternehmensgeschichte

1. Positionierung des Unternehmens
2. Verknüpfung der Geschichte mit der Identität des Unternehmens
3. Verknüpfung mit der Reputation des Unternehmens
4. Storyline (roter Faden) entwickeln
5. Die Story ausarbeiten
6. Die Wirkung prüfen

Tipp zur Story-Entwicklung: Für eine Unternehmensgeschichte können mehrere Story-lines eingesetzt werden. Beispiel:

a. Mythen und Ursprung: Wie hat das Unternehmen begonnen? Wie wurden die ersten Schwierigkeiten überwunden? Z. B.: Die Geschichte von Bertha Benz und ihrer ersten Fernfahrt mit dem neu entwickelten Automobil ihres Mannes.
b. Unternehmensprognose: Aussagen zur Zukunft des Unternehmens. Z. B.: IBM in Darstellungen zur Zukunft der Arbeitswelt.
c. Heldengeschichte: Mitarbeiter etc., die durch besondere Ideen oder Anstrengungen Schwierigkeiten überwinden. Z. B.: Spencer Silver und die Geschichte der Erfindung des Klebezettels.

   Archivaufzeichnungen: Darstellung einer verbrieften Geschichte des Namens, der Marke oder von Organisationsveränderungen. Z. B.: Archive auf den Homepages der jeweiligen Unternehmen oder bei der „Gesellschaft für Unternehmensgeschichte e.V." Vgl.: http://www.unternehmensgeschichte.de

Erfolgsprüfung: Wenn Ihre Geschichte entwickelt ist, prüfen Sie diese bitte auf folgende Kriterien:

a. Ist die Geschichte von innen nach außen (aus Unternehmenssicht) oder von außen nach innen (Empfängersicht) geschrieben? Ziel sollte stets sein, den Empfänger emotional zu erreichen.
b. Wie wird sich die Wahrnehmung des Unternehmens durch die Geschichte wahrscheinlich verändern? Was erreichen Sie und was wollen Sie erreichen?
c. Konsistenz: Wie passt die von Ihnen beschriebene Essenz zur Eigendarstellung des Unternehmens und zur Marktsicht?
d. Einzigartigkeit: Macht Ihre Geschichte das Unternehmen einzigartig und unverwechselbar? Hierzu können Differenzierungsmerkmale (Nike und Action), Individuen (Steve Jobs @ Apple) oder Symbole (Logo etc.) dienen.

Beispiel für eine einfache Unternehmensgeschichte: „The Cobalt Blue Goblet"

   „Many of the Ritz-Carlton hotels and resorts worldwide continue to set their tables with the signature cobalt blue glasses. These goblets were designed to match the blue Czechoslovakian crystal chandeliers in the original dining room in the Ritz-Carlton, Boston. Coincidentally, blue glass was considered a status symbol in 1920s Boston. Window glass imported from Europe underwent a chemical reaction when hitting the Boston air and turned blue. Blue glass windows meant the home owners could afford imported glass. The Ritz-Carlton, being quite fashionable, ordered glasses in this color."

   Quelle: http://www.ritzcarlton.com/en/Corporate/History/Default.htm

Ein Beispiel für die Nutzung realer Geschichten zur Verbreitung der Unternehmenskultur ist die Hotelgruppe Ritz-Carlton. Die mehr als 30.000 Mitarbeiter weltweit stehen für das Kundenversprechen: „Ladies & Gentleman serving Ladies & Gentleman". Dieses leitet sich aus einer Vision und Mission ab, die Ritz-Carlton so formuliert: „You can't be a legend without a great story. 100 years of history. Countless rewards. With an unshakeable credo and corporate philosophy of un-wavering commitment to service, both in our hotels and in our communities, the Ritz-Carlton has been recognized with numerous awards for being the gold standard of hospitality. Our vision: The Ritz-Carlton inspires life's most meaningful journeys. Our mission: Provide genuine care and exceptional products and services resulting in profit leadership". Quelle: http://www.ritzcarlton.com/en/Corporate/ Default.htm

Um den Mitarbeitern immer wieder vor Augen zu führen, wie Vision, Mission und Kundenversprechen in ihrem Arbeitsalltag aussehen können, wählt ein „Storytelling Council" monatlich fünf Geschichten aus, die als Best Practice im Kundenservice vorgestellt werden. Die Autoren der ausgewählten Geschichten werden ausgezeichnet.

Was dieses und andere Beispiele der Kulturvermittlung eint, ist die stringente Verwendung von Geschichten, in denen die Werte klar werden, sinnvolles Handeln exemplarisch aufgezeigt wird und positive Beispiele aus dem realen Arbeitsleben hervorgehoben werden. Dabei kommen vor allem die Mitarbeiter selbst zu Wort oder werden als „Helden des Alltags" positioniert. Die Geschichten vereinen Rationalität und Emotionalität, zeigen die Bedeutung der Werte auf, ohne sie umständlich zu definieren und arbeiten mit nachvollziehbaren Beispielen.

Die Nutzung von Geschichten in der Kulturentwicklung erfordert also relativ wenig:

- Sammlung realer Ereignisse im Arbeitsalltag
- Kommunikationskanal zur Vermittlung an alle Mitarbeiter
- Ernsthaftigkeit und Konsequenz

Praxisbeispiel: „I am the invisible man"

Diesen Titel wählte Gary F., ein Mitarbeiter von Johnson & Johnson, für seinen Talk bei einer TEDx JNJ (vgl. Case Study Johnson & Johnson, Kap. 2.5) und schlagartig war er nicht mehr „unsichtbar". Das Video seines Talk wurde unternehmensintern mehr als 5000 Mal angesehen, er erhielt über 30 Einladungen, seine Geschichte noch einmal persönlich zu erzählen und etliche Anfragen, Mentor zu werden. Er hatte einen Nerv getroffen.

Gary. F., TEDx JNJ, main event speaker 2012, sagte: „I understand that my message reaches people because they relate to the feeling of being invisible – it isn't just my story, it's their story as well."

Gary hatte in seinem Talk darüber gesprochen, dass er in seiner administrativen Funktion nur sehr selten von anderen Kollegen wahrgenommen wurde und darüber hinaus auch als eher introvertiert galt. In der Konsequenz spielte er im sozialen Leben des Unternehmens keine nennenswerte Rolle und seine Leistung fand nur zum Teil Anerkennung.

Durch den Schritt auf die TEDx-Bühne wurde er sichtbar und sprach für viele Kollegen, die sich ähnlich fühlten. Viele von ihnen meldeten sich bei Gary und berichteten, dass sein Talk ihre Sicht auf die eigene Situation verändert hatte und sie ihren eigenen Anteil an der Situation kritisch reflektiert und ihr Verhalten verändert hatten. Die Geschichte wirkte.

Während die TEDx JNJ Talks nur innerhalb des Unternehmens zugänglich sind, zeigt auch der folgende TED Talk, wie „Unsichtbarkeit und Sichtbarkeit" aussehen können.

Jarrett J. Krosoczka, „Why lunch ladies are heroes"

„Children's book author Jarrett Krosoczka shares the origins of the Lunch Lady graphic novel series, in which undercover school heroes serve lunch … and justice! His new project, School Lunch Hero Day, reveals how cafeteria lunch staff provide more than food, and illustrates how powerful a thank you can be."

Quelle: http://www.ted.com/talks/jarrett_krosoczka_why_lunch_ladies_are_heroes

---

Zum Schluss dieses Abschnitts nennen wir noch ein Beispiel aus einem Bereich, der eher indirekt der Wirtschaft zuzuordnen ist. Zu Papst Johannes XXIII., der mit bürgerlichem Namen Angelo Guiseppe Roncalli hieß, gibt es eine Reihe von Geschichten. Diese zeigen, dass er ein Meister des Storytelling oder zumindest im Erzeugen geistiger Bilder gewesen sein muss. Das folgende Beispiel zeigt sein Bemühen, die katholische Kirche menschlicher und nahbarer zu machen:

> Ein neu ernannter Bischof beklagte sich beim Papst, dass ihn die Last der Verantwortung nicht mehr schlafen lasse. Johannes antwortete mitleidsvoll: ‚Oh, mir ging es in den ersten Wochen meines Pontifikats genauso, aber dann sah ich einmal im Wachtraum meinen Schutzengel, der mir zuraunte: ‚Giovanni, nimm dich nicht so wichtig!' Seither schlafe ich wieder.' (Quelle: http://www.st-franziskus-hochdahl.de/cms/front_content.php?idart=229)

Warum ist dies ein gutes Beispiel für die Wirksamkeit von Storytelling? Die Geschichte führt zu einer zentralen Idee. Diese ist überraschend und erzeugt dadurch Lacher. Auf diese Weise wird die zweifellos vorhandene Ernsthaftigkeit entschärft, ohne die Aussage zu verwässern oder gar durch Belehrung zu gefährden. Der Papst stellt eine Beziehung zum jungen Bischoff her, indem er sich auf Augenhöhe begibt und gleichzeitig wird eine Beziehung zum Leser/Zuhörer hergestellt. Der Papst stellt sich als menschlich und verletzlich dar. Die gewünschte Wirkung wird sich sehr wahrscheinlich einstellen.

Wir zitieren Ann Handley: „It's about how your business (or its products or services) exist in the real world: how people use your products – how they add value to people's lives, ease their troubles, help shoulder their burdens, and meet their needs. Think in those terms when producing customer stories, case studies, or client narratives – so that people can relate to them. In that way, your content is not about ‚storytelling', it's about telling a true story well."

4.5   Strukturen für Geschichten in Unternehmen

Für die wirksame Gestaltung von Geschichten in der Wirtschaft können sehr unterschiedliche Strukturen für die Storyline genutzt werden. Wie diese aufgebaut sind und wie sie einsetzbar sind, sollen die folgenden Beispiele zeigen. Zu jeder der vorgestellten Strukturen ist ein Beispiel ergänzt, das aufzeigt, wie die entsprechende Struktur in der Realität, etwa einem TED Talk oder einem Web-Video aussehen kann (Abb. 4.3).

1. **Die Heldenreise (Monomyth)**

Die Heldengeschichte wurde bereits ausführlich vorgestellt. In der vollständigen Form ist sie für die Unternehmenskommunikation eher sperrig und wenig geeignet. Eine abgespeckte Version könnte so aussehen: Durch einen Auslöser erfahren wir von einem unbekannten Land, in das sich Einzelne aufmachen. Sie erleben Schwierigkeiten und Herausforderungen und lernen wichtige Fähigkeiten für die Zukunft. Sie kehren ins Unterneh-

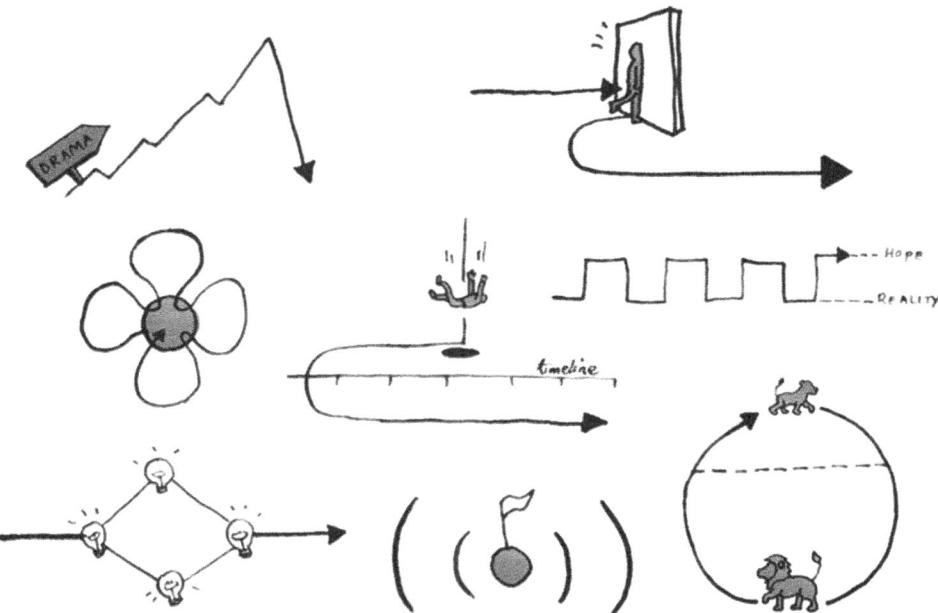

Abb. 4.3 Beispielhafte Strukturen für Geschichten (von *oben links* nach *unten rechts*): Der Berg, Fehlstart, Blütenblatt, in medias res, Vergleich (*Sparklines*), konvergierende Ideen, verschachtelte Schleifen (nested loops), die Heldenreise (Monomyth). Nicht abgebildet: Alarm. (Quelle: mit freundlicher Genehmigung von Sparkol, www.sparkol.com)

men zurück und tragen ihre Expertise weiter. Die Struktur kann eingesetzt werden, um zu erläutern, was zu aktuellen Produkten geführt hat, welche Hintergründe usw.

Gut geeignet, um:

- das Auditorium auf eine Reise mitzunehmen und Identität herzustellen
- den Nutzen von Risikobereitschaft zu zeigen
- zu demonstrieren, was aus Neuem (Wissen) gelernt wurde

Ben Saunders, „To the South Pole and back"

„Abstract: This year, explorer Ben Saunders attempted his most ambitious trek yet. He set out to complete Captain Robert Falcon Scott's failed 1912 polar expedition – a four-month, 1,800-mile round trip journey from the edge of Antarctica to the South Pole and back. In the first talk given after his adventure, just five weeks after his return, Saunders offers a raw, honest look at this „hubris"-tinged mission that brought him to the most difficult decision of his life."

Quelle: http://www.ted.com/talks/ben_saunders_to_the_south_pole_and_back_the_hardest_105_days_of_my_life

2. **Der Berg (Narrative)**

Die Struktur des Berges ist ein Bild für den langsamen Aufbau von Spannung und Dramatik in einer Geschichte. Eigentlich der Heldengeschichte sehr ähnlich, ist sie etwas geradliniger, quasi wie eine Serie, die mit jeder Folge auf die große Auflösung in der finalen Folge einer Staffel zusteuert.

Gut geeignet, um:

- zu zeigen, wie eine Reihe von Herausforderungen gemeistert werden
- langsam Spannung aufzubauen (z. B. Kommunikation in einem Change-Prozess)
- eine befriedigende Schlussfolgerung vorzubereiten

Pico Iyer, „The art of stillness"

„Abstract: The place that travel writer Pico Iyer would most like to go? Nowhere. In a counterintuitive and lyrical meditation, Iyer takes a look at the incredible insight that comes with taking time for stillness. In our world of constant movement and distraction, he teases out strategies we all can use to take back a few minutes out of every day, or a few days out of every season. It's the talk for anyone who feels overwhelmed by the demands for our world."

Quelle: http://www.ted.com/talks/pico_iyer_the_art_of_stillness

3. **Verschachtelte Schleifen (nested loops)**

Bei dieser Technik werden drei oder mehr Erzählungen ineinander platziert. Die wichtigste Erzählung, mit der Kernnachricht wird in der Mitte platziert und die darum gelegten Erzählungen führen zu diesem Kern oder liefern die nötigen Informationen, um den Kern zu verstehen. Die Erzählung mit der begonnen wird, ist die letzte, die aufgelöst wird, die zweite wird als vorletzte beendet usw. Beispielsweise kann man darüber erzählen, wie eine besonders wichtige Erkenntnis (der Kern) durch einen Mentor vermittelt wurde. Die eigene Geschichte ist die äußere Erzählung, die des Mentors die Zweite und im Kern findet sich die Erkenntnis.

Gut geeignet, um:

- zu erzählen, wie ein Prozess zu einer Inspiration oder Schlussfolgerung geführt hat
- anhand von Analogien ein wesentliches Konzept zu erläutern
- zu zeigen, wie eine wichtige Erkenntnis durch eine andere Person vermittelt wurde

---

Chimamanda Ngozi Adichie, „The danger of a single story"

„Our lives, our cultures, are composed of many overlapping stories. Novelist Chimamanda Adichie tells the story of how she found her authentic cultural voice – and warns that if we hear only a single story about another person or country, we risk a critical misunderstanding."

Quelle: http://www.ted.com/talks/chimamanda_adichie_the_danger_of_a_single_story

4. **Vergleich (Sparklines)**

Nancy Duarte hat in Ihrem Buch „Resonate" aufgezeigt, dass die Mehrheit der großen Reden einem bestimmten Muster folgt. Dabei werden immer wieder der aktuelle Zustand und die mögliche (zukünftige) Welt verglichen. Durch den Vergleich werden eine starke Emotionalisierung und ein Wunsch nach der beschriebenen Vision erzeugt. Das wahrscheinlich berühmteste Beispiel ist Martin Luther Kings Rede „I have a dream". Hier wird die rassistische Realität in den USA der Traumwelt eines gleichberechtigten Miteinander gegenübergestellt.

Gut geeignet, um:

- die Zuhörer zu einer Aktion zu inspirieren oder vom Nutzen eines Produktes zu überzeugen
- Hoffnung und Zuversicht zu verbreiten (z. B. im Change Management)
- weitere Handlungen und Aktionen vorzubereiten

Beispiel aus der Wirtschaft: Steve Jobs hat die vorgestellte Struktur immer wieder in seinen Produktvorstellungen genutzt, in der er die Mühen aktueller Produkte oder derjenigen der Konkurrenz mit einem Wunschbild verband. Das neue Produkt entsprach dann dem Wunschbild.

Nancy Duarte, „The secret structure of great talks"

„Abstract: From the ‚I have a dream' speech to Steve Jobs' iPhone launch, all great presentations have a common architecture. In this talk, Nancy Duarte draws lessons on how to make a powerful call-to-action." (filmed at TEDxEast)

Quelle: http://www.ted.com/talks/nancy_duarte_the_secret_structure_of_great_talks

5. **In medias res**

Eine In-medias-res-Geschichte beginnt da, wo sie besonders spannend ist, um dann zu erläutern, wie es zu dieser Situation gekommen ist. Der fulminante Start trägt das Risiko in sich, das Interesse des Publikums schnell zu verlieren. Daher sollte ein „mysteriöses, geheimnisvolles Etwas" eingebaut werden, um die Aufmerksamkeit hoch zu halten. Diese Variante ist nur für kurze Geschichten geeignet.

Gut geeignet, um:

- sofortige Aufmerksamkeit herzustellen
- einen Drang nach Auflösung auszulösen
- Aufmerksamkeit auf einen besonders relevanten Punkt zu fokussieren

---

Zak Ebrahim, „I am the son of a terrorist. Here's how I chose peace."

„If you're raised on dogma and hate, can you choose a different path? Zak Ebrahim was just seven years old when his father helped plan the 1993 World Trade Center bombing. His story is shocking, powerful and, ultimately, inspiring."

Quelle: http://www.ted.com/talks/zak_ebrahim_i_am_the_son_of_a_terrorist_here_s_how_i_chose_peace

6. **Konvergierende Ideen**

Diese Technik zeigt dem Publikum, wie unterschiedliche Ideen und Sichtweisen in einem Punkt oder Produkt zusammengeführt werden können. Sie kann verwendet werden, um den Ursprung einer Bewegung zu zeigen oder wie eine einzelne Idee das Ergebnis der Zusammenarbeit unterschiedlicher Menschen war. Diese Technik ähnelt der mit verschachtelten Schleifen, aber hier werden nicht unterschiedliche Geschichten zusammengeführt, sondern mehrere gleich wichtige Geschichten führen in eine einzelne Schlussfolgerung.

Gut geeignet, um:

- zu zeigen, wie große Unternehmer, Wissenschaftler oder Firmen zusammengefunden haben
- zu zeigen, wie eine bestimmte Entwicklung in der Vergangenheit entstand
- zu zeigen, wie symbiotische Partnerschaften entstehen

Sehr ähnlich ist die Struktur Blütenblatt angelegt. Hier werden allerdings mehrere, nicht zusammengehende Geschichten oder Ansichten in einem Punkt, einer Schlussfolgerung zusammengeführt.

Beschreibender Video Scribe: Steven Johnson, „Where good ideas come from"

„Abstract: With Where Good Ideas Come From, Steven Johnson pairs the insight of his bestselling Everything Bad Is Good for You and the dazzling erudition of The Ghost Map and The Invention of Air to address an urgent and universal question: What sparks the flash of brilliance? How does groundbreaking innovation happen? Answering in his infectious, culturally omnivorous style, using his fluency in fields from neurobiology to popular culture, Johnson provides the complete, exciting, and encouraging story of how we generate the ideas that push our careers, our lives, our society, and our culture forward."
Quelle: https://www.youtube.com/watch?v=NugRZGDbPFU

7. Fehlstart

Hier wird eine scheinbar vorhersehbare Geschichte begonnen und dann, plötzlich erfolgt ein überraschender Neustart, weil die erste Erzähllinie zu einem Scheitern geführt hat. Die Zuhörer werden in falscher Sicherheit gewogen, um dann überraschend in eine andere Richtung denken zu müssen. Dies ist eine empfehlenswerte Struktur, wenn über Fehlschläge berichtet wird, die zu einer Neubewertung und (teilweisem) Neustart führten. So können die Einsichten eindrücklicher und nachhaltiger vermittelt werden.

Gut geeignet, um:

- die Erwartungen der Zuhörer zu erschüttern
- die Vorteile flexibler Wege aufzuzeigen
- die Zuhörer aufmerksam zu halten

Mike Rowe, „Learning from dirty jobs"

http://www.ted.com/talks/mike_rowe_celebrates_dirty_jobs
„Mike Rowe, the host of ,Dirty Jobs', tells some compelling (and horrifying) real-life job stories. Listen for his insights and observations about the nature of hard work, and how it's been unjustifiably degraded in society today."
Quelle: http://www.ted.com/talks/mike_rowe_celebrates_dirty_jobs

8. **Alarm**

Wer sein Auditorium wachrütteln will, kann auf den Alarm zurückgreifen. Hier wird ein massives Problem gezeigt und dargestellt, was passiert, wenn nichts passiert. Untermauert durch Fakten und mit Bildern der Bedrohung verständlich gemacht, soll ein Ruck erzeugt werden, der Aktionen nach sich zieht. Aber Vorsicht: Druck erzeugt Gegendruck und Redner, die es übertreiben werden ggf. das Gegenteil dessen erreichen, was sie beabsichtigt haben.

Gut geeignet, um:

- Aufmerksamkeit für Themen zu erzeugen, die bisher unterbewertet sind
- sofortige Aktion auszulösen
- heterogene Gruppen zu vereinen

Insgesamt gibt es eine Reihe guter Gründe, Geschichten in die interne und externe Kommunikation von Unternehmen zu integrieren. Dies ist kein großes Problem, da es hilfreiche Strukturen für Geschichten und Positivbeispiele für den erzielbaren Erfolg gibt.

Chris Anderson sagte: „A successful talk is a little miracle – people see the world differently afterward."

Al Gore, „What comes after An Inconvenient Truth?"

„At TED2009, Al Gore presents updated slides from around the globe to make the case that worrying climate trends are even worse than scientists predicted, and to make clear his stance on ‚clean coal'."

Quelle: http://www.ted.com/talks/al_gore_warns_on_latest_climate_trends

---

Von den Besten lernen – Pixar Animation Studios

Die Pixar Animation Studios waren ursprünglich ein Teil der Lucasfilm und auf Computeranimationen spezialisiert. 1986 kaufte Apple-Mitgründer Steve Jobs das Unternehmen und wurde dessen CEO. Im selben Jahr erschien der Kurzfilm „Luxo Jr.", der ein Jahr später mit dem Prix Ars Electronica ausgezeichnet wurde und eine Oscar-Nominierung erhielt. Die kleine Schreibtischlampe Luxo Jr. ziert nun das Logo von Pixar und taucht in den Filmvorspännen auf. Berühmt wurde Pixar, das seit 2006 zum Disney-Konzern gehört, für Animationsfilme wie „Toy Story", „Monster AG" und „Findet Nemo" und hat insgesamt 12 Oscars erhalten.

Weitere Informationen unter: http://www.pixar.com/ und http://de.wikipedia.org/wiki/Pixar.

Die folgenden 22 Regeln für phänomenales Storytelling wurden von Emma Coats, einer früheren Filmdirektorin bei Pixar, gesammelt und publiziert (Quelle: http://pixaranimation.weebly.com/pixars-rules.html). Sie können sehr hilfreich sein, wenn eine eigene Rede oder Präsentation entwickelt werden soll.

1. Ein Charakter wird mehr dafür geliebt, es zu versuchen, als für den Erfolg.
2. Achte darauf, was für das Publikum interessant ist. Dies kann sich sehr von den Interessen des Autors unterscheiden.
3. Eine Struktur zu haben ist wichtig, aber Du wirst den wahren Kern der Story erst erkennen, wenn sie zu Ende ist. Nun schreibe sie neu.
4. Es war einmal … Jeden Tag … An einem Tag jedoch … Deswegen … Deswegen … Und am Ende …
5. Vereinfache, fokussiere, verknüpfe Charaktere. Springe über Umwege hinweg. Es wird das Gefühl erzeugen, wertvolle Inhalte zu verlieren, aber es befreit.
6. Worin ist die Hauptfigur gut, was mag er? Stelle ihm das Gegenteil gegenüber. Fordere beide heraus. Wie werden sie damit umgehen?
7. Definiere das Ende, bevor Du den Mittelteil schreibst. Ehrlich, das Ende ist schwierig, stelle zunächst sicher, dass dieses funktioniert.
8. Beende Deine Geschichte, auch wenn sie nicht perfekt ist. In einer idealen Welt geht beides, aber es ist wichtiger, weiterzukommen. Mach es beim nächsten Mal besser.
9. Wenn Du steckenbleibst, erstelle eine Liste, was als nächstes nicht passieren wird. Häufig wird in dieser Liste Material auftauchen, das Dir weiter hilft.
10. Analysiere die Geschichten, die Dir gefallen. Was Du darin magst, ist ein Teil von Dir, es hilft dieses zu kennen, bevor man selber schreibt.
11. Aufschreiben ist der Anfang der Finalisierung. Solange eine Geschichte in Deinem Kopf ist, eine perfekte Idee, wirst Du sie niemals mit jemandem teilen.
12. Lasse den ersten Gedanken fallen, auch den zweiten, dritten und vierten. Das Offensichtliche sollte nicht stören, überrasche Dich selbst.
13. Gib Deinen Charakteren eine Meinung. Passive, zurückhaltende Figuren mögen für den Autoren einfacher sein, aber sie sind uninteressant für das Publikum.
14. Warum musst Du diese Geschichte erzählen? Welcher Glaube brennt in Dir, aus der sich die Geschichte speist? Das ist Dein Kern.
15. Wenn Du Dein Charakter in einer bestimmten Situation wärest, wie würdest Du Dich fühlen? Ehrlichkeit gibt auch unglaublichen Situationen Glaubwürdigkeit.
16. Was sind die „stakes"? Gib uns einen Grund, für den Charakter Position zu beziehen. Was passiert, wenn sie nicht erfolgreich sind? Stelle die Probleme gegenüber.
17. Keine Arbeit ist umsonst. Wenn etwas nicht funktioniert, lass es liegen und arbeite an anderer Stelle weiter. Früher oder später wird es wieder auftauchen und nützlich sein.
18. Du musst Dich selbst kennen: Den Unterschied zwischen das Beste zu geben und herumzuspielen. Geschichten schreiben ist testen, nicht an Details zu arbeiten.
19. Zufälle, die Charaktere in Schwierigkeiten bringen, sind großartig. Zufälle, die sie aus Schwierigkeiten herausbringen, sind Betrug.

20. Übung: Nimm die Bausteine einer Geschichte, die Du nicht magst. Wie würdest Du sie zu etwas arrangieren, das Du magst?
21. Du musst Dich mit Deinen Charakteren und Situationen identifizieren. Was würde Dich bewegen, Dich in deren Situation so zu verhalten, wie sie es tun?
22. Was ist die Essenz Deiner Geschichte? Wie lässt sich dies möglichst ökonomisch erzählen? Wenn Dir dies klar ist, kannst Du darauf aufbauen?

Auch der TED Talk Andrew Stanton, einem der Drehbuchautoren und Direktoren bei Pixar, gibt weitere Einblicke, was eine gute Geschichte ausmacht und wie Pixar arbeitet.

Andrew Stanton, „The clues to a great story"

„Filmmaker Andrew Stanton (‚Toy Story', ‚WALL-E') shares what he knows about storytelling – starting at the end and working back to the beginning. Contains graphic language … (Note: this talk is not available for download.)"
Quelle: http://www.ted.com/talks/andrew_stanton_the_clues_to_a_great_story

---

4.6 Präsentationstechniken

Marc Twain sagte einmal: „There are two types of speakers: those that are nervous and those that are liars."

Die folgende Vorstellung von vier Präsentationstechniken ist dem Handbuch „Hands on presentations" von Prof. Rene Algesheimer entnommen (Algesheimer, Rene (2013), „Hands on Presentations", Universität Zürich). Sie soll primär dazu anregen, den eigenen Präsentationsstil zu reflektieren und Mut machen, einen eigenen Stil zu entwickeln.

The Lawrence Lessig method

Lawrence Lessig is a Stanford law professor. His presentations mostly consist of slides with only one word, one picture, or very short quotes using white on black colours.

The Dick Hardt method

Dick Hardt is the CEO and founder of Sxip Identity. He claimed that he was inspired by the Lessig method for his famous 2005 presentation on „Identity 2.0". In fact, his style is characterized by a very quick stream of slides that underlines his argumentation. Speed is very important in his speeches.

The Howard Rheingold method

Howard Rheingold is a very famous researcher and author of several books on communities. In his presentations he always makes fun about himself presenting himself in nearly every picture. He is wearing the same orange suit and a blue shirt most of the time.

The Steve Jobs method

Steve Jobs presented his key-note speeches at Apple clearly and straight to the point. He always followed the principles of a drama starting by making everyone excited (this often started some days before the talk by spreading the title of the key-note among journalists), introducing the topic, increasing the tension (often by presenting parts of the whole), reaching the climax by presenting the whole, the new product, slightly easing the tension while talking about pricing …, often increasing it again by presenting another new product. His underlying visuals were simple, made use of big, king-sized pictures, utilized empty space and forgo long texts, bullet points, colour mix, or animated pictures.

4.7 Storytelling in Wirtschaft und Wissenschaft?

In der Darstellung des Storytelling ist meist von Büchern, Filmen und ähnlichen Formaten die Rede. Nun kann man einwenden, dass es kein Problem ist, Geschichten über Feen und Zauberer, mutige Prinzen und bildhübsche Prinzessinnen zu erzählen, in der Wirtschaft und Wissenschaft dagegen zählen Zahlen, Daten und Fakten. Diese stehen im Fokus und sind nicht so einfach in den Kontext einer Geschichte zu stellen.

Glaubwürdigkeit entsteht aus den Fakten, nicht aus Geschichten? Ist dies so? Bei genauerem Hinsehen zeigt sich deutlich, dass dies nicht so ist. Zahlen und Daten wirken immer nur an zweiter Stelle. Zuerst muss das Gefühl bestehen, den Zahlen vertrauen zu können. Zahlen selber verdienen jedoch kein Vertrauen, es sind immer die Menschen oder Organisationen (und damit wieder Menschen) die die Zahlen erstellt oder verbreitet haben. Vertrauen haben wir jedoch nur den Menschen gegenüber, die wir einschätzen können, deren Geschichte wir kennen.

Sehr plastisch skizziert Brene Brown diesen Dualismus aus zahlengetriebener Wissenschaft und Geschichtenerzählen in ihrem TED Talk „The power of vulnerability" (Quelle: http://www.ted.com/talks/brene_brown_on_vulnerability).

Transkript des Talk (Beginn bis 1:50 min): „So, I'll start with this: a couple years ago, an event planner called me because I was going to do a speaking event. And she called, and she said, ,I'm really struggling with how to write about you on the little flyer.' And I thought, ,Well, what's the struggle?' And she said, ,Well, I saw you speak, and I'm going to call you a researcher, I think, but I'm afraid if I call you a researcher, no one will come, because they'll think you're boring and irrelevant.' (Laughter) And I was like, ,Okay.' And she said, ,But the thing I liked about your talk is you're a storyteller. So I think what I'll do is just call you a storyteller.' And of course, the academic, insecure part of me was like, ,You're going to call me a what?' And she said, ,I'm going to call you a storyteller.' And I was like, ,Why not magic pixie?' (Laughter) I was like, ,Let me think about this for a second.' I tried to call deep on my courage. And I thought, you know, I am a storyteller. I'm a qualitative researcher. I collect stories; that's what I do. And maybe stories are just data with a soul. And maybe I'm just a storyteller. And so I said, ,You know what? Why don't you just say I'm a researcher-storyteller.' And she went, ,Ha ha. There's no such thing.' (Laughter) So I'm a researcher-storyteller, and I'm going to talk to you today – we're talking about expanding perception – and so I want to talk to you and tell some stories about a piece of my research that fundamentally expanded my perception and really actually changed the way that I live and love and work and parent."

Eine persönliche Geschichte. Und der Effekt? Fast 20 Mio. Views. Brene Brown hören die Menschen zu, ihren Zahlen wohl kaum. Menschen wollen die Geschichte hinter den

Zahlen, bevor sie den Zahlen vertrauen. Gerade in Wirtschaft und Wissenschaft ist die Fähigkeit, wirkungsvolle Geschichten zu erzählen ein zentraler Erfolgsfaktor.

► Tipp: Wenn Sie also das nächste Mal eine Präsentation oder Rede mit hohem Faktenanteil vorbereiten, denken Sie doch einfach mal darüber nach, was die Geschichte hinter diesen Fakten ist. Wie sah die „Reise" vom Beginn eines Projektes bis zu den präsentierten Ergebnissen aus? Welche Hindernisse, „Schurken", Fehlschläge, Ängste aber auch welches Hochgefühl, Neugier und unerwartete Hilfe waren auf dieser Reise dabei? Legen Sie etwas von sich offen und Ihre Zahlen werden glaubwürdiger.

Wir möchten Daniel Pink zitieren: „We are our stories. We compress years of experience, thought, and emotion into a few compact narratives that we convey to others and tell to ourselves. That has always been true. But personal narrative has become more prevalent, and perhaps more urgent, in a time of abundance, when many of us are freer to seek a deeper understanding of ourselves and our purpose."

Talk inspiringly! Einen TED Talk konzipieren und halten

Abb. 5.1 Vogelperspektive auf Publikum und Bühne während des Talk von Kenneth Cukier vom Magazin „Economist" beim TEDSalon in Berlin 2014. (Foto: Duncan Davidson)

© Springer Fachmedien Wiesbaden 2016
F. Edelkraut, S. Balzer, *Inspiring! Kommunizieren im TED-Stil*,
DOI 10.1007/978-3-658-09573-4_5

Kommunikation ist die Wirkung, die sie erzeugt

Die Fähigkeit einer Person, andere Menschen zu inspirieren und zu motivieren, ist eine zentrale Kompetenz, die insbesondere für Führungskräfte immer wichtiger wird. Die gute Nachricht dabei ist, dass man kein „geborener Redner" sein muss, um in einer Veranstaltung oder auf einer Bühne erfolgreich zu präsentieren. Zuhörer lieben gute Auftritte, viel mehr lieben sie allerdings gute Geschichten. Wer also in der Lage ist, sein Publikum adäquat zu adressieren und mit einer lebendigen Geschichte zu fesseln, wird beste Chancen haben, seine Ziele zu erreichen.

Im vorherigen Kapitel wurde gezeigt, was eine gute Geschichte ausmacht. In diesem Kapitel geht es nun darum, wie eine gute Geschichte entwickelt und daraus ein wirksamer Talk kreiert wird. Außerdem sehen wir uns an, wie sich ein Redner professionell auf den eigenen Auftritt vorbereiten kann. Hier fließen einige Jahre Erfahrung mit der Organisation von TEDx-Konferenzen, dem zugehörigen Speaker-Coaching sowie Erfahrungen aus der Zusammenarbeit mit Unternehmen ein. Das Kapitel ist so gestaltet, dass es wie ein Leitfaden zur Vorbereitung auf jede Form von (Business-) Präsentation oder auch einen eigenen TED Talk gelesen und genutzt werden kann. Der Fokus liegt auf der Art, in der TED Talks produziert werden, denn diese sind in ihrer Professionalität und Vielfalt der momentane Benchmark für öffentliche Auftritte. Daneben werden immer wieder Tipps und Anregungen einfließen, die sich auf die Spezifika der Wirtschaftskommunikation beziehen.

Das Kapitel gliedert sich in drei Abschnitte, die den drei Stufen eines Talk entsprechen:

1. Vorbereitung eines Talk
2. Design von Story und Auftritt – Ein Leitfaden für die Entwicklung eines TED Talk
3. Der Auftritt auf der Bühne

5.1   Vorbereitung eines Talk

Unter Vorbereitung fallen die eher „strategischen" Elemente, die geklärt oder vorbereitet werden müssen, um Story-Entwicklung und Auftrittsvorbereitung zielgerichtet vornehmen zu können. Hierzu gehören Punkte wie die Auftragsklärung, die Rahmenbedingungen oder auch die Klärung der eigenen Voraussetzungen.

5.1.1   Auftragsklärung

Die Auftragsklärung ist der erste Schritt für jeden Prozess, in dem es darum geht, Kommunikation und Zusammenarbeit zu organisieren. Dies können Reden sein, eine erfolgreiche Beratung oder ein Coaching. Die Auftragsklärung dient vor allem dazu, alle relevanten Faktoren für die Durchführung der Zusammenarbeit oder des Bühnenauftrittes zu klären und daraus die Ziele und Inhalte für den Talk abzuleiten. Nur wenn die Ziele und die Rahmenbedingungen passen, sollte ein Auftrag übernommen werden. Die Ergebnisse einer Auftragsklärung fließen in die Konzeption, die Vorbereitung, die gegebenenfalls nötige Zusammenarbeit und die Evaluation der Ergebnisse ein.

Übrigens, das Gesagte gilt auch für die „Auftragsklärung mit mir selbst", d. h. wenn ein Redner sich auf seinen eigenen Auftritt vorbereitet. Gerade hier wird ein strukturiertes Vorgehen die Qualität der Vorarbeit und des Endergebnisses deutlich steigern.

Der typische erste Schritt einer Auftragsklärung ist die Kontextanalyse. Diese erfasst die Vorgeschichte und die Rahmenbedingungen und die übergeordneten Zielkriterien des Auftraggebers. Erst wenn der Sinn, den der Auftraggeber in dem Auftrag sieht, verstanden ist, kann über konkrete Ziele gesprochen werden. In der Praxis zeigt sich immer wieder, dass der Auftraggeber zwar eine Vorstellung davon hat, wie das Ergebnis aussehen soll, die Sinnhaftigkeit und der Weg dahin aber noch nicht vollständig durchdacht sind. Das wichtigste Instrument der Kontextanalyse sind daher offene und reflektierende Fragen. Sie zeigen schnell, welche Aspekte eine besondere Rolle spielen und welche weiter durchdacht werden müssen. Hinweis: Im Kap. 7.11 finden Sie eine ausführlichere Diskussion um Fragen und den erfolgreichen Einsatz von Fragen in der Kommunikation.

▶   **Nutzen verstehen** Vielen Menschen fällt es schwer, einen Nutzen zu beschreiben, denn wir haben allgemein wenig Übung darin. Ein hilfreicher TED Talk, der indirekt die Unterschiede zwischen dem Sinn/Nutzen (Why), der Methode/Prozessen (How) und den Instrumenten/Handlungen (What) klarer macht, ist der bereits vorgestellte Talk von Simon Sinek, „How great leaders inspire action" (Quelle: https://www.ted.com/talks/simon_sinek_how_great_leaders_inspire_action) Ein weiterer Tipp in diesem Kontext ist, auf die Wortwahl zu achten. Vielen Menschen ist beispielsweise der Unterschied zwischen „warum" und „wozu" nicht klar. Bei der Nutzenklärung sollten Sie Fragen vermeiden, die mit „warum" starten. Die meisten Menschen reagieren auf eine Warum-Frage defensiv oder rechtfertigend. Einer der Gründe dafür ist, das „warum" nach einem Grund in der Vergangenheit fragt und viel zu häufig von Lehrern oder autoritär eingestellten Vorgesetzten verwendet wird. Der Sinn eines Auftrages liegt aber in einem zukünftigen, nützlichen Zustand. Die Frage nach dem Sinn startet am besten mit „wozu". Der Gesprächspartner wird so animiert, seine Vorstellung des Endzustandes und des darin realisierten Nutzens zu beschreiben.

Ebenso wichtig wie die Klärung des angestrebten Nutzens, ist die im nächsten Schritt erfolgende Festlegung konkreter Ziele. Erst hier zeigt sich in der Regel, wie plausibel die Nutzenbeschreibung war. Sowohl der Nutzen selbst, als auch die nötigen Rahmenbedingungen, Prozessschritte etc. werden hier offen gelegt. Damit ist auch eine Risikobetrachtung möglich, in der die wesentlichen Stakeholder, aber auch Zielkonflikte und Widersprüche aller Art beleuchtet werden.

Die Auftragsklärung endet mit einer schriftlichen Auftragsformulierung, der die wesentlichen Elemente des Auftrages (im Sinne einer Beauftragung) beinhaltet.

Der folgende, aus dem Projektmanagement entlehnte „Projektauftrag" kann bei der Erstvorbereitung auf einen TED Talk unterstützen (Tab. 5.1).

Tab. 5.1 Vorbereitung eines Talk-Auftrags

Titel des Talk			
A. Rahmenbedingungen			
Datum:		Ort:	
Dauer:		Publikum:	Wer, wie viele, wozu …
Ausgangssituation/ Hintergrund:	Was sind die Hintergründe, was motiviert mich?		
Gesamtziel:	Was will ich mit meinem Talk erreichen?		
Teilziele:	Was gehört zum Erfolg dazu?		
Nicht-Ziele:	Was gehört nicht in den Talk (verzichtbar?), was darf in und durch den Talk nicht passieren?		
Messbare Erfolgskriterien:	Woran werde ich messen, dass der Talk ein Erfolg ist?		
Risiken:	Was kann den Talk gefährden? Was könnte passieren?		
B. Vorbereitung			
Eigene Voraussetzungen:	Wo liegen meine Kompetenzen und Leidenschaften?		
Aufwandsschätzung:	Wie lange werden die Entwicklung des Talk und die Übungsphase dauern?		
Benötigte Ressourcen:	Technik, Unterstützer, …		
C. Design des Talk			
Catch-Phrase:	„Schlagzeile"		
Zusammenfassung:	Beschreibung besteht aus max. 150 Zeichen		
Wichtigste Aussagen:	Welche Kernaussagen gehören in den Talk?		
Storyline:	Welche Struktur, Protagonisten, … gibt es?		
Hilfsmittel:	Was wird benötigt?		
D. Sonstiges			
Sonstige relevante Informationen:			

5.1.2 Das Publikum

Für den Erfolg einer Rede, einer Präsentation ist das Publikum der entscheidende Faktor. Das Publikum allein entscheidet über den Erfolg eines Talk. Denn nur wenn das Publikum mit der Rede zufrieden ist, hat der Redner eine Chance, seine Ziele zu erreichen. Daher gehört die Analyse des Publikums ganz nach vorn in die Vorbereitung einer Rede. Der Redner sollte die Antworten auf eine Reihe von Fragen kennen, um das jeweilige Publikum adäquat anzusprechen und zu begeistern:

- Wer sind die Anwesenden? Wie viele Personen werden erwartet?
- Wozu sind sie gekommen? Was sind die Erwartungen?
- Was kann ich an Wissen etc. voraussetzen, was nicht? Wie homogen/heterogen ist der Wissensstand der Gruppe?
- Mit welchen Vorbehalten und Vorurteilen muss ich rechnen?
- Was wird das Publikum möglicherweise inspirieren, was kann es überraschen?

Bereitet sich ein Redner auf einen Auftritt bei einer TED-Konferenz vor, kann die erste Überlegung zum Publikum so aussehen: Das Publikum bei bei einer TED Konferenz ist eine vielschichtige Gruppe. Sie sind smart und vertreten unterschiedliche Themenbereiche und Kulturkreise. Dieser Gruppe von cleveren Generalisten und Experten möchte ein TED-Redner erzählen, was an seiner Idee besonders ist. Denn Ideen sind das, was zu einer Teilnahme an einer TED-Konferenz motiviert. Dazu sollen TED-Redner keine Fachsprache benutzen und keine Akronyme verwenden. Sie setzen am besten auch keine Fachkenntnisse voraus. Um einen Weg zu finden, das Komplexe verständlich darzustellen, kann ein Redner vielleicht elegante, überraschende Metaphern verwenden, Beispiele aufzeigen, eine Geschichte erzählen. Ein immer positiv wirkender Erfolgsfaktor ist, Leidenschaft zu zeigen.

Die Kunst der Keynote

Die folgenden Anregungen stammen aus einem Blog von Guy Kawasaki (Kawasaki 2015) und beschreiben seine Erkenntnisse über die speziellen Bedürfnisse einer Keynote. Der ursprüngliche Text wurde gekürzt und übersetzt. Die Form des Ich-Erzählers (Guy Kawasaki) wurde beibehalten.

Als ich 1986 begann, für Apple zu arbeiten, hatte ich Angst vor öffentlichen Auftritten. Zum einen war es beängstigend genug, in einem Bereich zu arbeiten, der von Steve Jobs geführt wurde: „Wie kann man mit Steve mithalten?" Auf der anderen Seite kann ein CEO und Evangelist nur erfolgreich sein, wenn er lernt, öffentlich zu sprechen.

Ich habe zwanzig Jahren gebraucht, bis ich mich mit öffentlichen Auftritten wohl fühlte und hier möchte ich zeigen, was ich gelernt habe. Ich gebe dies weiter, damit Sie nicht Ihre Reden „überleben", sondern damit Sie stehende Ovationen erhalten.

Etwas Interessantes zu sagen haben – dies ist 80 % des Erfolgs. Es ist viel einfacher eine großartige Rede zu halten, wenn Sie etwas zu sagen haben. Wenn Sie nichts Relevantes zu sagen haben, sagen sie die Rede ab. Wenn Sie nicht absagen wollen, dann setzen Sie sich hin und recherchieren Sie etwas wirklich Interessantes.

Verzichten Sie auf den Verkauf – der Zweck einer Keynote ist, das Publikum zu unterhalten und zu informieren. Es ist nur in den seltensten Fällen eine gute Gelegenheit, Ihre Produkte anzusprechen. Es wäre sogar fatal, wenn die Zuhörer Ihre Rede als Vertriebsansprache interpretieren.

Passen Sie die Einleitung an – was mir in meinen Reden am meisten geholfen hat, war die ersten drei bis vier Minuten an die Gegebenheiten anzupassen. Dies zeigt, dass Sie Ihre Hausaufgaben gemacht haben und sich Mühe geben, eine Rede zu liefern, die Mehrwert liefert und eine besondere Erfahrung darstellt.

Unterhalten Sie – meine Theorie ist, dass eine Keynote vor allem dazu da ist, zu unterhalten. Wenn Menschen sich unterhalten fühlen, bleiben auch ein paar Informationen hängen. Ist eine Rede dagegen langweilig, wird keine Information sie retten können.

Den Wettbewerb nicht schlecht machen – in einer Rede sollte der Wettbewerb nicht schlecht gemacht werden. Dies vermittelt den Eindruck, dass Sie das Privileg einer Keynote missbrauchen.

Erzähle Geschichten – die beste Art, sich in einer Rede zu entspannen, ist Geschichten zu erzählen. Geschichten über Ihre Jugend, die Kinder, über Kunden. Wer Geschichten erzählt, geht in der Geschichte auf und hört auf, eine Rede zu halten.

Misch Dich unter das Publikum – das Publikum möchte, dass Sie mit Ihrer Rede erfolgreich sind, es hat keine Lust, die eigene Zeit mit schlechten Reden zu verschwenden. Ein Weg, die eigenen Erfolgschancen zu steigern, ist sich vor der Rede mit dem Publikum in Kontakt zu kommen. Nutzen Sie Pausen etc., um Gespräche zu führen und sich miteinander bekannt zu machen. Wenn Sie später auf der Bühne stehen, werden die freundlichen Gesichter und die freudige Erwartung Sie entspannen und zuversichtlicher werden lassen.

Sprich früh – wenn die Möglichkeit besteht, sprechen Sie zu Beginn einer Veranstaltung. Die Zuhörer sind frischer und aufmerksamer, sie sind eher bereit über Witze zu lachen und dem Gedankengang zu folgen. Am dritten von drei Tagen, sind viele sind erschöpft und geistig bereits auf dem Heimweg.

Bitte um einen kleinen Raum – wenn möglich, wähle den kleinsten, verfügbaren Raum. Ein kleiner Raum ist emotionaler und es ist viel besser, 200 Menschen in einem Raum für 200 zu haben, als 500 in einem Raum für 1000 Menschen.

Übe und spreche permanent – es ist offensichtlich aber auch wichtig. Um als Redner gut zu werden, muss viel geübt und viel gesprochen werden. Auch Reden erfordern Übung und Erfahrung. Wie sagte Jascha Heifetz (Anm.: Jascha Heifetz war einer der bekanntesten Violinisten des 20. Jahrhunderts): „Wenn ich einen Tag nicht übe, werde ich es merken. Übe ich zwei Tage nicht, werden es meine Kritiker merken. Übe ich drei Tage nicht, wird es das Publikum merken."

Quelle: http://guykawasaki.com/the-art-of-the-keynote/. Der Post ist ein Ausschnitt aus dem Buch von Guy Kawasaki, „The Art of the Start 2.0".

Information zu Guy Kawasaki: Der 1954 geborene Autor, Unternehmer und Risikokapitalgeber studierte Psychologie in Stanford. Bei Apple war er für die Vermarktung des Mcintosh verantwortlich.

5.2   Design von Story und Auftritt – Ein Leitfaden für die Entwicklung eines TED Talk

Gerade die besonders guten TED Talks wirken ganz leicht und einfach. Dahinter stecken jedoch viele Stunden denken, vorbereiten, üben und überarbeiten. Der gefeierte Redner Hans Rosling ist beispielsweise dafür bekannt, sehr viel zu üben, auch Kleinigkeiten zu verbessern und erneut zu üben. Und das Ergebnis? Seine Talks wurden von Millionen Menschen angesehen. Hier sein erster Auftritt auf der TED-Bühne, dem inzwischen mehrere weitere folgten. Diese wurden mit der Zeit immer professioneller und vor allem wirksamer.

Hans Rosling, „The best stats you've ever seen"

„You've never seen data presented like this. With the drama and urgency of a sportscaster, statistics guru Hans Rosling debunks myths about the so-called ‚developing world'."

Quelle: http://www.ted.com/talks/hans_rosling_shows_the_best_stats_you_ve_ever_seen

---

Im Talk von Hans Rosling wird deutlich, welche Rolle eine professionelle Aufarbeitung der eingesetzten Medien spielt. Hierauf werden wir im weiteren Verlauf des Kapitels noch zurückkommen. Unter „Gapminder" (http://www.gapminder.org/) finden Sie das von Hans Rosling entwickelte Portal zur Verbreitung seiner Idee und Darstellung der statistischen Daten, die auch im Talk zum Einsatz kommen.

In der Praxis werden die meisten Menschen ihre Vorbereitung mit den potenziellen Inhalten des Talk beginnen. So auch Dan Dennett, ein anderer TED-Redner, der in einem Interview erläuterte, das er früh wusste, was er sagen wollte (es ging schließlich um sein Spezialgebiet), aber lange daran gearbeitet hatte, seinen Vortrag zu einem unvergesslichen Ereignis zu machen. Ihm und allen anderen erfahrenen Rednern ist klar, dass ein gelungener Auftritt nur zu einem kleinen Teil von den Inhalten abhängt. Die Entwicklung des Talk zu einem Erlebnis und die intensive persönliche Vorbereitung sind erfahrungsgemäß deutlich wichtiger. Dies gehört zu der Grundhaltung, die erfolgreiche Redner auszeichnet. Sie arbeiten stets nach dem Motto: „Der nächste Talk wird der Beste meines Lebens!"

Wir laden Sie nun ein, gemeinsam einen TED Talk vorzubereiten. Der TED Talk ist quasi der kommunikative Benchmark und auch bei anderen Redeanlässen, können Sie die vorgestellten Elemente der Talk-Entwicklung nutzen. Wir würden uns freuen, wenn Sie sich darauf einlassen und die Reise von den ersten Überlegungen bis auf die TED-Bühne in Gedanken mitgehen.

Der folgende Text ist wie ein Leitfaden gestaltet, der Ihnen Schritt für Schritt zeigt, wie Sie zu Ihrem TED Talk kommen. Vielleicht inspiriert es Sie ja sogar auch im realen Leben bei einer TEDx auftreten zu wollen?

Zunächst eine Vorüberlegung: Die besten Talks werden von solchen Personen gehalten, die über eine eigene Leidenschaft sprechen. Was ist Ihre große (heimliche) Leidenschaft? Wäre diese es Wert, verbreitet zu werden? Sehr wahrscheinlich schon.

Checkliste

Vorüberlegung – Meine Leidenschaft(en): ...

Falls es Ihnen schwer fällt, die eigenen Leidenschaften zu benennen, können folgende Fragen helfen:

- Was sind meine Stärken?
- Was tue ich gerne?
- Was macht mich richtig froh?

In den Antworten stecken sehr wahrscheinlich auch Ihre Leidenschaften.

Im echten Leben wäre es nun an der Zeit, die eigene Leidenschaft als Idee zu formulieren und sich bei TED als Redner zu bewerben. Wen ein Redner für eine TED-Konferenz akzeptiert wird, erhält er einen Satz an Regeln (die TED-Gebote), die er bei der Vorbereitung seines Talk und seines Auftritts möglichst beachten sollte. Diese Regeln sind auch eine wesentliche Grundlage für das Speaker-Coaching, das jedem Redner angeboten wird.

Die TED-Gebote für TED-Redner

Wenn TED-Redner auf ihren Beitrag vorbereitet werden, erhalten sie zuerst die zehn Gebote, die als Grundlage für das Training dienen. Die zehn Tipps (es sind eigentlich weniger Gebote), sind die Grundlage für einen erfolgreichen Talk.

1. **Träume groß.** Versuche, den besten Auftritt zu realisieren, den Du je hattest. Enthülle etwas, was niemand von Dir wusste. Tue etwas, was Dein Publikum nie vergessen wird. Teile eine Idee, die die Welt verändern kann.
2. **Zeige uns Dein wahres Gesicht.** Teile Deine Leidenschaften, Deine Träume und auch Deine Ängste. Sei verwundbar. Sprech über Fehlschläge ebenso, wie über Erfolge.
3. **Mache das Komplizierte einfach.** Versuche nicht intellektuell zu wirken. Vermeide Abstraktionen. Erkläre. Gib Beispiele. Erzähle Geschichten. Sei spezifisch.
4. **Nutze die Emotionen der Menschen.** Bring uns zum Lachen. Bring uns zum Weinen.
5. **Streichle nicht Dein Ego.** Brüste Dich nicht, es ist der sicherste Weg alle Zuhörer zu verlieren.
6. **Kein Verkauf von der Bühne.** Solange wir Dich nicht darum bitten, sprich nicht über Dein Unternehmen bzw. Deine Organisation. Und komme gar nicht erst auf den Gedanken, Eure Produkte oder Leistungen zu verkaufen, oder um finanzielle Unterstützung zu bitten (s. u.).

7. **Fühle Dich frei, andere Beiträge zu kommentieren.** Lobend oder kritisch. Kontroversen energetisieren. Enthusiastisches Lob ist sehr wirksam.
8. **Lese Deinen Talk nicht ab.** Notizen sind ok. Wenn die Wahl ablesen oder stottern heißt, lies lieber ab.
9. **Werde pünktlich fertig.** Jede Überziehung stiehlt den folgenden Rednern ihre Zeit. Das lassen wir nicht zu.
10. **Probe Deinen Talk** vor einem guten Freund ... für Klarheit, korrekte Zeit und Wirkung.

Ausgestattet mit einer Idee, den TED-Geboten und der Motivation, sich dem TED-Publikum zu stellen, wollen wir im Folgenden Ihren Talk erarbeiten.

5.2.1   Inspirierende Inhalte

Das Wichtigste an einem TED Talk ist, die Zuhörer zu inspirieren. Davon ausgehend sollte der Redner immer erst entscheiden, was die Kernaussage seines Talk sein wird, bevor er die Geschichte entwickelt. Er fragt sich: „Was ist die tollste Geschichte, die ich erzählen kann?" Was war mein glücklichster oder schmerzhaftester Moment? Was war die wichtigste Erfahrung, die ich je gemacht habe? Nachdem die Kernaussage gewählt wurde, kann die Arbeit am Talk, an der Entwicklung einer Geschichte, beginnen. Erfolgreiche Redner erzählen auch über die Menschen, die sie begleitet oder gefördert haben, denn „inspirierende Geschichten machen andere Menschen zu Helden". Die sieben populärsten TED Talks – ausgedrückt durch Seitenaufrufe – befassen sich mit sechs Themen: mentale Gesundheit, Kreativität, Führung, Glück, Motivation und Selbstwert. Andere häufig angesehene Themen sind: Gesundheitssystem, Bildungssystem und Diversität.

▶   Tipp: Verbinden Sie sich mit den Zuhörern.

Erstellen Sie Ihren Talk so, dass die vier grundlegenden Bedürfnisse von Menschen, Liebe und Zugehörigkeit, Begehren und Eigeninteresse, Lernen und Wachstum sowie Hoffnung und Veränderung erfüllt werden. Um dies angemessen zu erreichen, wählen Sie eine einzige wirkungsvolle und verbindende Idee. Vermeiden Sie eine Abfolge mehrerer Erlebnisse. Nutzen Sie nur die eine Idee, um die sich im gesamten Talk alles dreht.

Damit Ihr Talk in Erinnerung bleibt, suchen Sie eine „Schlagzeile" (Catch-Phrase) oder einen Slogan, der die Idee präzise zum Ausdruck bringt. Idealerweise ist darin eine „Aufforderung zu handeln" enthalten, diese am besten als Reim oder als Klangrhythmus. Anregungen dazu können sein, der Spruch des Rechtsanwaltes Johnny Cochran, „If it doesn't fit, you must acquit", oder Simon Sinek, „Start with Why". Die Schlagzeile liefert den perfekten Kontext für Ihren Auftritt.

Folgende Tipps für die Formulierung einer Catch-Phrase („Schlagzeile"):

1. Ein bis fünf Worte: Eine Schlagzeile sollte so kurz sein, dass sie auf die Titelseite einer Boulevardzeitung passt. Dann kann sie „mit einem Blick" erfasst werden und wirkt intensiver.
2. Handlungsanweisung: Die Schlagzeile wird so formuliert, dass sie dem Zuhörer sagt, was er tun soll.
3. Rhythmus:– Wenn möglich, sollte die Formulierung einen Rhythmus beinhalten, da rhythmische Texte leichter erinnert werden.
4. Wiederholung: In einem Talk kann die Schlagzeile gerne (ggf. in verschiedenen Formulierungen) wiederholt werden. Auch dies steigert die Eingängigkeit.

Checkliste

Vorbereitung Ihres Talk (die Zahlen beziehen sich auf die Checkliste für die Vorbereitung eines Talks in Kap. 7)
1. **Inhalt: Worüber will ich sprechen? …**
2. **Relevanz für das Publikum und das Unternehmen: Warum ist das Thema für mich und meine Kollegen relevant? …**
3. **Gewünschter Effekt: Was ist nach meinem Talk anders? …**

▶   Tipp: Fokussieren Sie sich auf den Kern.

Wahrscheinlich sind Sie gewöhnt, dass Vorträge länger als 18 min. dauern. Der Schlüssel für den Erfolg einer kurzen Rede ist, sich auf nur eine Idee oder einen Punkt zu konzentrieren. Ein TED Talk ist nicht das richtige Format, um einen breiten Überblick über ein Themengebiet zu geben. Vielmehr ist er eine sehr wirksame Art, das Interesse an einem Thema dadurch zu wecken, dass nur eine, überzeugende Idee vermittelt wird. Ein typischer TED Talk fokussiert diese eine Idee und unterstützt diese durch nicht mehr als drei bis vier Schlüsselargumente. Das Ganze wird dann in eine fesselnde Geschichte eingebaut. Sie könnten der Versuchung erliegen, alle guten Ideen darzustellen, dafür weniger Beispiele oder erläuternde Details. Nach unserer Erfahrung funktioniert dies fast nie.

Die meisten Menschen können sich gar nicht vorstellen, wie viel Inhalt in einem Talk von fünf oder zehn Minuten hineinpasst. Trotzdem ist das überlegte Weglassen mindestens genauso wichtig, wie die Entscheidung, welche Inhalte reingehören. Bei der Vorbereitung eines Talk sollte immer ein Zitat von William Faulkner mitspielen: „In writing, you must kill all your darlings". Wenn eine Formulierung besonders gut wirkt, heißt die in der Regel, dass sie für den Autoren eine besondere Rolle spielt. Dies muss aber nicht zwingend für den Leser bzw. die Zuhörer gelten. Viele der erfolgreichsten TED Talks sind sehr eingegrenzt, d. h. der Redner verlässt sich ausschließlich auf seine Stimme und das Gesagte. Die Zuhörer konzentrieren sich ganz auf den Talk und sind nicht durch Folien oder umständliches Verhalten abgelenkt.

Story

Bericht ⟷ Erzählung

„Zahlen, Daten, Fakten, …"   „Menschen, Tiere, Sensationen, …"

Was (Beispiele)	Ergebnisbericht	Unternehmens-bericht	Produkt-information	Business Case / Pitch	Keynote
Wozu (Ziele)	Informationsver-mittlung, Diskussionsgrundlage	Zusammenhänge vermitteln, Vertrauen aufbauen	Verkauf, Lernen/Lehren	Finanzierung, Wettbewerb	Unterhaltung, Inspiration
Wie (Einsatz)	Bericht vorab ver-senden, in der Prä-sentationnur auf wesentliche Informa-tioneneingehen	Zentrale Daten und Aussagen mit emo-tionalenAspekten verknüpfen	Nutzen aufzeigen und Anwendung anhand konkreter Person(engruppe) darstellen	Einprägsame (USP!) Geschichte entwickeln, die Leidenschaft mit dem bisherigen Weg und Schlüsselinforma-tionenverknüpft	Stark emotionale Geschichte, erzäh-lendie Zuhörer zu einer Transforma-tioninspiriert

Abb. 5.2 Kontinuum zwischen Bericht und Erzählung. Modifiziert nach Duarte, 2012

Checkliste

Vorbereitung Ihres Talk (die Zahlen beziehen sich auf die Checkliste für die Vorberei-tung eines Talks in Kap. 7)
4. Schlüsselnachricht: max. eine Schlagzeile …

Eine große Herausforderung bei der Entwicklung einer wirksamen Story ist also die Ent-scheidung, welche Inhalte hineingehören und wie diese strukturiert werden sollen. Viele Redner und Präsentatoren machen bereits hier die ersten Fehler, die dann im weiteren Verlauf der Story-Entwicklung nicht mehr zu beheben sind. Die Präsentation wird mit zu vielen Informationen befüllt und vielfach auch – für das Publikum – unwichtige Informa-tionen präsentiert.

Eine erste Orientierung zur richtigen Entscheidung von Inhalt und Form, kann die Überlegung sein, dass die meisten Präsentationen auf einem Kontinuum zwischen einem Bericht und einer Erzählung liegen. Ein Bericht ist eine zahlen- oder informationsbasier-te Darstellung von Fakten, die nur wenig Emotionalität auslöst. Eine Erzählung ist eine packende, emotionale Beschreibung von Ereignissen und Verhalten, anhand konkreter Personen. Je nach Anlass, Zielgruppe und Zielen für die Rede oder Präsentation kann in der Vorbereitung nun überlegt werden, wie eine zielführende Mischung aus Fakten und „Menschlichem" aussehen kann. In Kombination mit den Rahmenbedingungen (Zeit, Unterlagen etc.) wird sich bereits eine Fokussierung ergeben, die für die weitere Arbeit an einer wirksamen Story sehr hilfreich ist (Abb. 5.2).

5.2.2   „Struktur des Talk"

Nachdem die wesentlichen Inhalte eines Talk definiert sind, gilt die nächste Überlegung der Struktur. Hierin wird gewissermaßen der „rote Faden" und die Abfolge der einzelnen Elemente des Talk festgelegt.

Eine beliebte Variante folgt dem Motto: „Erzähle den Zuhörern, was Du ihnen erzählen wirst, erzähle es und dann erzähle ihnen, was Du gerade erzählt hast." Die Eröffnung ist der Teil des Talk in dem Sie darstellen, „was" erzählt wird, der Hauptteil des Talk gilt dem „erzähle ihnen". Bauen Sie Ihren Talk möglichst aus diesen drei Teilen auf. Die Struktur der Rede kann sich dann wie folgt aufbauen:

- „Situation-Schwierigkeit-Lösung": Beschreiben Sie die Situation. Fesseln Sie Ihre Zuhörer mit einer Beschreibung Ihrer (oder einer anderen konkreten Person) Situation und deren Bedeutung für das Umfeld und warum sie schwierig, besonders oder kompliziert ist. Enden Sie mit dem Angebot einer Lösung, die das Problem löst und die Chancen nutzt, die Sie vorher schon angedeutet haben.
- „Chronologie": Starten Sie mit dem Beginn einer vergangenen Zeit, Ihrer Kindheit oder dem Moment, in dem Ihre Lernreise begann. Arbeiten Sie sich über den Zeitverlauf bis zum Zeitpunkt Ihrer Erkenntnis oder Lösung. Dies ist die einfachste und für viele Redner komfortabelste Struktur.
- „Ideen-Konzept": Die besten Beispiele für diese Struktur aus aufeinanderfolgenden Argumenten sind David Letterman's „Top Ten List" oder Richard St. John's „8 secrets of success". Wenn das Publikum erkennt, das der Talk dieser Struktur folgt, erwartet es, dass Sie in Richtung eines Höhepunktes arbeiten, dem letzten Punkt auf Ihrer Liste.

Richard St. John, „8 secrets of success"

„Why do people succeed? Is it because they're smart? Or are they just lucky? Neither. Analyst Richard St. John condenses years of interviews into an unmissable 3-min slideshow on the real secrets of success."

Quelle: https://www.ted.com/talks/richard_st_john_s_8_secrets_of_success

5.2.3 Wählen Sie ein Format (Auswendiglernen ist ein zweischneidiges Schwert)

Jeder TED Talk ist einmalig – durch das Thema, den Stil, die Persönlichkeit oder die Art der Darstellung. Manche gelten einer einzigen „idea worth spreading", andere zeigen die Leidenschaft des Redners in einer lebendigen und verständlichen Form. Was die besten Talks auszeichnet, ist eine sehr menschliche Verbindung des Redners mit dem Publikum. Die Inspiration des Publikums entsteht daraus, dass es versteht, was einen Redner an seinem Thema so fasziniert und seine Leidenschaft ausmacht. Wie bereits gesagt, wenn Sie bisher noch keinen TED Talk angesehen haben, sollten Sie es jetzt tun, um ein Gefühl zu entwickeln, wie das Format funktioniert. Danach nutzen Sie das Format für sich selbst. Bitte erliegen Sie jedoch nicht der Versuchung, andere Redner zu imitieren.

Manche der erfolgreichsten TED Talks, die je gehalten wurden, wurden Wort für Wort auswendig gelernt. Es ist aber von zentraler Bedeutung, dass ein Talk auf keinen Fall auswendig gelernt wirkt. Die Reaktion des Publikums ist ganz anders, je nachdem, ob ein Talk rezitiert wirkt oder scheinbar frei gehalten wird. Es muss sich einfach authentisch anfühlen. Bitte bedenken Sie, dass Authentizität nichts mit Improvisation zu tun hat.

Wenn Sie den Eindruck haben, dass Sie einen auswendig gelernten Talk nicht authentisch vortragen werden, wählen Sie einen anderen Weg. Strukturieren Sie Ihren Talk anhand einer Abfolge von Aspekten oder Folien und entwickeln Sie eine Geschichte dazu – die Punkte, die Sie ansprechen, um das Publikum gedanklich von A nach B nach C zu führen. Lernen Sie nicht jeden Satz auswendig, aber stellen Sie sicher, dass Sie den Ablauf der Geschichte sicher kennen.

Es ist völlig o.k., eine Karte mit der Abfolge der Einzelpunkte vorzubereiten und auf die Bühne mitzunehmen. Was wir nicht befürworten, ist Ablesen von Smartphones, Tablets oder Teleprompern. In manchen Konferenzen können Fernseher mit NotesView genutzt werden, wo Sie die Einzelpunkte Ihres Talks ablesen können. Wir haben in der Praxis allerdings festgestellt, dass viele Redner, die NotesView genutzt haben, dies hinterher bereuten. Es fehlt die Beziehung zum Publikum, wenn der Redner immer wieder auf den Bildschirm schaut.

Wenn Sie es für unverzichtbar halten, können Sie ein Stehpult nutzen, auf dem Sie Ihre Notizen ablegen. Dies ist nicht wirklich gewünscht. Aber wenn Sie sich dadurch deutlich wohler fühlen, kann dies möglich gemacht werden. Es ist wichtig, dass Sie sich auf der Bühne wohlfühlen. Wie auch immer Sie Ihren Talk strukturieren und organisieren, üben Sie ihn auf jeden Fall vorher. Proben Sie am besten mit Publikum (Freunde, Familie), mit dem Sie auch den interaktiven Kontakt zum Publikum üben. Dies wird den positivsten Einfluss auf Ihren Talk haben.

▻   Tipp: Seien Sie offen und ehrlich.

Wenn Sie einen Talk vorbereiten, der im Intranet oder Internet veröffentlicht werden soll, kann er sich weit verbreiten. Durch das Publikum können andere Spezialisten für Ihr Thema und Leute, die Sie kennen, aufmerksam werden, vielleicht auch der Wettbewerb. Vermeiden Sie daher, die Wahrheit „anzupassen", Fakten zu beschönigen oder Dinge zu verdrehen. Ihre Aussagen müssen einem Faktencheck standhalten, genauso wie die verwendeten Abbildungen. Seien Sie ehrlich: Teilen Sie Ihre Erfolge, aber auch die Schwierigkeiten und Fehler, falls diese relevant sind.

5.2.4 Ihre Geschichte

Gute Talks beinhalten stets drei Komponenten:

1. Emotion: Sie berühren das Herz.
2. Neuigkeit: Sie erzählen etwas Neues.
3. Erinnerung: Sie präsentieren den Inhalt in einer Art, an die sich die Zuhörer erinnern werden.

Strukturieren Sie Ihre Geschichte so, dass jeder Abschnitt das Gehirn der Zuhörer anspricht und herausfordert (vgl. Kap. 4). Ihr Ziel ist es, die Zuhörer zu überzeugen, ihre Sicht auf eine Situation zu hinterfragen oder aktiv zu werden. Dazu müssen Sie die Zuhörer auf eine „emotionale Reise" mitnehmen. Zitieren Sie Fakten, um glaubwürdig zu werden und das „skeptische Hirn" zu überzeugen. Kombinieren Sie Fakten mit Emotionen, um menschlich zu wirken. Erläutern Sie Statistiken so, dass eine emotionale Verbindung der Zuhörer zu Ihren Fakten entsteht. Statt beispielsweise zu sagen „70 Mio. Amerikaner haben eine Herzkrankheit", sagen Sie: „Schauen Sie sich hier im Raum um. Jeder Vierte hier hat eine Herzkrankheit, die ihn töten wird." Bauen Sie Fragen in den Text ein. Aktivieren Sie das Publikum durch diese Fragen und die Aufforderung, sich in die Situation zu versetzen, die Sie beschreiben. Fragen Sie, ob sie in einer ähnlichen Situation waren und wie sie damit umgegangen sind.

Die wirksamsten Geschichten sind die eigenen – sie drehen sich um Ihr Leben, Ihre Arbeit oder Beziehungen, Ihre Erfolge und Ihr Scheitern. Bitte erliegen Sie jedoch nie der Versuchung, sich selbst zum Helden machen. Sie sind für das Publikum ein „Gleicher", ihr Führer durch die Geschichte. Erzählen Sie persönliche Geschichten, in denen andere Menschen die Helden sind: Ihr Partner, ein Lehrer, Ihr Chef, ein Fremder im Bus … jeder, nur nicht Sie selbst. Erlauben Sie dem Publikum, Ihnen einfach zuzuhören und die verschiedenen Ebenen Ihres Talk zu entdecken. Machen Sie sich keine Sorgen, ob Sie objektiv sind, das ist nicht nötig. Offenbaren Sie sich selbst und Ihre Gefühle. Unterstreichen Sie jede Emotion mit einem Fakt und jeden Fakt mit einer Emotion.

Ihre Geschichte braucht eine Handlung. Konzentrieren Sie sich dabei auf das Wesentliche. Beginnen Sie mit den Charakteren, stellen Sie diese dann vor eine emotionsgeladene Herausforderung, lösen Sie ihren Konflikt und erläutern die Erkenntnis, die mit der Geschichte einhergeht. Wenn Sie einzelne Charakterzüge „übernehmen", wird sich das Publikum leichter mit Ihnen und der Geschichte identifizieren. Beschreiben Sie die Charaktere lebendig. Agieren Sie auf der Bühne mit den dargestellten Eigenschaften und Verhaltensweisen. Repräsentieren Sie jeden Charakter mit einer spezifischen Position auf der Bühne. Wenn Sie als Charakter A sprechen, stehen Sie an einer bestimmten Stelle, als Charakter B woanders. Kehren Sie immer wieder an genau diese Positionen zurück, wenn Sie über den entsprechenden Charakter sprechen.

Kreieren Sie einen Spannungsbogen mit zunehmenden Schwierigkeiten oder Hindernissen für Ihren Charakter. Ihn dann nur zwischen Gut und Böse wählen zu lassen, ist aber langweilig. Er sollte eher das kleinere von zwei Übeln oder zwei guten Lösungen wählen. Stellen Sie sicher, dass Ihre Geschichte ein klares Ende hat, indem eine positive oder traurige Schlussfolgerung gezogen wird. Ein gutes Ende unterstützt einen Aufruf zum Handeln, ein schlechtes Ende ist mit einer Lehre verbunden. Das Ende der Geschichte ist Ihre Möglichkeit, „Weisheit zu transportieren".

Brené Brown „The power of vulnerability"

„Brené Brown studies human connection – our ability to empathize, belong, love. In a poignant, funny talk, she shares a deep insight from her research, one that sent her on a personal quest to know herself as well as to understand humanity. A talk to share."

Quelle: http://www.ted.com/talks/brene_brown_on_vulnerability

---

Checkliste

Vorbereitung Ihres Talk (die Zahlen beziehen sich auf die Checkliste für die Vorbereitung eines Talks in Kap. 7)
5. Storyline: Wie strukturiere ich meinen Talk? (Vgl. Kap. 3)

5.2.5   Der Einstieg in den Talk

Nachdem nun die Geschichte (Storyline) für den Talk steht, kommen wir noch einmal auf den Einstieg zurück. Ebenso wie die Catch-Phrase spielt der Einstieg in den Talk eine besondere Rolle. Die ersten Sekunden eines Talk liefern den Zuhörern, die hier noch besonders aufmerksam sind, den ersten Eindruck. Dabei steht unbewusst die Frage im Raum, ob es sich lohnt, den Talk anzuhören, die dafür nötige Zeit zu investieren.

Der Einstieg in den Talk ist somit das Versprechen, dass es sich lohnt, aufmerksam zuzuhören. Dem entsprechend ist den Zuhörern sofort zu vermitteln, welchen Nutzen sie aus dem Talk ziehen werden. Einfach formuliert, sollten die Zuhörer verstehen, dass sie anschließend intelligenter, schöner, gesünder, fröhlicher oder erfolgreicher sind. Neben dem Nutzen können weitere „Versprechen" zum Einsatz kommen:

- der Kern des Talk wird sofort offen gelegt
- eine emotionale Bindung zum Publikum wird hergestellt (Identifikation mit dem Redner, Lachen ...)
- eine Geschichte

Was im Einstieg vermieden werden sollte, sind zu erwartbare und ablenkende Elemente. Dazu gehören:

- Zitate berühmter Personen
- Witze (funktionieren ganz selten)
- Aussagen, die als herabwürdigend oder beleidigend verstanden werden können
- Cartoons, Comics usw.
- Eröffnungen, die dem Publikum danken (das machen wir hinterher) oder Sprüche wie „Bevor ich beginne ..." Sie haben doch schon begonnen.

Kritisch sind weiterhin Aktivitäten, wie Abfragen, aufstehen lassen usw. Es gibt Talks und Themen, bei denen ein aktiver Einstieg hilfreich sein kann (wenn es etwa um Bewegung geht). Häufig fühlt sich das Publikum jedoch manipuliert oder desorientiert, weil erst im Nachhinein klar wird, was die Aktivität sollte und wo der Bezug zum Inhalt besteht. Wenn Sie mit einer Aktivität starten wollen, stellen Sie sicher, dass die Zuhörer den Sinn verstehen und dass die Aktivität den Talk inhaltlich bereichert.

5.2.6   Üben, üben, üben …

▶   Tipp: Üben Sie und danach üben Sie erneut.

Bedauerlicherweise kommt es gelegentlich vor, dass wir einen TED Talk ansehen und intuitiv wissen, der Redner hätte es besser gekonnt. Wie intensiv geübt wurde, macht den Unterschied. Selbst wenn Sie ein erfahrener Redner sind, ist die TED-Bühne der falsche Ort, dies zu demonstrieren. Wir bitten alle Redner um eine intensive und konzentrierte Vorbereitung und Übung im Vorfeld. Wiederholtes Üben verbessert den Sprachfluss, die Klarheit der Aussage, die unterstützende Betonung, die Wirkung und das Zeitgefühl. Manche Redner wollen nicht üben, da sie es für überflüssig oder verrückt halten, in der leeren Küche oder vor dem Badezimmerspiegel zu üben. Sie haben schlicht keine Zeit oder sie brauchen es wirklich nicht, da sie oft öffentlich sprechen. Fakt ist jedoch, dass jeder üben muss. Denken Sie an die großen Schauspieler oder Musiker, sie proben ununterbrochen.

Üben bedeutet nicht, sich vor einen dicken Stapel Papier oder einen Computer zu setzen und den Text still durchzulesen. Stehen Sie auf, sprechen Sie laut, stelle Sie sich vor, dass Sie in einem großen Theaterraum sprechen. Klicken Sie sich durch alle Folien – sofern Sie welche nutzen möchten – und schauen Sie, wie Sie diese einsetzen werden. Sobald Sie sich sicherer fühlen, bitten Sie Ihre Familie, Freunde oder Kollegen als Testzuhörer zu dienen. Bitten Sie einen von ihnen, die Uhr zu bedienen. Wir hören immer öfter, dass TED-Redner in öffentlichen Räumen testen und vor Live-Publikum sprechen.

5.2.7   Story to Go – Anregungen für die Entwicklung von Business- Geschichten im Schnelldurchgang

Bis hierher ist es offenkundig geworden, dass die Entwicklung und Präsentation eines guten Talk oder einer guten Geschichte einigen Aufwand erfordert und entsprechend zeitaufwändig ist. Nun kommt es im Geschäftsleben immer wieder vor, dass man sehr kurzfristig eine Rede oder Präsentation halten muss und der operative Wahnsinn des Arbeitsalltags eine professionelle Vorbereitung nicht zulässt.

Es folgen einige Vorschläge für Grundideen und -strukturen potenzieller Geschichten, falls es einmal wirklich schnell gehen muss.

- Kundenservice: Wie ich die Gewohnheiten unserer Kunden verändert habe. Wie ich die Vorbehalte und Vorurteile gegen ein Produkt ändern konnte.
- Produktentwicklung und Innovation: Wie wir alle Widerstände überwanden und das Produkt an den Markt brachten. Der Service, mit dem niemand gerechnet hat.
- Führung: Wie wir die Veränderung XYZ mit den Mitarbeitern gestaltet haben. Wie wir eine Kultur verändert haben.
- Markt und Regulierung: Unsere Schlacht gegen die Bürokratie. Wie wir den Marktführer herausforderten.
- Erfolgreiche Projekte und Kooperationen: Was haben wir richtig gut gemacht? Wie wir mit dem Wettbewerber zusammengearbeitet haben.
- Veränderungen in der Branche oder Gesellschaft: Den demographischen Wandel im Kleinen bewältigen. Unser Aufbruch in die neue Welt.
- Wendepunkte des Lebens: Wie meine Karriere einen ganz anderen Weg nahm. Die Veränderung alter Annahmen und Verhaltensweisen. Begegnungen mit Mentoren, großen Geistern, Niedertracht und Schwierigkeiten. Schlechte Ratschläge und gute Tipps. Aus Zweifeln wachsen. Macher, Mitmacher und Miesmacher.

Dies sind nur einige Ideen aber vielleicht regen Sie diese ja an, nach und nach einen Fundus eigener Geschichten anzulegen, aus dem Sie zu gegebener Zeit schöpfen können.

Damit diese Geschichten auch in einem Vortrag oder in einer Rede funktionieren, noch eine knappe Erinnerung daran, was Geschichten wirksam macht:

- „Call of duty": Der Anreiz oder Zwang, sich auf den Weg zu machen
- Ausgangssituation: Keine Geschichte ohne Kontext. Was macht die Reise nötig? Welche Herausforderungen und erste Tiefpunkte wurden erlebt?
- Konfrontation mit Veränderung, Krisen, Notwendigkeiten zur Veränderung
- Angst vor der Veränderung, der unbekannten Zukunft
- Reaktion auf den „Call of duty". Abwehr, Neugier, Pflichtgefühl? Stärken und Schwächen bestimmen das „Spielfeld" in einem neuen Kontext und Veränderung heißt, die eigene Komfortzone zu verlassen.
- Emotionen im Konflikt: Zweifel und Hoffnung und unterschiedliche Perspektiven. Es sind die detaillierten Beschreibungen der Hoch- und Tiefpunkte, die Zuschauer fesseln.
- Alliierte und Schurken: Helfer machen uns sicherer, die „Bösen" müssen überwunden werden.

Nachdem nun Ideen und Struktur als Startpunkt für die schnelle Entwicklung einer Rede dienten, folgen noch ein prozessorientierter Ansatz in drei Schritten:

1. Schreiben Sie die drei wichtigsten Dinge auf (gerne weniger), die Sie dem Publikum mitteilen wollen. Wenn es zehn Punkte sind, bringen Sie diese in eine Rangfolge nach ihrer Relevanz, dann streichen Sie die Punkte 4 bis zehn.

2. Wandeln Sie die drei Punkte in Überschriften (max. vier Worte). Wenn Sie Folien verwenden, erhält jeder der Punkte je eine Folie.
3. Falls Sie eine Rede halten sollen, kann der Aufbau so aussehen:
   a. „Set the stage": Hintergrund erläutern.
   b. „Pose a problem": Spannung und Interesse erzeugen.
   c. „What you did to solve it": Lösung anbieten, gerne mit ein bis zwei Fehlversuchen oder Hindernissen.
   d. „Three things we found": …
      1. …
      2. …
      3. …
   e. „What is in for you": Nutzen für die Zuhörer.
   f. „Based on this, here is what happens next": Weiter geht's, so sieht die Zukunft aus.

Dieses Vorgehen führt sicher nicht zu einem Highlight der Redekunst, wird aber funktionieren und ist schnell realisierbar.

Noch ein paar Worte zur magischen Zahl „3": Die Erfahrung zeigt, dass sich kein Mensch in einer Rede oder Präsentation mehr als drei Punkte merken kann. Dies ist also eine Grenze. Die Kunst besteht darin, dass wir uns als Redner konsequent auf max. drei Punkte konzentrieren und alles wegstreichen, was darüber hinausgeht. Das tut manchmal weh, ist aber unvermeidlich.

▶ **Tool: Die „Message Map"** Carmine Gallo stellt in seinem Buch „Talk like TED" ein simples, aber wirkungsvolles Tool zur Vorbereitung jeder Form von Präsentation vor. Egal, ob ein 15-S Sales Pitch oder ein 18-minütiger TED Talk, das folgende Schema lässt sich schnell und wirksam einsetzen. Eine Message Map ist die visuelle Darstellung einer Idee auf einer Seite, die auf der bereits genannten Dreieregel basiert.
Schritt 1: Die Überschrift
Zuerst wird die Kernnachricht als Überschrift formuliert. Sie beinhaltet die Aussage, die die Zuhörer unbedingt behalten sollen. Diese Aussage wird in maximal 140 Zeichen (der Twitter-Test) formuliert. Wenn die Nachricht nicht in 140 Zeichen zu formulieren ist, fangen Sie wieder von vorn an. Dann ist sie nicht ausreichend durchdacht.
Schritt 2: Drei Hauptaussagen
Die Überschrift wird nun um drei Kernaussagen ergänzt. Diese sollen die Hauptaussage (Überschrift) verständlich machen und unterstützen.
Schritt 3: Unterstützung der Hauptaussagen durch Geschichten, Fakten usw.
Diese werden als Stichpunkte ergänzt und später in eine komplette Storyline umgesetzt.

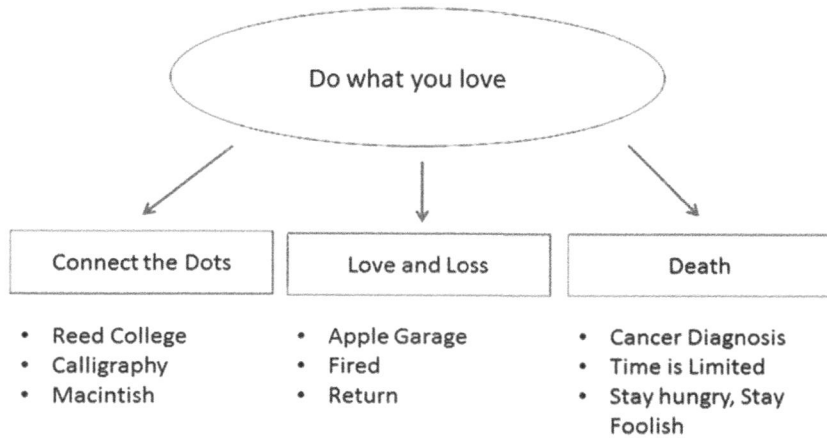

Beispiel: Steve Jobs Rede in Stanford 2005 als Message Map (vgl. Kap. 2.4)

5.3   Der Auftritt auf der Bühne

Nun naht der große Tag des Auftritts auf der Bühne. Die Story ist fertig entwickelt und viele Male geprobt und alles sitzt. Es könnte losgehen. Trotz aller Vorbereitungen ist der reale Auftritt doch etwas anderes, als die mentalen Bilder im Vorfeld. Sportler oder Musiker kennen dieses Gefühl, wenn sie lange trainiert bzw. geübt haben und dann das Finalspiel oder der große Konzertabend ansteht. Es ist einfach etwas anderes. Die Anspannung steigt im Vorfeld, Euphorie und Zweifel wechseln in schneller Folge ab. Das ist normal und der beste Rat ist: Sei Du selbst.

Ein guter Talk gewinnt zu einem guten Teil durch die Authentizität des Sprechers. Dies bedeutet auch, die Authentizität der Körpersprache. Die Zuhörer haben ein feines Gespür dafür, ob sich ein Sprecher wohl fühlt, ob er das, was er sagt, auch wirklich ernst meint. Viele Sprecher verderben diesen Eindruck dadurch, dass sie zu wenig vorbereitet sind, d. h. entweder den Talk nicht vollständig ausgearbeitet oder den Auftritt nicht ausreichend geübt haben. Selbst wenn das Gesagte genau so gemeint ist und einer Leidenschaft entspringt, wird ein nervöser Auftritt zu Zweifel und geringem Vertrauen führen. Der Auftritt muss immer wieder geübt werden, bis er sicher „sitzt". Aber Vorsicht, auch das Gegenteil, d. h. ein routiniertes „Herunterleiern" oder eine übertriebene Selbstinszenierung führen zu negativen Reaktionen der Zuhörer. Es gilt einen guten Mittelweg zu finden und der ist, ganz man selbst zu sein.

In den letzten Tagen vor einer TED-Konferenz werden die Redner eingeladen, ihre Talks am Veranstaltungsort unter realen Bedingungen zu üben. Sie werden dabei von Coaches und dem jeweiligen Kurator begleitet, die letzte Tipps geben. So soll dem Redner ermöglicht werden, das absolut Beste aus sich und seinem Talk herauszuholen und sich an die einmalige Situation am Veranstaltungsort zu gewöhnen.

▸   Tipp: Nimm an der abschließenden Bühnenprobe teil.

Das vorherige Üben ist bereits sehr wichtig aber die finale Probe auf der Bühne mindestens ebenso. Es hilft, den vielen anderen Beteiligten (Kameraleute, Ausleuchter, Regisseur, Tontechniker), die Sie gut aussehen lassen sollen, sich vorzubereiten und Ihren Talk einen Erfolg werden zu lassen. Die große Bühne fühlt sich auch anders an und es ist gut, dies vorher bereits erlebt zu haben. Viele Speaker berichten außerdem, dass sie sich nach der Probe auf der großen Bühne energetischer und positiver fühlten und auf den eigenen Auftritt gefreut haben.

5.3.1   Dresscode und Mikrophon

Auch hier gilt: Sei Du selbst. Bedenken Sie aber auch, dass sich später möglicherweise Millionen von Menschen Ihr Video ansehen, wenn der Mitschnitt Ihres Talk ins Internet gestellt wird. Während wir keine Krawatten auf einer TED-Bühne erlauben und von zu förmlicher Kleidung abraten, so ist auch exzessive Lässigkeit nicht förderlich. Ein paar praktische Hinweise: Tragen Sie Kleidung (und die Schuhe), die Sie auf der Bühne anziehen werden auch während der Übungsauftritte. So stellen Sie sicher, dass Sie die Arme frei bewegen und bequem stehen können. Stellen Sie sicher, dass die Kleidung nicht auseinanderklafft oder verrutscht, wenn Sie auf der Bühne agieren.

Die Kamera liebt Farbe und Sie können gerne farbige Kleidung anziehen, wenn Sie das mögen. Einfarbige Kleidung (mit Ausnahme von Weiß) funktioniert bei Kameraaufnahmen besser, als kleine Muster, Streifen oder Karos. Schmale Streifen und kleine Karos „schlieren" bei Videoaufnahmen sehr schnell und Seide glänzt. Rein schwarze Kleidung wiederum lässt den Kopf wie losgelöst vor dem jeweiligen Hintergrund schweben, was auch nicht immer vorteilhaft wirkt.

TED nutzt Mikros mit einem Bügel über dem Ohr, die Ihre Hände für eine natürliche Gestik frei lassen. Die zugehörige Batterie wird am Gürtel befestigt und für eine freie Bewegung ist es günstig, einen festen, gut sitzenden Gürtel zu tragen. Vermeiden Sie lange, pendelnde Ohrringe oder klappernde Armreifen und andere Gegenstände (keine Handys auf der Bühne), die die Tonaufnahmen stören.

5.3.2   Die Eröffnung

„The most consistently successful opening is the personal story."

Starten Sie stark, ohne dem Moderator zu danken oder das Publikum zu begrüßen. Kommen Sie sofort auf Ihr Thema zu sprechen, holen Sie sich sofort die Aufmerksamkeit des Publikums.

▸   Tipp: Denken Sie daran, es geht um Ideen.

Die beste Eröffnung ist eine „sehr persönliche" Geschichte, die sich genau auf das bezieht, was Sie als Kernnachricht vermitteln möchten und jemand anderes als Helden positioniert. Ein dramatischer Einstieg funktioniert nur dann, wenn Sie diesen anschließend erläutern. Um emotionale Reaktionen zu provozieren, stellen Sie eher eine punktgenaue oder unbequeme Frage, als mit Statistik oder ähnlichem zu agieren. Die Frage nach dem „wozu" führt zu intensiveren Reaktionen als die Frage nach dem „wie". Starten Sie niemals mit einem Zitat oder einem Witz. Starten Sie auch nicht mit etwas Konfrontierendem, etwa Rassismus, Sexismus oder Ausschnitten aus Comics (Dilbert etc.).

Checkliste

Vorbereitung Ihres Talk (die Zahlen beziehen sich auf die Checkliste für die Vorbereitung eines Talks in Kap. 7)
  6. Persönlicher Bezug/emotionale Beziehung: Was macht das Thema für mich so wichtig? Was ist meine Geschichte? …

Nach Ihrer Eröffnung bauen Sie eine Brücke zum Hauptteil des Talk. Dazu können Sie das Publikum beispielsweise bitten, sich selbst in einer spezifischen Situation vorzustellen. Der MIT-Forscher Deb Roy beispielsweise fragte sein Publikum, ob sie sich vorzustellen könnten, dass alles was sie je in ihrem Leben gesagt oder getan haben, elektronisch aufgezeichnet werden könnte.

Den Nutzen Ihres Talk zu beschreiben macht das Publikum neugierig, mehr zu erfahren. Erzählen Sie dem Publikum was es gelernt haben wird, wenn der Talk beendet ist. Sie könnten sagen: „Sie werden den Raum verlassen, mit den drei A's des Glücks." Bieten Sie drei Schritte, drei Themen, drei Strategien, drei Techniken, drei Werkzeuge, … an.

Deb Roy, „The birth of a word"

„MIT researcher Deb Roy wanted to understand how his infant son learned language – so he wired up his house with videocameras to catch every moment (with exceptions) of his son's life, then parsed 90,000 h of home video to watch ‚gaaaa' slowly turn into ‚water'. Astonishing, data-rich research with deep implications for how we learn."
  Quelle: http://www.ted.com/talks/deb_roy_the_birth_of_a_word

---

5.3.3   Prolog

Eine starke Eröffnung ist das, was ein Redner möchte. Sofort eintauchen und das Publikum in den Bann ziehen. Aber, morgens um 8 Uhr, direkt nach dem Mittagessen, unmittelbar vor dem Ende der Veranstaltung oder als fünfter Redner in einer Reihe, gibt es mehr als genug Situationen, in denen es sehr schwer ist, die ungeteilte Aufmerksamkeit des Publikums für sich zu gewinnen. In solchen Situationen kann es sinnvoll sein, nicht sofort mit dem eigenen Talk zu beginnen, sondern einen Prolog vorzuschalten und das Publikum zunächst „abzuholen".

Der Prolog dient vor allem dazu, die Energie im Raum und die Energie des Sprechers auf ein Niveau zu bringen, um das Publikum auf den eigentlichen Talk vorzubereiten. Ein schönes Beispiel dafür ist der Start von Sir Ken Robinson in seinem TED Talk „How school kills creativity". Er spricht am Ende der TED-Konferenz, einem Zeitpunkt zu dem die meisten Teilnehmer einfach erschöpft sind. Er beginnt zunächst damit, die Gemütslage aufzunehmen („How are you? It's been great …") und anschließend humorvoll anzumerken, dass viele geistig bereits auf dem Nachhauseweg sind („… blown away by the whole thing. In fact, I'm leaving"). So erhält er den ersten Lacher und kann dann in einem „Callback", d. h. in einer kurzen Rückschau seinen Talk in die Reihe der vorherigen Talks (zu Kreativität, Zukunft) stellen. Hier das Transkript der ersten elf Sekunden seines Talk:

„Good morning. How are you? (Laughter) It's been great, hasn't it? I've been blown away by the whole thing. In fact, I'm leaving. (Laughter) There have been three themes running through the conference which are relevant to what I want to talk about. One is the extraordinary evidence of human creativity in all of the presentations that we've had and in all of the people here. Just the variety of it and the range of it. The second is that it's put us in a place where we have no idea what's going to happen, in terms of the future. No idea how this may play out."

Es gibt weitere Möglichkeiten, wie in einem Prolog (und dem „normalen" Start in einen Talk) die Beziehung zwischen Publikum und Redner hergestellt werden kann:

- Schweigen: Ein paar Sekunden Ruhe können sehr wirksam sein, wenn es darum geht, die Aufmerksamkeit des Publikums zu erhalten. Stille führt automatisch dazu, dass Menschen neugierig werden, was nun folgt. Schließlich erwarten sie ja einen Talk und keine Stille. Eine Pause zu Beginn kann vor allem dann wirken, wenn im Publikum noch über andere Talks gesprochen oder die Unterhaltung aus der vorherigen Pause weitergeführt wird. Vorsicht jedoch, wenn noch viele Menschen gleichzeitig reden, dann fällt die Stille auf der Bühne unter Umständen nicht auf.
- Vorstellung: Bitten Sie das Publikum, sich etwas vorzustellen („imagine"). Beschreiben Sie diese Vorstellung plastisch, unter Einbeziehung mehrerer Sinne. Machen Sie dies für die Zuhörer persönlich. So entsteht sehr schnell eine (emotionale) Bindung zwischen Redner und Publikum. Beispiel: Deb Roy fragt das Auditorium vor seinem Talk „The Birth of a word", ob sie sich vorstellen können, dass alles was sie sagen und tun aufgezeichnet wird. Durch das mentale Bild werden die Zuhörer erst in die Lage versetzt, den Versuchsaufbau und dessen Umfang überhaupt erst zu erfassen.
- Geschichte: Da wir alle Geschichten lieben, kann auch eine Geschichte als Prolog dienen. Idealerweise stellt die Geschichte im Prolog den direkten Bezug zum folgenden Talk her oder ist eine „Mini-Version" dessen, was im Talk präsentiert wird. Beispiel: Richard St. John beginnt seinen 3-min. Talk „8 Secrets of Success" mit einem Erlebnis, das ihn motiviert hat, den Talk zu entwickeln. Die Zuhörer erleben quasi die Motivation und den Antrieb für den Talk und folgen entsprechend aufmerksam.
- Schock und andere emotionale Überraschungen: Wenn das Publikum mit einer unliebsamen Wahrheit, starken Meinung oder anderen Abweichungen von der gefühlten

Normalität konfrontiert wird, erfolgt fast automatisch eine emotionale Reaktion. Die Aufmerksamkeit ist dann hoch.

- Frage: Eine starke Frage zum Beginn stellt ebenfalls eine sofortige Brücke zwischen Publikum und Redner her. Stark werden Fragen durch Emotionen, Überraschung etc., so wie bei den bisherigen Punkten bereits erläutert.

- Nutzen: Die Vorstellung des Nutzens für die Zuhörer ist ein geläufiges und wirksames Mittel für den Prolog. Damit rechnen viele Zuhörer sogar. Wichtig ist hier, dass der Redner sich nicht als den „tollen Hecht" positioniert, sondern eine gewisse Bescheidenheit an den Tag legt. Statt „ich werde Ihnen jetzt erläutern, was Sie zu tun haben", lieber Augenhöhe herstellen. Etwas im Sinne: „Gerne möchte ich mit Ihnen ein paar Beobachtungen teilen".

5.3.4 „Play the Audience"

Da wir gerade beim Umgang mit dem Publikum sind, hier noch ein paar Ideen. Bemühen Sie sich um einen ruhigen, gesprächsartigen Ton. Predigen, schreien, flüstern Sie nicht, sprechen Sie nicht hastig oder in einem Fachjargon. Nutzen Sie einfache, vollständige Sätze. Die meisten TED-Redner sprechen wie zu „Mittelstufen-Schülern". Sie vermeiden Füllworte, Phrasen oder Modewörter. Sie machen häufig Pausen, um das Gesagte zu unterstützen. Pausen steigern die Spannung und die Aufmerksamkeit des Publikums. Variieren Sie die Sprechgeschwindigkeit und das Stimmvolumen. Achten Sie auf Ihre Atmung. Nervöse Menschen atmen flach oder halten gar den Atem an, Sie sollten also ruhig und tief atmen. Sprechen Sie langsamer als es richtig erscheint. Die meisten Menschen schätzen ihre Sprechgeschwindigkeit falsch ein und glauben langsamer zu sprechen als es wirklich der Fall ist. Nutzen Sie so oft wie möglich die direkte Anrede (Du, Sie, Ihr), um das Publikum anzusprechen, vermeiden Sie eher die Ich-Form.

Ein TED Talk ist keine Einweg-Präsentation, er gewinnt immer durch das Publikum. Obwohl das Rückgrat aller guten Talks eine persönliche Geschichte des Redners ist, macht erst eine gelungene Interaktion mit dem Publikum einen großen Talk. Fragen Sie sich daher selbst, wie Sie mit dem Publikum interagieren möchten. Welcher Teil Ihres Talk kann genutzt werden, um Fragen zu stellen, hat ein Potenzial für „Du-Nachrichten" oder erfordert besondere Aufmerksamkeit?

Bobby McFerrin, „Watch me play … the audience!"

„In this fun, 3-min. performance from the World Science Festival, musician Bobby McFerrin uses the pentatonic scale to reveal one surprising result of the way our brains are wired."

Quelle: http://www.ted.com/talks/bobby_mcferrin_hacks_your_brain_with_music

Achten Sie auf Ihre Körperhaltung. Außer in den Momenten, in denen Sie einen Ihrer Charaktere darstellen, halten Sie die Arme bequem an der Seite. Stehen Sie symmetrisch mit einer gleichmäßigen Gewichtsverteilung auf beiden Füßen. Vermeiden Sie die folgenden häufig zu beobachtenden Fehler:

- „Feigenblatt": Die Hände vor dem Körper zusammenhalten, lässt Sie schüchtern und machtlos aussehen.
- „Taschen": Nehmen Sie die Hände aus den Hosentaschen oder Sie werden zu lässig aussehen.
- „Paradehaltung": Hände nicht hinter dem Rücken kreuzen. Das wirkt unnachgiebig.
- „Hüfte": Stemmen Sie Ihre Hände nicht in die Hüfte, Sie werden ärgerlich bzw. anklagend wirken.
- „Gekreuzte Arme": Vor der Brust gekreuzte Arme wirken dominant, als ob Sie einen Angriff erwarten.
- „Anfassen": Wenn Sie sich öfter im Gesicht, am Haar oder an der Kleidung anfassen, wirkt dies nervös.

Lächeln Sie Ihr Publikum an aber übertreiben Sie es nicht. Nehmen Sie zu so vielen Leuten wie möglich Augenkontakt auf, aber achten Sie darauf, dies nicht zu lange zu tun, da es wie Anstarren wirkt. Zu schnelle Wechsel des Augenkontakts wirken kribbelig. Drei bis fünf Sekunden sind ein gutes Intervall für Augenkontakt. Bleiben Sie an einem Platz stehen, außer Sie agieren als einer Ihrer Charaktere.

Hier sind noch zwei TED Talks, die Rednern helfen können, sich auf den eigenen Bühnenauftritt vorzubereiten. Zum Einen berichtet Amy Cuddy über die Effekte, die Körpersprache auf unsere Wirkung als Redner („power posing") hat und zum Zweiten erläutert Julian Treasure einige Verhaltenselemente, die sich positiv oder negativ auf die Wirkung des eigenen Talk auswirken werden. Besonders empfehlenswert ist die kurze Übung zum „Stimme aufwärmen", die er am Ende seines Talk vorstellt. Probieren Sie es aus.

Amy Cuddy, „Your body language shapes who you are"

„Body language affects how others see us, but it may also change how we see ourselves. Social psychologist Amy Cuddy shows how ,power posing' – standing in a posture of confidence, even when we don't feel confident – can affect testosterone and cortisol levels in the brain, and might even have an impact on our chances for success."

Quelle: http://www.ted.com/talks/amy_cuddy_your_body_language_shapes_who_you_are

Julian Treasure, „How to speak so that people want to listen"

„Have you ever felt like you're talking, but nobody is listening? Here's Julian Treasure to help. In this useful talk, the sound expert demonstrates the how-to's of powerful speaking – from some handy vocal exercises to tips on how to speak with empathy. A talk that might help the world sound more beautiful."

Quelle: http://www.ted.com/talks/julian_treasure_how_to_speak_so_that_people_ want_to_listen

▶   Julian Treasure gehört übrigens zu den Rednern, die mehrfach zu einer TED-Konferenz eingeladen wurden. Auch seine anderen Talks, zu Geräuschen/Lärm und Zuhören, sind es Wert, angesehen zu werden:
„Why architects need to use their ears" (2012): http://www.ted.com/talks/julian_treasure_why_architects_need_to_use_their_ears
„5 ways to listen better" (2011): http://www.ted.com/talks/julian_treasure_5_ways_to_listen_better
„Shh! Sound health in 8 steps" (2011): http://www.ted.com/talks/julian_treasure_shh_sound_health_in_8_steps
„The 4 ways sound affects us" (2009): http://www.ted.com/talks/julian_treasure_the_4_ways_sound_affects_us

Viele Redner sind sich nicht darüber bewusst, wie sie auf andere Menschen wirken. Spätestens wenn Sie sich das erste Mal auf Video sehen, fällt ihnen auf, dass an der eigenen Körpersprache, Mimik und Gestik gearbeitet werden sollte, um die eigene Wirkung zu verbessern. Häufig auftretende Probleme mit der Körpersprache sind:

Gezappel und Gefummel:

Damit ist gemeint, dass permanent an der Kleidung, einem Gegenstand in der Hand oder Hosentasche herumgespielt wird oder der Körper permanent in Bewegung ist. Menschen, die in einer Verhandlung an einem Tisch sitzen und permanent mit dem Bein wippen (was sich auf den Tisch überträgt) oder mit den Fingern an einem Gegenstand herumspielen, wirken einfach nur nervös und unsicher. Sie werden in der Verhandlung wenig Erfolg haben.

Die Lösung: Bewegen Sie sich bewusst. Nutzen Sie eine einfache Videokamera, um Ihr Verhalten aufzuzeichnen und kritisch anzusehen. Dann beginnen Sie, ein erwünschtes Verhalten zu trainieren.

Stock und Tiger:

Manche Menschen stehen stocksteif auf der Bühne, andere wandern herum, wie ein Tiger im Käfig. Beides wirkt negativ auf das Publikum und wird als nervös und unsicher interpretiert. Das Gleiche gilt auch für die Nutzung der Hände. Sind diese permanent in der Hosentasche verborgen oder wedeln wild in der Gegend herum, wird das Publikum auch hier Unsicherheit wittern.

Die Lösung: Genau wie zuvor zeigt eine Videoaufnahme, was Ihre bevorzugte Verhaltensweise ist. Dann trainieren Sie eine sehr bewusste Nutzung der Bewegung. Beachten Sie, dass die Bewegung auf der Bühne sehr gut geeignet ist, den Inhalt des Talk zu unterstützen. Tauchen darin zwei Menschen auf, können zwei Positionen auf der Bühne diese beiden Menschen und ihre Positionen zum Ausdruck bringen. Wenn Sie mit dem Publikum interagieren, gehen Sie einen Schritt auf das Publikum zu und beugen sich leicht nach vorn. Bei großen Räumen und einem großen Publikum achten Sie darauf, den Raum zu füllen und sich groß zu machen (vgl. Amy Cuddy). Große Räume erfordern große Gesten.

Der Umgang mit der Stimme, Lautstärke und Geschwindigkeit beeinflusst die Wahrnehmung der Zuhörer. Neben den empfehlenswerten Tipps in den Talks von Julian Treasure kann auch die folgende Tabelle ganz hilfreich sein. Sie beschreibt, wie die Variation von Lautstärke und Sprechgeschwindigkeit den Talk unterstützen kann.

Tab. 5.2			
	Loud	Authorative	Passionate
Volume	Soft	Calming	Suspenseful
		Slow	Fast
		Speed	

In einem Talk wird der Redner in der Regel relativ schnell und laut sprechen (passionate), wenn er seine Punkte erzählt. Bei Übergängen dagegen, wird eher Beruhigung (niedrige Lautstärke und Geschwindigkeit; calming) angemessen sein, um den Zuhörern zu signalisieren, dass nun ein anderes Thema, ein anderer Punkt folgt. Spannung (suspense) erzeugen Redner vor allem dadurch, dass sie schnell und leise sprechen, ein relativ selten eingesetztes Stilelement.

Wir empfehlen, die vier Quadranten sehr bewusst und vor der Kamera zu üben, um die jeweilige Wirkung zu erfassen und sicher in der Nutzung zu werden. Menschen nehmen Veränderungen sehr gut wahr und die sinnvolle Nutzung aller vier Quadranten hilft, die Aufmerksamkeit zu steuern.

Fallstudie: „Hamburg Port Authority"

1. **Die Organisation**
Die Aufgabe der Hamburg Port Authority ist es, in allen Bereichen der Hafenstruktur für Effizienz, Sicherheit und Wirtschaftlichkeit zu sorgen. Als Anstalt des öffentlichen Rechts sind sie Ansprechpartner für alle Fragen der wasser- und landseitigen Infrastruktur, der Sicherheit des Schiffsverkehrs, der Hafenbahnanlagen, des Immobilienmanagements und der wirtschaftlichen Entwicklung des Hafens. 156.000 Menschen bzw. Arbeitsplätze in der Metropolregion Hamburg sind direkt und indirekt von Hafenfunktionen abhängig. Quelle: http://www.hamburg-port-authority.de

2. **Die Ausgangssituation und Zielsetzung**
Für das weltweit agierende Unternehmen ist der Austausch zwischen der internationalen maritimen Wirtschaft sowie von Hafenverbänden und Verwaltungen von großer Bedeutung. Dies erfolgt unter anderem auf Konferenzen. Eine dieser Konferenzen, ist die alle zwei Jahre auf wechselnden Kontinenten stattfindende Welthafenkonferenz. Im Zuge

dieser Konferenz ist es für die einzelnen Sprecher wichtig, sich optimal darzustellen. In diesem Fall ging es für die Managerin des Marketingbereiches der Hamburg Port Authority darum, sich bei der Konferenz 2013 in Los Angeles als Gastgeberin der Konferenz 2015 in Hamburg zu positionieren. Der Vortrag sollte inspirierend und einladend wirken, um die Anwesenden zu motivieren, an der Konferenz im Folgejahr teilzunehmen.

Die Vorbereitungen auf die Konferenz in Los Angeles erfolgten in zwei dreistündigen Einzelcoachings. Es wurde entschieden, im Verlauf des Coaching auf drei Ebenen zu arbeiten: verbal (dem Inhalt), non-verbal (der Körpersprache) sowie para-verbal (der Stimme bzw. der Sprechweise). Ziel war es, einen Auftritt zu erarbeiten, der das Verbale nicht isoliert betrachtet, sondern der vielmehr auf allen drei Ebenen ansprechend ist und die Botschaft somit effektiv im Zuhörer verankert. In den meisten TED-Talks werden das Verbale, das Non-Verbale sowie das Para-Verbale optimal zusammengeführt, so dass eine Rede entsteht, die sowohl vom Inhalt als auch von der Darstellung her inspirierend wirkt.

3. **Erfahrungen mit Talks im TED-Stil sowie der Arbeit mit Stimme und Körpersprache**

Zunächst wurden die drei Ebenen „verbal", „non-verbal" sowie „para-verbal" einer ganzheitlichen Performance gemeinsam erarbeitet und anhand von TED-Talks analysiert.

Diese Parameter bildeten die Leitlinie für die anschließende Arbeit. Aus der Analyse ergab sich, dass der richtige Einsatz der Sprechweise und der Körpersprache unbedingt notwendig ist, um die Botschaft einer Rede positiv zu unterstützen.

Des Weiteren wurden Elemente aus dem Schauspiel eingesetzt, um eine Bühnenpräsenz zu erzeugen und mit Lampenfieber entspannter umzugehen. Außerdem sollte die Persönlichkeit der Sprecherin zum Tragen kommen. Die Rede sollte nicht einstudiert, sondern natürlich und nahbar wirken.

Im ersten Schritt passte man die von der Sprecherin selbst geschriebene Rede auf der verbalen Ebene hinsichtlich ihrer Wirkung an die Zuhörer an. Wortwahl, Satzstruktur, Beispiele, Storytelling sowie die Interaktion mit dem Publikum wurden harmonisiert – es war zu beachten, dass ein Nicht-Muttersprachler eine englische Rede vor Nicht-Muttersprachlern hält. Zunächst vereinfachte man Satzstruktur und Wortwahl. Die Sprecherin neigte dazu, lange Sätze und komplexe Worte zu verwenden. Dazu verwandte man das Prinzip des „Pillow Talk". Im nächsten Schritt entwickelte man Fragen, mit denen das Publikum eingebunden werden sollte. Parallel wurden Beispiele integriert, mit denen der Zuhörer sich identifizieren konnte. Insgesamt wurde die Sprache über die Wortwahl emotionalisiert.

Im zweiten Schritt erhielt die Sprecherin für die nonverbale Ebene ein Coaching. Die Frage, die es hier zu beantworten galt, war nach der angemessenen Präsenz auf der Bühne hinsichtlich Bewegung, Standfestigkeit sowie Gestik. Die Sprecherin wirkte zunächst unruhig auf der Bühne. Über die Prinzipien Erdung und Aufrichtung wirkte sie dann ruhiger. Die Gestik wurde in die „Power-Sphere" hochgezogen und unterstützte somit die souveräne Wirkung. Parallel dazu zeigte man ihr das Prinzip des inneren Lächelns (die Präsenz von innen heraus). Dadurch wirkte die Sprecherin persönlicher.

In einem dritten Schritt konzentrierte man sich auf die para-verbalen Elemente. Die Sprecherin sollte hier über die Stimme einladend und kompetent wirken und gleichzeitig dafür sorgen, dass sich die Botschaft der Rede über das Tempo, Modulation, Betonung und Pausen beim Zuhörer verankert. Sie hatte zunächst die Angewohnheit, schnell und ohne Pausen zu sprechen. Hier wurde über Atemübungen das passende Sprechtempo erarbeitet. Danach arbeitete man an der Modulation, der Bewegung in der Stimme. Zunächst benutzte man spielerisch themenfremde Texte, um dann im nächsten Schritt das Gelernte auf den eigentlichen Redetext zu übertragen.

4. **Fazit und Ausblick**

Anhand der Analyse verschiedener TED-Talks lässt sich hervorragend herausarbeiten, inwieweit Sprechgewohnheiten, Körpersprache und Bühnenpräsenz eine Botschaft unterlaufen oder unterstützen können. Es wurde deutlich, wie einige Sprecher ihre Botschaft noch fester beim Publikum hätten verankern können, wenn alle drei Ebenen gleichmäßig berücksichtigt worden wären. Z. B. spricht Amy Cuddie in ihrem TED-Talk, „Your body language shapes who you are", sehr schnell und macht es dem Zuhörer damit schwer, ihr zu folgen.

Die Schauspielelemente halfen, die Komfortzone zu verlassen. Durch die Verlagerung des Lernfeldes auf themenfremde, bildhafte Texte baute man spielerisch Hemmungen ab. Außerdem arbeitete man mit dem Element der Übertreibung. Anschließend wurde die übertriebene Sprechweise auf den eigentlichen Redetext übertragen. Im nächsten Schritt nahm man dies schrittweise zurück und eine modulierte, lebendige Sprechweise gefunden. Damit wirkte die Botschaft klarer und direkter.

Durch das Herausarbeiten genauer Parameter wie Sprechtempo, Artikulation, Tonhöhe oder Lautstärke hatte die Sprecherin Werkzeuge an der Hand, auf die sie immer wieder zurückgreifen konnte.

Die Sprecherin selbst war überzeugt: „Ich habe mich mit dem Text und mit mir selbst sicherer gefühlt. Ich war entspannter auf der Bühne und habe Spaß daran gehabt, zu sprechen. Das Feedback hinterher war sehr gut. Ich freue mich jetzt auf mehr."

Gastbeitrag von Britta Wenske, speakupnow in Hamburg. Sie ist Diplom-Sprechwissenschaftlerin (Schwerpunkt Stimme, Rhetorik, Kommunikation) und arbeitet unter anderem als Speaker Coach für Führungskräfte sowie für TEDx-Events.

5.3.5 Folien und andere Hilfsmittel

Falls Sie Folien oder andere Hilfsmittel einsetzen möchten, stellen Sie sicher, dass jede Folie nur einen Punkt darstellt. So kann das Publikum Ihre Aussage sofort verarbeiten. Nutzen Sie große Schrift und kurze Texte (oder nur Schlüsselworte), Grafiken oder Bilder, um Ihre Nachricht zu transportieren. Vermeiden Sie lange Texte oder Umschlagbilder von Büchern. Benutzen Sie keine Hintergrundbilder, die haben nur dekorativen Charakter und tragen nicht zu Ihrer Aussage bei. Lieber kein Bild verwenden als eines, das nicht zum Inhalt beiträgt. Es geht umgekehrt eine interessante Faszination von einem „blank screen" aus. Es gibt Momente in Ihrem Talk, in denen Sie kein Bild benötigen, in denen

Sie möchten, dass sich das Publikum ganz auf Ihre Worte konzentriert. Eine leere Folie (blank screen) kann hier sehr hilfreich sein.

Checkliste

Vorbereitung Ihres Talk (die Zahlen beziehen sich auf die Checkliste für die Vorbereitung eines Talks in Kap. 7)
7. Material (PowerPoint, Symbol, Objekt, …): Was will ich nutzen? Welches Objekt oder Bild steht für meine Geschichte?

Vierzig Prozent der erfolgreichsten TED-Redner verwenden keine Folien. Wenn Sie Folien zeigen wollen, lassen Sie diese durch einen professionellen Designer erstellen, sowohl hinsichtlich der Gestaltung, als auch des Umfangs. Weniger ist immer mehr. Umso weniger Schrifttypen, Farben Seiten usw. eingesetzt werden, umso besser. Im Kap. 7.5 haben wir ein paar Tipps zusammengestellt, wie wirkungsvolle Folien gestaltet werden können.

Nicht nur Folien, auch Videos kommen in Talks gelegentlich zum Einsatz. Ebenso wie Folien, sollte ein Redner Videos nur sehr überlegt und selten einsetzen. Zum einen bieten gerade Videos einiges Potenzial für technische Probleme, wenn etwa der Ton nicht oder schlecht zu hören ist, das notwendige Umschalten zwischen Folien und eingebetteten Videos nicht sauber funktioniert usw. Fast noch wichtiger ist die Erfahrung, dass Videos eher vom eigentlichen Thema ablenken, als es zu unterstützen. Falls ein Redner unbedingt Videos einsetzen will, sollte er folgende Tipps beherzigen:

- Nur ein Video, maximal zwei zeigen.
- Während der Videoeinspielung zur Seite treten und das Video selber ansehen.
- Videos ohne Ton immer erläutern, d. h. das erläutern, was gerade zu sehen ist.
- Unbedingt früh zum Talk erscheinen, den Videoeinsatz üben, sicherstellen, dass technisch alles einwandfrei funktioniert.

Für manche Themen kann es hilfreich sein, Gegenstände oder anderes Anschauungsmaterial in den Talk einzubauen. Auch hier ist Sparsamkeit angeraten, da auch Gegenstände neugierig machen und vom eigentlichen Talk ablenken. Daher sollten Anschauungsstücke bis zu ihrem Einsatz verborgen sein und nach dem Einsatz wieder verschwinden. Ist das Material klein und kann nicht von allen Zuhörern gesehen werden, sollte eine Kamera ein Bild davon auf die große Leinwand projizieren.

Ein Talk sollte frei, d. h. ohne Moderationskarten oder gar ein Skript gehalten werden. Dies wirkt einfach sicherer und gut vorbereitet. Wenn ein Redner sich so unsicher fühlt, dass er die Sicherheit der Karten braucht, gilt folgende Regel: Schreibe nur die wesentlichen Stichpunkt auf eine kleine Moderationskarte. Diese stecken Sie in eine Hosentasche oder das Sakko. Falls Sie (was selten der Fall ist) wirklich stecken bleiben, nehmen Sie in aller Ruhe die Karten aus der Tasche, orientieren sich und sprechen nach einem kurzen Blick ins Auditorium weiter (wichtig, um wieder Kontakt herzustellen). Das Ganze dauert nur vier bis sechs Sekunden. Diese kurze Pause wird allen gut tun.

5.3.6   Emotional aufgeladene Momente erzeugen

Das Interesse eines Redners kann darin liegen, einen unvergesslichen Moment zu erzeugen. Dies ist einerseits naheliegend, denn der Talk soll ja ein Ziel erreichen und andererseits die „hohe Kunst" der Präsentation zeigen. Worum geht es im Kern?

Menschen erinnern sich besonders intensiv an Momente, in denen sie emotional besonders erregt waren. Dann sind die Eindrücke sogar nach Jahren noch im Detail zu erinnern und häufig noch mit Sinneseindrücken verbunden. Wir erinnern uns daran, mit wem wir zusammen waren, was ein besonderer Geruch oder ein auffälliges Geräusch war und so weiter. Denken Sie beispielsweise an den Moment, an dem Sie von den 9/11-Anschlägen erfuhren. Was haben Sie getan, wo waren Sie, was war besonders? Die meisten Menschen können sich sehr genau erinnern.

John Erpenbeck, der Kompetenzforscher, beschreibt es so: „Jeder Lernprozess beginnt mit einer emotionalen Labilisierung." Er drückt damit aus, dass Menschen dadurch lernen, dass ihnen emotional bewusst wird, dass ein Sachverhalt, ein Verhalten etc. nicht mehr passt, ein neuer Eindruck sie weiterbringt. Wenn wir rundum zufrieden sind, lernen wir nicht.

Für den Redner bedeutet dies, dass er emotional aufgeladene Momente erzeugen muss, wenn er die Zuhörer „bewegen" will, wenn er sie zu einem Lernprozess und einer Handlung motivieren will. Dazu dient die Geschichte, die er erzählt. Aber er kann die Emotionalität noch steigern, wenn er weitere emotionale Elemente in seinen Talk aufnimmt.

Ein bekanntes Beispiel aus der TED-Welt ist der Talk von Bill Gates, in dem er 2009 über die Prävention gegen Malaria spricht. Dieses Thema ist unbestritten sehr wichtig, hat allerdings auch ein hohes „Gähn-Potenzial", da es unzählige Male diskutiert und zerredet wurde. Nicht dagegen bei Gates. Er kommt auf die Bühne und spricht über Krankheiten und den Schutz von Kindern. Nach fast fünf Minuten fragt er, wieso vor allem arme Menschen von Malaria betroffen sein sollten und ob dies gerecht sei. Während er spricht öffnet er ein Glas und sagt: „… But, malaria – even the million deaths a year caused by malaria greatly understate its impact. Over 200 million people at any one time are suffering from it. It means that you can't get the economies in these areas going because it just holds things back so much. Now, malaria is of course transmitted by mosquitos. I brought some here, just so you could experience this. We'll let those roam around the auditorium a little bit. (Laughter) There's no reason only poor people should have the experience. (Laughter, applause) Those mosquitos are not infected." (Quelle: http://www.ted.com/talks/bill_gates_unplugged)

Noch direkter und überraschender, als mit der Freisetzung von Malariamücken, konnte er dem Publikum nicht vor Augen führen, wie unmittelbar Menschen von einer allgegenwärtigen Gefahr betroffen sein können. Dass diese kurze, aber sehr emotional ansprechende Intervention wirkte, zeigten die sofortigen Reaktionen über Twitter, die anschließenden Presseberichte und etwas später die große Unterstützung, die die Gates Foundation für ihre Arbeit zur Vermeidung von Kindersterblichkeit durch Malaria von Teilnehmern der TED-Konferenz erhielt.

Um emotionale Momente zu erzeugen, sollte ein Redner darauf achten, konkrete und bedeutsame Beispiele zu zeigen und abstrakte Teile sehr bildhaft darzustellen. Bilder und Gegenstände unterstützen und berühren emotional. Wie beispielsweise Jill Bolte Taylor, die ein echtes menschliches Gehirn mit auf die Bühne brachte, um über den Schlaganfall zu sprechen (http://www.ted.com/talks/jill_bolte_taylor_s_powerful_stroke_of_insight). Das wird kein Zuhörer so schnell vergessen.

Gerade bei der Erzeugung und Nutzung von Emotionen darf der mahnende Zeigefinger nicht fehlen. Es muss nicht betont werden, dass kein Redner versuchen sollte, sein Publikum zu manipulieren. Er sollte sich vor allem fragen: Ist die Emotionalität fördernd und lehrreich, nutzt sie dem Zuhörer? Wenn eine Entscheidung für die Erzeugung eines besonders emotionalen Momentes gefallen ist, sollte die Idee an sich und das Zusammenspiel von Geschichte und emotionaler Intervention unbedingt geprobt und mit einem Testpublikum geprüft werden. Genau wie bei der Nutzung von Humor auf der Bühne, sind auch andere Emotionen nicht einfach zu erzeugen und noch schwerer zu steuern.

Von den Besten lernen – Toastmasters International über Humor

Ein Hilfsmittel für eine gelungene Rede ist Humor. Humor ist die ganz große Kunst. Denn noch mehr als bei anderen Stilmitteln, ist die Wirkung von (versuchtem) Humor ganz von den Zuhörern abhängig. Im Zweifel sollte ein Redner lieber auf Humor verzichten, als mit einem fehlgeschlagenen Versuch, lustig zu sein, zu scheitern. Wer es allerdings doch versuchen möchte, kann die folgenden Tipps der Toastmasters International als Anleitung nutzen.

Toastmasters International wurde 1924 in den USA von Ralph Smedley gegründet. Die Non-Profit-Organisation will die Kunst des öffentlichen Redens, der effektiven Kommunikation sowie der Menschenführung fördern. Toastmasters organisieren sich weltweit in 14.650 Clubs in rund 126 Ländern mit über 310.000 aktiven Mitgliedern. Die Organisation zielt vor allem auf die Bedeutung des öffentlichen Redens für Führungskräfte und animiert Menschen, gemeinsam an Reden zu arbeiten, Reden zu halten und sich gegenseitig Feedback zu geben. Die Mission von Toastmasters International ist: „We empower individuals to become more effective communicators and leaders."

Weitere Informationen unter: http://www.toastmasters.org/

Die Tostmasters führen diverse Wettbewerbe durch, in denen die Mitglieder ihre Redekunst unter Beweis stellen. Einer davon ist die „Weltmeisterschaft" und hier als Beispiel der Toastmaster-Weltmeister im Public Speaking 2014: http://uk.businessinsider. com/toastmasters-public-speaking-champion-dananjaya-hettiarachchi-2014-9?r=US

Auf der Homepage der Toastmasters International und im Magazin werden vielfältige Tipps und Materialien für die Vorbereitung und Präsentation von Reden bereitgestellt. Die folgende Checkliste für Humor in Reden basiert auf einem Magazinbeitrag von Gene Perret. (Zum Autor: „Gene Perret is an Emmy Award–winning writer who has written for legendary comics such as Bob Hope, Phyllis Diller, Carol Burnett and others. His latest book is The Ten Commandments of Comedy. Visit his website at comedywritersroom.com."

Quelle: http://www.toastmasters.org/Magazine/Articles/Your-Comedy-Checklist

10 Fragen, um Humor effektiv zu machen

1. Endet der humorvolle Teil mit einer Pointe? Die Überraschung bzw. Pointe ist ein zentrales Element von Comedy. Wenn man das Ende, den „Witz" bereits kennt, ist es einfach kein Witz mehr. Ein humorvolles Element einer Rede muss mit einer Überraschung oder einer unerwarteten Wendung enden. Wenn dieses dann „aus heiterem Himmel" kommt, sind die Lacher garantiert. Die Zuhörer sollten vorher nicht ahnen, was kommt, ggf. muss der Redner sie zuerst in eine falsche Richtung lenken, bevor der überraschende Witz kommt. (Pointe, engl. punchline)

2. Basiert der Humor auf einer erkennbaren Realität? Jeder Witz, jede humorvolle Geschichte muss nahe an der Realität sein. Nur dann können die Zuhörer verstehen, worum es geht und für sich sagen, ja, das hätte mir auch passieren können. Die Realität muss dabei nicht absolut wahr sein, Übertreibungen, Verdrehungen oder Hypothesen sind in Ordnung.

3. Können Sie gehört und verstanden werden? Niemand lacht über einen Witz, den er nicht gehört hat. Daher muss der Redner so laut sprechen, dass ihn alle Zuhörer gut hören können. Weiterhin ist es wichtig, sich klar und betont auszudrücken und ein verständliches Vokabular zu verwenden. Sonst kann das Publikum „nicht folgen".

4. Passt Ihr Humor in die Zeit? Humor sollte aktuell sein, Nostalgie funktioniert nur sehr selten. Entsprechend sollten aktuell passende Worte und Phrasen verwendet werden.

5. Ist Ihr Humor kurzgefasst? Humorvolle Teile einer Rede sollten kurz gefasst sein. Damit Humor funktioniert sind zwei Elemente essentiell: Die Einleitung, in der die Situation beschrieben wird, und die Pointe mit der überraschenden Wendung. Die Einleitung gibt dem Zuhörer alle Informationen, die er für das Verständnis der Pointe braucht. Unnötige Informationen dagegen schwächen den Effekt und sind zu vermeiden.

6. Erzeugt Ihr Humor ein lebendiges Bild? Obwohl der Humor auf Worten basiert, werden diese im Kopf der Zuhörer ein „Bild" erzeugen. Umso lebendiger dieses Bild ist, umso stärker wird die Reaktion ausfallen.

7. Zeigen Sie dem Publikum, wann es lachen soll? Humor zu präsentieren ist wie ein Orchester zu dirigieren. Der Redner kontrolliert das Tempo und zeigt dem Publikum, wann es lachen soll. Hierzu setzt man Stimmvariation, Gesten, Mimik und die Phrasierung der Geschichte ein.

8. Sind die Bezüge sinnvoll und angemessen? Viele humorvolle Elemente beruhen auf dem Vergleich zweier Dinge oder Verhaltensweisen. Ein Element ist dabei die Basis, auf die sich der humorvolle zweite Teil bezieht. Ein Beispiel: „Ich habe einen Freund, der ist so etwas von geizig. Er gibt immer 20 % Trinkgeld. 20 % von dem, was jeder andere gäbe." Um Humor zu erzeugen, sollten so viele Bezüge wie möglich genutzt werden. Umso mehr „Munition" vorhanden ist, desto eher funktioniert Humor. Es ist darauf zu achten, dass die Bezüge sinnvoll und angemessen sind.

9. Passt der Humor zum Publikum? Passt das Publikum zu Ihrem Humor? Neben den handwerklichen Elementen ist dies der zentrale Punkt für die Wirkung von Humor. Ein Witz ist nur witzig, wenn das Publikum lacht.

10. Ist der Humor clever und intuitiv? Humor umgibt uns die ganze Zeit. Es liegt am Humoristen, diesen alltäglichen Witz zu übersetzen und zu zeigen. Ein Beispiel: „Wann immer Sie sehen, dass ein Mann seiner Frau die Autotür aufmacht, wissen sie sofort, das Auto ist neu – oder die Frau." Die Zuhörer werden die Ironie sofort erkennen, der Redner hat nur dafür zu sorgen, dass die Geschichte pointiert endet. Auch bei TED gibt es immer wieder Talks, die durch besonderen bzw. viel Humor auffallen. Diese zeigen, wie Humor auf der TED-Bühne funktionieren kann. Aber auch, dass sehr viel von der Persönlichkeit des Redners abhängt. Die Liste der lustigsten TED Talks findet sich hier: http://www.ted.com/playlists/235/the_funniest_ted_talks

5.3.7 Zusammenfassung und Schluss

Zum Schluss Ihres Talk sollten Sie keine Phrasen einsetzen, wie „und zum guten Schluss" oder „zusammenfassend". Nutzen Sie statt dessen Formulierungen, wie „zum Ende unserer gemeinsamen Reise". Sprechen Sie zum Ende hin in kürzeren Sätzen. Vermeiden Sie Zusammenfassungen, Sie lesen schließlich kein Buch vor. Niemand wird etwas vergessen haben, was Sie erzählt haben. Idealerweise wird der letzte Satz den wichtigsten Punkt Ihres Talk beinhalten, einen der allein für sich stehen kann. Sie könnten enden, indem Sie dem Publikum einen aufrüttelnden Handlungsappell mitgeben oder eine aufwühlende oder starke Frage stellen. Manche Leute glauben, dass man sich abschließend immer für die Aufmerksamkeit bedanken sollte. Andere glauben, dass dies den letzten Satz des Talk verwässert und den finalen Moment auf der Bühne zu wenig nutzt. Fast alle Redner enden ihren Talk mit einem Dank, entscheiden Sie, was für Sie und Ihren Talk richtig ist.

Checkliste

Vorbereitung Ihres Talk (die Zahlen beziehen sich auf die Checkliste für die Vorbereitung eines Talks in Kap. 7)
8. Schlusssatz/Appell/Abschlussfrage … : Wie beende ich meinen Talk?

▶   Tipp: Halten Sie sich an das Zeitlimit.

Intensives Üben wird Ihnen helfen, das Zeitlimit einzuhalten. Das Zeitlimit ist kein Orientierungspunkt, sondern ein Muss. Pünktlich zu sein ist eine Frage des Respekts Ihrem Nachfolger und dem Publikum gegenüber. Außerdem ist ein kürzerer Talk kein schlechterer Talk. Wir halten die Limits strikt ein und halten sie auch für einen wichtigen Einflussfaktor, um eine Idee maximal wirksam zu machen. Sie sollte nicht übereilt aber auch nicht langatmig dargestellt werden. Egal, wie lange Ihr Talk geplant ist, am besten bleiben Sie in den Proben eine Minute unter dieser Zielzeit.

▶   Tipp: Das Wichtigste: Machen Sie es zu Ihrem.

Bei all den Ratschlägen und Regeln, die wir bisher dargestellt haben und den Schlussfol-
gerungen, die Sie aus dem Ansehen von TED Talks selber gezogen haben, wird eines klar:
Am Ende gibt es nicht den einen, richtigen Weg. Jeder Mensch ist unterschiedlich und Sie
sollten den Talk so vorbereiten und halten, wie er am besten zu Ihnen passt.

5.4 Speaker Coaching

In der Welt der TED-Konferenzen ist es üblich, den Rednern ein intensives Coaching
anzubieten. Die Redner werden sowohl bei der Entwicklung ihres Talks, als auch bei
der Vorbereitung auf den Bühnenauftritt unterstützt. Es hat sich gezeigt, dass diejenigen
Redner, die dieses Coaching in Anspruch nehmen, auf der Bühne eine deutlich bessere
Performance abgeben als diejenigen, die davon keinen Gebrauch machen. Die schlech-
testen Redner sind erfahrungsgemäß diejenigen, die von sich denken, gute Redner zu sein
und eine Unterstützung nicht für nötig halten. Dabei resultiert die geringere Qualität weniger aus der Selbstüberschätzung als auf einer deutlich weniger intensiven Vorbereitung.
Diese steigert die Qualität vor allem, wenn mehrere, unabhängige Feedbacks eingeholt
und eingearbeitet werden.

Gastbeitrag: Speaker Coaching for Executives

Top executives can often be the hardest people to speaker coach: they're used to a very
specific style of presentations and come from a very competitive environment. You get
the CEOs whose talks are often written by one or more PAs, and you also get the top
executives who might have never requested a speaker's coach, unless the CEO had not
asked for one. This is very different from what happens in any TEDx or TED talk; there
speakers write the talks alone and wish to be speaker coached as part of the preparation
procedure, as part of their wish for their idea to be presented creatively and with a powerful, coherent and dense structure.

The best way to approach an executive is like any other speaker, from any other
field: a scientist working against cancer, an architect, an author, a billionaire investor.
A person who has a story to tell, and who the speaker coach will help tell better and
more effectively.

As top executives are highly intelligent individuals, occupying posts with many
responsibilities, they easily know how to recognize when a talk and a presentation
become more effective. It's the first moments working with top executives, the first
impression, the deep knowledge of what you're doing along with the self-confidence
that are the most important. And all that added to an approach based on emotional
intelligence, waying – like for every speaker – the other person, their reactions, their
character, their strengths and weaknesses.

There are cases where the coach might be seen reluctantly; especially when the top
executive was not the one to decide on the coaching procedure. In this case what counts
– once again – is having emotional intelligence into every approach. The coach needs

to listen to the executive's story, go through his/her draft and provide feedback where the points of the talk are more clear, the structure has a perfect flow and the executive manages to capture the audience's attention from the very beginning.

At the same time the coach has to avoid instructing executives as this is their first ever presentation, jump into conclusions and not listen their story or presentation first. The coach has to carefully listen to what the speaker wishes to convey, and help with convey it even more effectively. Many coaches try to implement points or tips to every single top executive the same way; there's no pattern and no recipe but every tip, every suggestion needs to be well thought, adapted and formulated to each executive for the best possible result.

As soon as they see the immense difference in their presentation, as soon as they see that what they think they do good may be so perfected, they're into the whole speaker coaching procedure 100 %.

The hardest things to convince top executives to incorporate in their talks are personal stories. Their background and experience is entirely different: managerial presentations, charts, numbers, corporate language, sales pitches, and a competitive environment. Personal stories never find their way there. However, it's these stories that make a talk entirely different. It's these stories that connect the top executive speaker with the audience and it's these stories that inspire people to admire their CEOs. Failures are hardly ever seen as something worth mentioning, but these too are personal stories and powerful ones. If one doesn't fail and fail again in a project how will she/he learn? And do better?

Executives often have a linear and so specific style of presentation: a given situation in the past, the thinking of the problem, the shift of tactics, the new strategy, the solution and the profits/benefits. But what about the team members along the way, the experience. What about a radical opening and a strong closing that people afterwards over the break will be talking about? If a narrative could be seen as a circle, very often their style would be an edgy square. The speaker coach is there to make it more of a circle, with smooth transitions and flow.

Another challenge is the style of slides presentation supporting the talks: are full with numbers, stats, charts and pies. And too much written information. Yes, true all that is needed when one is presenting a new internal company project or the entire year's sells, but the use of simple images often enhances that point. More images, less words. Slides with only a few keywords, and the audience looking and connecting to the executive delivering the talk, not the slide behind him/her.

Last but not least, it's hard to work with a CEO or executives who're used to talks written by their PA's, having a glimpse of the talk a bit before its delivery and then just reading from a set of pages. There's a huge difference when one actually writes a talk and when only reads it. In the case of busy top executives, who don't have the luxury to write their own talks, there too a speaker's coach help with tips and suggestions will prove useful for all future talks.

The author: Katerina Biliouri studied Arts at the University of Cambridge and is an alumna still involved with the university. She is a speaker coach, communicator, and copywriter. Katerina coaches speakers for communicating their message clearly and successfully to the public; from drafting the talk with the speaker to the final presentation and stage performance. She will help you tell your story, communicate your idea and connect with your audience. Katerina is the TEDGlobal Curation Assistant and speaker coaches for several TEDx events around the world. She also does executive coaching for big and small companies, bringing a more creative and innovative character to talks both within the board meetings and the executive conferences. When she is not working on speakers' drafts, you'll find her making photos with her cameras.

Egal, wie die Vorbereitung nun aussah, am Ende geht der Redner auf die Bühne und hält den Talk. Auch zu diesem letzten Schritt haben die erfahrenen Speaker Coaches über die Jahre einige Erfahrungen gesammelt und Tipps für die Redner parat. In einem Blogbeitrag auf TED.com haben etwa Kate Torgovnick May und Emily Ludoph einige Tipps von Speaker Coaches publiziert, die sie während der finalen Coachings von TED-Rednern aufgeschnappt haben. (Ausschnitt aus: http://blog.ted.com/a-ted-speaker-coach-shares-11-tips-for-right-before-you-go-on-stage/)

1. „Trinke Wasser, bevor Du auf die Bühne gehst."
   Redner, die zu einem trockenen Mund neigen, sollen 15 min. vor dem Auftritt anfangen, Wasser zu trinken. Der Hintergrund ist das klickende Geräusch, das die Zunge beim Sprechen in der Mundhöhle verursacht. Das Mikrophon wird dieses Geräusch erfassen und es wird in der Aufzeichnung unangenehmen auffallen.

2. „Spreche Dir Mut zu."
   Negative Gedanken und Erwartungen haben eine fatale Tendenz dazu, Realität zu werden. Das ist gefährlich und unnötig. Auch Redner sollten sich, genau wie Sportler, zunächst vor Augen führen, wie sie auftreten werden und welcher Erfolg dieser Auftritt haben wird. Dabei können isometrische Übungen, das Aufwärmen der Stimme oder Musik helfen. Und selbstverständlich hilft der Talk von Amy Cuddy mit dem Konzept des „power posing": http://www.ted.com/talks/amy_cuddy_your_body_language_shapes_who_you_are?language=en.

3. „Atme sehr bewusst, wenn der Adrenalinspiegel steigt."
   Wenn der Redner merkt, dass er nervös oder gar panisch wird, geben Coaches den Rat: Atme bewusst. Nervosität geht in der Regel mit zunehmend flacher Atmung einher, was nicht nur die Nervosität verstärkt, sondern auch zu einer schlechteren Intonation der Stimme führt. In einer solchen Situation sollte sehr bewusst drei bis vier Mal tief und gleichmäßig geatmet werden. Dadurch verlangsamt sich die Atmung, die Stimme wird voller und die Nervosität ist leichter beherrschbar.

4. „Achte auf Deine Bewegungen."
   Redner neigen gelegentlich dazu, in einen immer gleichen Bewegungsrhythmus zu verfallen. Sie nehmen eine immer gleiche Schrittfolge oder Gestik ein und erzeugen so beim Publikum ein gewisses Unwohlsein und ungewünschte Aufmerksamkeit. Da dies ein eher unbewusstes Verhalten ist, sollte das Üben vor dem Spiegel oder vor Freunden auch dazu genutzt werden, solche Verhaltensmuster zu finden und abzustellen. Ein anderer Aspekt der Bewegung auf der Bühne ist die Kopplung von Bewegung und

Geschichte. Redner sollten üben, die Bewegung als Unterstützungselement des Gesagten einzusetzen, indem sie bei der Beschreibung zweier Aspekte zwei unterschiedliche Positionen einnehmen. Ansonsten sollten Bewegung, vor allem bei Videoaufnahmen, eher zurückhaltend eingesetzt werden, ohne zu statisch zu werden.

5. „Gib den Zuhörern die Chance, sich mit Deinem Akzent vertraut zu machen."

Dies ist ein Aspekt, den nur wenige Redner beachten. Bei TED sind viele Redner keine Native Speakers und haben einen Akzent. Dieser ist nicht immer leicht zu verstehen. Werden die ersten Sätze allerdings langsam gesprochen und eher kurz und prägnant gehalten, werden sich die meisten Zuhörer sehr schnell „einhören" und können dem weiteren Talk gut folgen.

6. „Die Außensicht."

Eine bewährte Übung, um aus der eigenen Nervosität und Innensicht herauszukommen, ist sich auf etwas anderes zu konzentrieren. Beispielsweise denke ich als Redner an die Farbe Blau und suche im Zuschauerraum nach blauen Gegenständen. Man kann sich auch auf die Schuhe der Zuschauer, auf die Frage, wer eine Uhr trägt oder anderes konzentrieren. Der entscheidende Effekt ist, dass die Wahrnehmung nach außen verlagert wird und dies entspannt sehr.

7. „Das Publikum will Dich erfolgreich sehen!"

So beeindruckend und vielleicht auch angsteinflößend das Publikum wirken kann, wenn ein Redner auf die Bühne geht, so wohlwollend ist es. Ein Redner sollte nie vergessen, dass die Menschen gekommen sind, um ihm zuzuhören und etwas für sich selber mitzunehmen. Sie wollen, dass der Redner erfolgreich ist.

8. „Das Unerwartete ist O.K."

Trotz aller Vorbereitung, Übung und Generalprobe, kann immer etwas misslingen. Vergisst der Redner ein Wort oder verpatzt einen Übergang: das Publikum wird es nicht merken. Es weiß ja nicht, was gesagt werden sollte und eine kurze Pause ist immer gut, wieder den Anschluss zu finden. Das fällt häufig nicht auf. Spätestens in einer solchen Situation wird sich eine gute Vorbereitung auszahlen. Wer gut vorbereitet ist, kann auch gut mit dem Unerwarteten umgehen. Versprochen.

Fallstudie: Detecon International

1. Die Organisation

Detecon International ist eine weltweit agierende Unternehmensberatung, die klassisches Management Consulting und ausgeprägte Technologie-Expertise vereint. Seit mehr als 30 Jahren unterstützt Detecon Unternehmen und Telekommunikationsanbieter auf der ganzen Welt dabei, ihre Wettbewerbs- und Leistungsfähigkeit über die gesamte Wertschöpfung mit Hilfe innovativer Technologien nachhaltig zu verbessern. Zudem bietet sie ihren Klienten Lösungen in allen Feldern der klassischen Unternehmensberatung: Strategie, Organisation, Prozesse und HR Management. Über 1000 Mitarbeiter erwirtschaften weltweit einen Umsatz von 190 Mio. EUR (2014). Detecon ist ein Tochterunternehmen der T-Systems International, der Großkundenmarke der Deutschen Telekom.

Consulting
DETECON

2. Die Ausgangssituation und Zielsetzung

Inspirierende Kommunikation in der Management- und Technologieberatung? Für das „upload 2015", die interne Jahresauftaktveranstaltung in Bonn, war früh klar, dass sowohl der Jahresrückblick und der Jahresausblick der Geschäftsführer, als auch die finale Auswahl der Preisträger im internen Wettbewerb um die besten Klientenprojekte, frisch und inspirierend erfolgen sollten.

Für die Redner des „upload 2015" wurde ein Bootcamp organisiert. Hier sollten sie mit ihren Trainern an ihren Talks und Projektpräsentationen arbeiten, bevor sie sich am Folgetag dem Votum ihrer Kollegen stellten. Im Vorfeld hatte man beschlossen, dass man sich an das Format der TED Talks orientierte: die DeteconTalks waren geboren.

DeteconTalks sollen von nun an regelmäßig und in vielfältigen Einsatzbereichen genutzt werden, um Kommunikation lebendiger, präziser und inspirierender zu machen. Hierzu gehören explizit auch Veranstaltungen mit Klienten, um in der sehr technik- und methodenorientierten Beratung anhand von Zahlen, Fakten und Technik zusätzlich die zwischenmenschlichen Aspekte nicht zu kurz kommen zu lassen.

Für die weitere Verbreitung des Gedankens der DeteconTalks und der zugehörigen Kompetenz, entschied sich die Geschäftsführung, interne Botschafter auszubilden. Diese sollen ihren Kolleginnen und Kollegen zukünftig beratend zur Seite stehen, wenn sie Präsentationen, Reden oder Fach-/Expertenvorträge vorbereiten.

Bereits während der Veranstaltung wurden hierfür interessierte Mitarbeiter gesucht, die sich anschließend per Video um eine viertägige Qualifizierung für die Rolle des Botschafters bewerben sollten. Aus einer Vielzahl an Bewerbungen wurden letztendlich sechs Kollegen aus der Beratung, der Personalabteilung und des Marketing ausgewählt.

3. Erfahrungen mit Talks im TED-Stil

Die Ambassadoren-Qualifizierung erstreckte sich über vier Tage:

- 1 Tag Bootcamp
- 2 Tage Fachqualifizierung
- 1 Tag Praxisprojekt

Hierzu gehören die über mehrere Wochen erfolgte Vorbereitung eines Talk anhand eines Leitfadens und die eintägige Finalisierung der Story sowie die Aufnahme eines Videos. Die Botschafter sollten auf diese Weise noch einmal die Rolle des Redners mit allen Herausforderungen und Erfolgserlebnissen erleben. Das eintägige Bootcamp diente anschließend der Finalisierung eigener Talks mit Hilfe von TED Coaches und den ersten Videoaufnahmen der Talks.

Die zweitägige Intensivqualifizierung umfasste die Themenfelder Auftragsklärung, Einführung in das Storytelling, die Rolle des Botschafters und das Coaching von Rednern. Dabei legte man neben kurzen fachlichen Inputs viel Wert auf die praktische Umsetzung anhand der Entwicklung von Talks und dem parallelen kollegialen Speaker Coaching.

Der abschließende Praxistag wurde genutzt, um die neu erworbenen Kompetenzen in verwertbare Ergebnisse umzusetzen. Dies waren ein DeteconTalk, der als Beispiel für inspirierende Kommunikation bei den Klienten dienen soll, und ein Video, das für die neue Art der Kommunikation an sich und das Angebot, Botschafter in Anspruch nehmen zu können, wirbt. Beide Videos stehen heute im Intranet allen Mitarbeitern zur Verfügung. In der Entwicklung der beiden Videos spielte das begleitende Coaching eine wesentliche Rolle, so dass die Wirkung von Coaching Tools auch in der sehr intensiven und zeitlimitierten Entwicklung und Produktion geübt werden konnte.

4. Fazit und Ausblick auf die zukünftige Nutzung von Talks im TED-Stil in der Organisation

Mit der Implementierung der DeteconTalks wurde ein Change-Prozess in der Kommunikationskultur der Detecon angestoßen. Präsentation anders gestalten, Wissen auf eine andere Art und Weise zu teilen und inspirierende Kommunikation werden nun kontinuierlich Teil der Detecon-Kultur werden. Die Rolle der Botschafter ist es, diesen Prozess mitzugestalten. Durch intensives Coaching konnten sich bereits viele Redner auf internen als auch externen Veranstaltungen auf der Bühne anderen Mitarbeitern, Kunden und Mitwettbewerbern zeigen. Und genau dies gilt es nun weiter zu begleiten und weiterhin DeteconTalks in der Unternehmenskultur zu verankern.

5.5   TED Talks mit einem Augenzwinkern

Im letzten Kapitel haben wir Ihnen das bestmögliche Rüstzeug für die Vorbereitung und Präsentation eines erfolgreichen TED Talk geliefert. Das ist viel Stoff. Daher lassen Sie uns zum Schluss mit etwas Humor auf TED Talks schauen. Der große Erfolg der TED Talks hat konsequenterweise ein paar Experten animiert, diesen Erfolg ein wenig genauer zu untersuchen. Sie wollten herausfinden, welche Wirkung die verschiedenen Elemente haben und welche Ratschläge sich für angehende TED-Redner, aber auch für die alltäglichen Präsentationen daraus ableiten lassen. Die bereits an anderen Stellen erwähnten Bücher von Jeremy Donovan (2014) und Carmine Gallo (2014) seien an dieser Stelle noch einmal empfohlen. Aber, diese beiden Bücher sind ernst gemeint.

Neben den ernsthaften Aufarbeitungen entstehen zunehmend auch Talks und Videos, die sich humorvoll mit dem Thema TED auseinandersetzen. Motto: Wer TED Talks liebt, der kann auch darüber lachen. Hier ein wenig Selbstironie von den TED-Rednern Sebastian Wernicke (TEDPads) und Will Stephen.

Sebastian Wernicke, „Lies, damned lies and statistics (about TEDTalks)"

„In a brilliantly tongue-in-cheek analysis, Sebastian Wernicke turns the tools of statistical analysis on TEDTalks, to come up with a metric for creating ‚the optimum TED-Talk' based on user ratings. How do you rate it? ‚Jaw-dropping'? ‚Unconvincing'? Or just plain ‚Funny'?"

Quelle: http://www.ted.com/talks/lies_damned_lies_and_statistics_about_tedtalks

---

Sebastian Wernicke nähert sich mit einer statistischen Analyse dem Thema TED und leitet daraus Empfehlungen ab, was ein potenzieller Redner in seinen Talk aufnehmen muss, um erfolgreich zu sein. Er hat dazu die erfolgreichsten und die weniger erfolgreichen TED Talks daraufhin untersucht, welche Worte für den Erfolg oder Misserfolg verantwortlich sind. Zu beiden Wegen hat er sogenannte TEDPads (http://get-tedpad.com) entwickelt, die Sie im Kap. 7 finden. Vielleicht sind ja Anregungen darin enthalten, welche Stichworte Sie in Ihrer nächsten Rede einsetzen wollen?

Will Stephen, „How to sound smart in your TEDx Talk"

„In a hilarious talk capping off a day of new ideas at TEDxNewYork, professional funny person Will Stephen shows foolproof presentation skills to make you sound brilliant – even if you are literally saying nothing. (Full disclosure: This talk is brought to you by two TED staffers, who have watched a LOT of TED Talks.)"
Quelle: https://www.youtube.com/watch?v=8S0FDjFBj8o

Ein sehr humorvoller Talk, der die etablierten TED Talks pointiert karikiert. Anhand von „Nichts" hält Will Stephen einen knapp sechsminütigen Talk, wirkt dabei wie viele der TED-Redner sehr professionell und erzählt … nichts!

Das „Nichts", d. h. kein Inhalt, richtet die Aufmerksamkeit ausschließlich auf die Art, wie Stephen präsentiert. So kann der Talk sehr gut genutzt werden, die Wirkung von Stimme, Gestik, Mimik und Gegenständen zu erfassen, zumal der Redner deren Nutzung explizit zum Thema macht. Ein Muss für jeden Redner, der auf die große TED-Bühne möchte.

TED das Musical

„Do you have a TED Talk inside, just bursting to come out? Take this tongue-in-cheek musical journey to ‚Give Your Talk'. A musical love letter to our speakers – written, directed and performed by the TED staff."
Quelle: http://www.ted.com/talks/daffodil_hudson_is_this_the_cure_for_stage_fright

Inzwischen hat sich auch das Team von TED selber daran gemacht, die eigenen Erfahrungen mit TED Talks und TED-Rednern aufzubereiten. Das Team entschied sich für einen musikalischen Ansatz und hat ein Musical über den Weg auf die TED-Bühne geschrieben. Auch hier ist viel Wahres enthalten und wer schon einmal eine TED-Konferenz erlebt hat, wird viel Bekanntes wiedererkennen.

Wie Sie die Inspirationskraft von TED für Veranstaltungen Ihres Unternehmens nutzen

Abb. 6.1 Impression von einer TEDx in Berlin. (Foto: Sebastian Gabsch)

© Springer Fachmedien Wiesbaden 2016
F. Edelkraut, S. Balzer, *Inspiring! Kommunizieren im TED-Stil*,
DOI 10.1007/978-3-658-09573-4_6

6.1   Der Ist-Zustand, wie wir ihn alle kennen

Die meisten großen und mittelgroßen Unternehmen bringen ihre 50 bis 500 Top-Executives einmal im Jahr zu einem großen Leadership Event zusammen. Veranstaltungen, die meist zwischen zwei und vier Tagen dauern und gerne mal einen siebenstelligen Betrag verschlingen. Die Kosten für Hotelübernachtungen, Reisekosten, Honorare für Redner, Catering und nicht zuletzt die entstehenden Kosten, wenn Top-Manager aus dem laufenden Betrieb aussteigen, summieren sich schnell zu einer echten Investition. Angesichts solcher Kosten ist es umso bedauerlicher, dass nur die wenigsten dieser Veranstaltungen effektiv vorbereitet und umgesetzt sind. Eine gelungene Konferenz kann dazu beitragen, alle führenden Mitarbeiter in eine Richtung zu bringen, bessere Zusammenarbeit und neue Strategien zu verankern und Probleme gemeinsam anzugehen. Aber nur sehr wenigen Unternehmen gelingt es, solche Tagungen mit den Unternehmensführern so vorzubereiten, dass diese Ziele auch wirklich erreicht werden.

Üblicherweise gibt es eine Reihe von Präsentationen, die meist von Vorstandsmitgliedern gehalten werden. Dann werden neue Themen oder Produkte vorgestellt, die meist nur einen Teil der Anwesenden betreffen und interessieren. Oft wird auch ein externer Redner eingeladen, der motivieren soll und manchmal noch eine Break-Out-Session oder eine Q&A-Runde mit dem Vorstand führt. Alle Informationen, mögliche Lösungen und Vorschläge gehen dabei immer nur in eine Richtung: von oben nach unten. Mit Glück sind die Teilnehmer anschließend etwas besser informiert über neue Entwicklungen und vielleicht auch etwas besser vernetzt. Aber die wichtigste Frage ist doch, ob ihnen klar ist, was sie als Botschaft mitnehmen, wenn sie wieder zu ihren Teams und Abteilungen zurückkehren. Was genau erwartet die Unternehmensleitung nun eigentlich von ihnen?

Sie merken schon: hier wird immer wieder eine große Chance leichtfertig vertan. Kein Wunder, dass viele Executives inzwischen der Meinung sind, ein Leadership Event wäre nur eine Art Update, bei dem bestenfalls eine gemeinsame Marschrichtung festgelegt wird, aber eben nicht mehr. Hier müssen wir, auch aufgrund unserer langjährigen Erfahrung mit TED und TEDx entschieden widersprechen. Wir behaupten: Solche Begegnungen können großartige, produktive, inhaltlich starke und originelle Veranstaltungen sein, auch wenn man sich dabei an eine große Anzahl von Teilnehmern wendet. Auch hier gilt: Bessere Ergebnisse lassen sich mit einigen Regeln erzielen, die eigentlich keine Raketenwissenschaft sind.

Lassen Sie uns bei der Vorbereitung beginnen. Warum geben sich eigentlich so viele CEOs und Top-Executive-Teams mit dem Mittelmaß bei solchen Konferenzen zufrieden? Haben sie Angst vor einem Austausch innerhalb des Unternehmens? Fürchten sie gar Kontrollverlust? Diese Gründe mag es geben, aber wie oben bereits angesprochen: Oft herrscht die Meinung vor, mehr als ein Mitarbeiter-Update könne man eben nicht erreichen.

In der Regel sieht die Planung in den meisten Unternehmen so aus: Sechs bis zwölf Monate vor dem Termin setzen sich verschiedene Abteilungen wie die Marketing-, die Strategie-, die Personal-Abteilung und ähnliche Bereiche aus dem mittleren Management zusammen, weil sie der Vorstand darum gebeten hat. Meist ist es schon schwierig einen gemeinsamen Termin zu finden. Und hat man ihn gefunden, muss alles ganz schnell gehen – es werden verschiedene Locations vorgestellt, drei Redner vorgeschlagen und eine erste Agenda mit Themen besprochen. Dabei zeigt sich bei den Themen schon ein grundlegendes Problem, das wir immer wieder erleben. Meist sind die Themenvorschläge nämlich total offen, so dass am Ende ein Oberthema wie „Eine Firma. Eine Vision" oder „Gemeinsam nach vorn" stehen bleibt. So passt natürlich jede Präsentation zum Thema, doch am Ende zahlt sich diese vermeintlich hilfreiche Entscheidung oft nicht aus. Eine typische Reaktion aus dem Vorstand sind meist einige neue Redner-Vorschläge, bevor die Themen bis kurz vor dem eigentlichen Termin wieder vergessen werden. Kurz vor Beginn der Veranstaltung bleibt dem armen Planer dann oft nichts anderes übrig, als sich nach den Wünschen der C-Level-Führung und der Abteilungsleiter zu richten, die alle ihr Wunschthema vorstellen möchten. So werden alle Themen und Präsentationen irgendwie untergebracht, wenn der Vorstand nicht eh noch einmal die gesamte Planung umwirft.

Das Ergebnis ist dann zwangsläufig eine fragmentierte Sammlung verschiedener Beiträge, die aus Sicht der Vorstände alle extrem bedeutsam für das Unternehmen sind. Nur schade, dass sich niemand mehr Gedanken darüber macht, was die Teilnehmer im Saal eigentlich erwarten. Von der TED-Konferenz könnte man lernen, wie man einen fokussierten Event auf die Beine stellt, von dem alle Besucher profitieren und sich neues Wissen aneignen können.

„Storytelling is by far the most underrated skill when it comes to business", sagt Gary Vaynerschuk.

6.2   Was die TED anders macht – was man daraus lernen kann

Natürlich wird jetzt der eine oder andere von Ihnen sagen: „Aber das haben wir doch schon immer so gemacht." Oder auch: „Wollen Sie alles durcheinanderbringen?" Die Antwort darauf ist natürlich: nein. Aber wir sind fest davon überzeugt, dass man viel von der Art und Weise lernen kann, wie die TED-Veranstaltungen geplant, umgesetzt und nachbereitet sind. Wissen, von dem auch Ihre Veranstaltungen im eigenen Unternehmen profitieren können. Im Kapitel über die Entstehungsgeschichte von TED haben wir bereits über die Idee und die Inspiration von TED-Gründer Richard Wurman gesprochen. Erinnern Sie sich, dass zu seinen wichtigsten Erfolgsgeheimnissen nach eigener Aussage drei Dinge gehörten? Er ist bis heute grenzenlos neugierig, möchte immer wieder etwas Neues lernen und er hat den Anspruch an sich selbst, allen Gästen der TED ein guter Gastgeber zu sein. Drei Grundsätze, die eigentlich kein Hexenwerk sind, aber oft vernachlässigt werden. Schaut man sich Veranstaltungen an, die Unternehmen heutzutage für Mitarbeiter oder Kunden durchführen, dann fragt man sich: Wieso sind diese eigentlich so simplen Ideen von Wurmann noch nie wirklich für Unternehmensveranstaltungen genutzt worden? Statt einer inhaltlich interessanten Präsentation, die Spaß macht, hören die Anwesenden oft eine Flut von Botschaften, die eher an Verkaufsveranstaltungen als an die faszinierende und lebhafte Ideen-Welt von TED erinnern. Interne Veranstaltungen haben meist eher Verkündigungscharakter, eine Diskussion mit den Anwesenden scheint nicht wirklich erwünscht. In solch einem Fall hätte es wahrscheinlich eine Pressemitteilung auch getan. Die Zeiten sind vorbei, in denen es reichte, einmal den Vorstand zu sehen, um das Gefühl von Authentizität und persönlicher Kommunikation mit nach Hause zu nehmen. Und wichtiger wäre noch: im Kollegen- und Kundenkreis weiterzugeben.

Fallstudie: Bayer CropScience

1. Die Organisation

Bayer CropScience zählt zu den international führenden, forschungsintensiven Unternehmen der Agrarwirtschaft und bietet seinen Kunden eine breite Produktpalette im Bereich Pflanzengesundheit. Die Leistungen beinhalten innovative Lösungen auf chemischer und biologischer Basis sowie hochwertiges Saatgut und einen umfassenden Kundenservice für die moderne, nachhaltige Landwirtschaft. Ein weiterer Schwerpunkt liegt im Bereich der nicht-landwirtschaftlichen
Anwendungen. Das Unternehmen beschäftigt 22.400 Mitarbeiter weltweit und ist in drei operative Geschäftseinheiten organisiert: das Pflanzenschutzgeschäft Crop Protection und die beiden Einheiten Seeds und Environmental Science. Quelle: http://www.cropscience.bayer.com/en.aspx

2. Die Ausgangssituation und Zielsetzung

Für weltweit agierende Unternehmen sind eine funktionierende Kommunikation und strategische Koordination im Top-Management von großer Bedeutung. Bei Bayer CropScience werden hierzu die 200 Top-Manager regelmäßig zu einem International Management Meeting (IMM) eingeladen. Dort werden die jüngsten Entwicklungen am Markt, strategische Initiativen und Zukunftsprojekte diskutiert und abgestimmt.

Für das IMM 2014 wurde eine Möglichkeit gesucht, die Teilnehmer noch intensiver einzubinden und zu inspirieren, als dies in der Vergangenheit der Fall war. Bei der Suche nach geeigneten Formaten fielen die TED Talks auf, deren inspirierende Wirkung sehr gut zur Intention des IMM 2014 passte. Ziel war es, die Motivation von Managern und Mitarbeitern zu erhöhen, die Identifikation mit der Führungsspitze und dem Unternehmen zu fördern und hochqualitative Videos der inspirierenden Vorträge aufzuzeichnen und im Unternehmensintranet verbreiten zu können. Es wurde entschieden, dass die Mitglieder des Executive Committee (erweiterter Vorstand) im TED-Stil auf dem IMM auftreten und die verschiedenen Themenblöcke der zweitägigen Konferenz jeweils mit sogenannten Grow Talks eröffnen. Ihre Aufgabe war, kurzweilig, pointiert und persönlich zu vermitteln, warum das jeweils folgende Thema für Bayer CropScience und sie selbst von Bedeutung ist.

3. Erfahrungen mit Talks im TED-Stil

Die Vorbereitung der Executive Committee Member erfolgte in einem mehrwöchigen Vorbereitungsprozess, in dem zunächst auf Basis eines, auf Bayer CS abgestimmten Leitfadens für Talks im TED-Stil die jeweiligen Inhalte der zehnminütigen Talks erarbeitet wurden. Diese wurden mit externen Speaker Coaches reflektiert und weiterentwickelt, bevor ein halbtägiger Intensivworkshop in der BayArena in Leverkusen stattfand. Alle Redner-Paare wurden durch je einen Speaker Coach in der Finalisierung der Story und dem Auftritt vor der Kamera begleitet. Abschließend wurden alle Talks hintereinander präsentiert, so dass alle Grow Talks allen Anwesenden bekannt waren. Diese Talks wurden mit einer professionellen Kamera aufgezeichnet und konnten so im Anschluss an den Intensivworkshop für die abschließende Phase des Übens als Muster verwendet werden.

Am Tag vor der Eröffnung des IMM fand in Berlin ein TED-Salon (halbtägig) statt, den alle Mitglieder des Executive Committees besuchten. So konnten sie die Atmosphäre einer TED-Konferenz live erleben und sehen, wie die Interaktion der Redner mit dem Publikum aussieht bzw. welche Dynamik eine Live-Veranstaltung entfaltet. Weiterhin bestand so die Möglichkeit, die eigenen Stories und den eigenen Auftritt mit den TED-Rednern zu vergleichen. Im Vorfeld des ersten Talk in dieser Art bestand die ein oder andere Unsicherheit, ob und wie dieses Format funktionieren würde. Der Vergleich zeigte nun, dass auch die TED-Redner nur mit Wasser kochen und die auftrittserfahrenen Mitglieder des Executive Committee den Vergleich nicht scheuen mussten.

Die Grow Talks auf dem IMM erfolgten in Paaren zu Beginn eines Themenblocks. Die Paare waren so gebildet worden, dass sie eine möglichst große Heterogenität hinsichtlich der Funktionen und fachlichen Schwerpunkte bei möglichst großem Bezug zum vorgestellten Thema repräsentierten.

Sie wurden jeweils durch ein Tonsignal eingeleitet und auch die Dekoration der Bühne spiegelte das Tätigkeitsfeld in der Agrarwirtschaft wieder. So wurden die Inhalte der Grow Talks optisch und akustisch unterstützt. Alle Grow Talks wurden professionell aufgezeichnet und sind inzwischen teilweise (Datenschutz) im Intranet des Unternehmens verfügbar.

4. Fazit und Ausblick auf die zukünftige Nutzung von Talks im TED-Stil in der Organisation

Das Bayer CropScience IMM hat gezeigt, dass der TED-Stil sehr gut geeignet ist, die Wirkung von Auftritten des Top-Managements positiv zu unterstützen. Die ausgefeilte Dramaturgie durch die intensive Arbeit an der Storyline und das freie Sprechen mit einer starken persönlichen Note führen automatisch dazu, dass die Manager anders, menschlicher wahrgenommen werden und eine größere Aufmerksamkeit und Vertrauenswürdigkeit erzeugt werden. Das Feedback der Manager selbst war darüber hinaus, dass ihnen der neue Stil deutlich mehr Spaß gemacht hat.

Aus Sicht der Speaker Coaches wurde im Vorfeld der Auftritt in Paaren als sehr riskant angesehen. Paare müssen sehr gut aufeinander abgestimmt sein, um natürlich und glaubwürdig zu wirken. Im Nachhinein war jedoch festzustellen, dass mit sehr gut vorbereiteten und erfahrenen Rednern auch der Auftritt als Paar gut funktionieren kann. Hinzu kam die positive Erfahrung als Maßnahme zum Team-Building, denn die Paare mussten im Vorfeld einen intensiven Austausch miteinander haben.

Und wie sieht das Management-Team selber das Experiment Grow Talks? Dazu sagt Liam Condon, CEO Bayer CropScience AG: „Stephan and his team did a fantastic job training our Executive Committee members to deliver TED-style talks. We were all pushed out of the comfort zone, and it was worth it. After giving our TED-style talks at our annual conference, the feedback was fantastic, and the organization is now eager for more!"

6.3 Die Inszenierung

Schon bei der Art der Inszenierung und der Aufbereitung der Inhalte kann man viel von der TED lernen. Einen großen Teil der Faszination macht dort aus, dass sich alle Redner extrem viel Mühe bei der Vorbereitung der Talks geben, die bekanntlich am Ende nur maximal 18 min dauern dürfen. Ziel der Redner ist dabei nicht, auf der Bühne besonders gut dazustehen, sondern den Nutzen und die Erfahrung für die Teilnehmer im Publikum so hoch wie möglich zu gestalten. Wer eine TED-Konferenz oder ein lokales TEDx-Event vorbereitet, fängt üblicherweise sehr früh damit an, sich über die inhaltlichen Themen Gedanken zu machen. Dabei geht es auch um die Qualität der Redner, die eingeladen werden, und um die inhaltliche Art und Weise, wie die Inhalte auf der Bühne gut präsentiert werden.

Aber lassen Sie uns zunächst bei der Frage bleiben, welche Erfolgskriterien wir für eine gelungene Inszenierung nutzen können. Betrachtet man die TED, dann geht es dort auch immer darum, wie man ein Thema inhaltlich so interessant aufbereitet und vorträgt, dass es von möglichst vielen Seiten betrachtet werden kann. So kann man sicher sein, dass die Talks die Teilnehmer im Saal nicht nur unterhaltsam informieren, sondern auch inspirieren und einen Mehrwert liefern. Doch noch etwas gehört zum Erfolg der verschiedenen TED-Formate: Die Zeit in den Pausen zwischen den einzelnen Talks und Veranstaltungsteilen ist genauso wichtig wie die Vorträge und Präsentationen. Leider ist es in Deutschland häufig so, dass viele Unternehmen diesen Faktor komplett unterschätzen. Wer nicht begreift, wie wichtig das gegenseitige Kennenlernen der anderen Mitarbeiter und Abteilungen und das Knüpfen von Kontakten sind, der verschenkt wertvolles Potential.

▶   Tipp: Planen Sie in Ihren Veranstaltungen Zeit für das Kennenlernen, die Vernetzung und den gegenseitigen Austausch der Teilnehmer ein. Das Verhältnis von Redebeiträgen und Austausch sollte nicht größer als 2:1 sein.

Ein weiterer Erfolgsfaktor von TED sind die Kuratoren, die sich im Vorfeld jeder Veranstaltung lange und gründlich Gedanken darüber machen, welche Themen besonders interessante Innovationen bieten und so für einen echten Aha-Effekt im Saal und später im Netz sorgen. Schon ein kleiner Teil dieser Sorgfalt und Liebe bei der Planung der Themen könnte bei einigen Unternehmensveranstaltungen viel verändern.

Natürlich kann sich nicht jedes Unternehmen prominente Gäste wie Bill Gates oder Nobelpreisträger aus aller Welt auf die Bühne holen. Aber Sie können einen anderen Vorteil deutlich stärker ausspielen: Nur wer externes Know-how an sich heranlässt, wird in der Lage sein, neues, innovatives Denken ins Unternehmen einzubringen. Diese Erkenntnis bezeichnete schon Richard Wurmann als einen seiner wichtigsten Antrieb. Die Alternative wäre bildlich gesprochen ein Schmoren im eigenen Saft, das niemand ernsthaft für sein Unternehmen wollen kann. Abhängig vom Format der jeweiligen Veranstaltung kann es sehr sinnvoll sein, gezielt externe Spezialisten einzuladen, die einen neuen, gerne auch bewusst anderen Blickwinkel mitbringen. Dabei sollte allerdings beachtet werden, dass diese externen Redner zum einen in das Thema der Veranstaltung eingeführt werden und zum anderen vorab genau gebrieft werden, welche Ziele an möglichen Erkenntnisse und Informationen für die Mitarbeiter angestrebt sind. Planen Sie für die Kuratierung genug Zeit ein: Bei der TED beginnt das Kuratieren und die Auswahl der Redner sechs bis zehn Monate vor Beginn einer Konferenz. Auch für Ihre Unternehmensveranstaltung sollten Sie sich frühzeitig Gedanken machen, wer auf der Bühne zu Gast sein sollte. Viele erfolgreiche und interessante Redner haben einen vollen Terminkalender. Es wäre doch schade, wenn sie für Ihre Konferenz nicht zur Verfügung stünden, weil sie erst in letzter Minute angefragt wurden. Die TED zeigt seit 30 Jahren sehr erfolgreich, wie man Marktführer bei interessanten Konferenzen ist – das sollte Inspiration für Ihre nächste Veranstaltung sein.

▶   Tipp: Überlegen Sie rechtzeitig, wer etwas Interessantes zu Ihrer Veranstaltung beitragen könnte. Und wagen Sie dabei ruhig den Blick über den eigenen Tellerrand – es lohnt sich.

Fallstudie: Deutsche Telekom AG

1. Die Organisation

Die Deutsche Telekom AG ist ein weltweit führendes Dienstleistungs-Unternehmen der Telekommunikations- und Informationstechnologie-Branche. Der Konzern bietet seinen Kunden die gesamte Palette der Telekommunikations- und IT-Branche aus  einer Hand, was Festnetztelefonie, Breitbandinternet, Mobilfunk, TV oder komplexe ICT-Lösungen für Geschäftskunden umfasst. Die Gesellschaft ist international ausgerichtet und in rund 50 Ländern vertreten.

Mit rund 230.000 Mitarbeitern erwirtschaftet die Deutsche Telekom einen Umsatz von 62,7 Mrd. € (2014) und einen Gewinn von 2,9 Mrd. € (2014). Quelle: www.telekom.de

2. Die Ausgangssituation und Zielsetzung

Die Telekom befindet sich seit Jahren in einem sehr dynamischen Prozess permanenter interner und externer Veränderungen. Der Telekommunikationsmarkt erlebt einen massiven Preisverfall bei ansteigenden Infrastrukturkosten, einer Konsolidierung der Anbieter und technologiebedingter (Smartphone, Tablets etc.) Nutzungsveränderungen auf der Kundenseite. Ein solch dynamisches Umfeld führt bei einem Konzern dieser Größe zu permanenten Restrukturierungen, Produktentwicklungen und anderen Maßnahmen, die für die Mitarbeiter und Kunden einen erhöhten Kommunikationsbedarf nach sich ziehen.

Für die Telekom spielen Innovation und Mitarbeiterbeteiligung bereits seit Jahren eine große Rolle und es werden immer wieder innovative Formate für die Kommunikation gesucht. Im Winter 2014/2015 fand ein Management-Meeting statt, nachdem kurz zuvor ein CEO-Wechsel und andere Veränderungen im Top-Management erfolgten. Im Meeting wurde erstmals versucht, die Logik von TED Talks in der Führungskommunikation zu nutzen. Das positive Feedback führte dazu, dass in kurzer Folge mehrere weitere Organisationseinheiten und ausländische Tochtergesellschaften, Mitarbeiter und Führungskräfte in der Kommunikation im TED-Stil qualifizieren ließen. Derartige Talks wurden inzwischen als Telekom-Talks bezeichnet.

3. Erfahrungen mit Talks im TED-Stil

Eine der Folgeveranstaltungen, in der Telekom-Talks zum Einsatz kamen, war der Guiding Principles Day (GPD). Am GPD werden zwei der Unternehmenswerte (http://www.telekom.com/konzernleitlinien), die sich die Deutsche Telekom gegeben hat, in den Vordergrund gestellt und alle Mitarbeiter gebeten, sich intensiv mit diesen Werten auseinanderzusetzen. Im Jahr 2015 gehörte hierzu, neben vielen anderen Aktivitäten, dass Mitarbeiter aufgerufen wurden, ihre Ideen und Anregungen zur Leitlinie „Integrität und Wertschätzung leben" in einer Konferenz aus zehnminütigen Telekom-Talks vorzustellen. Aus einer Vielzahl an Bewerbungen wurden sieben Freiwillige ausgewählt. Zur Vorbereitung ihrer Talks erhielten die Freiwilligen einen Leitfaden für die Erstellung eines Telekom-Talk und hatten mehrere Wochen Zeit. Einen Tag vor dem GPD trafen sich alle Freiwilligen in der Konzernzentrale in Bonn und konnten in einem Bootcamp ihre Talks und ihren Bühnenauftritt finalisieren und einüben. Hierzu standen vier Coaches und ein Rechercheteam für visuelle und auditive Materialien zur Verfügung.

Am Vormittag des GPD konnten alle Mitarbeiter, die Interesse hatten, die Telekom-Talks ihrer Kollegen in einem professionell ausgestatteten Saal genießen. Rund 70 bis 100 Mitarbeiter waren stets anwesend, viele länger, als sie eigentlich geplant hatten.

Alle Talks wurden durch drei Kameras aufgezeichnet, anschließend als Videos produziert und im Intranet veröffentlicht. So wirken die Talks auch heute noch nach und erreichen viele Mitarbeiter, die nicht an der Veranstaltung teilnehmen konnten.

4. Fazit und Ausblick auf die zukünftige Nutzung von Talks im TED-Stil in der Organisation

Das Beispiel des Guiding Principles Day der Telekom zeigt, dass nicht nur Führungskräfte, sondern auch Mitarbeiter davon profitieren können, die eigenen Ideen zu selbstgewählten Themen ihrer Arbeit vorzustellen. Alle beteiligten Redner waren sehr engagiert und stellten ihre unterschiedlichen Ideen mit viel Leidenschaft vor. Für die Zuhörer wiederum erhielten die Leitwerte des Unternehmens neue und überraschende Facetten. Das Ziel, die Leitwerte erlebbarer zu machen, wurde so erreicht.

Auffällig war weiterhin, dass die sehr gute technische und räumliche Ausstattung nicht nur die Qualität der Videos positiv beeinflusste, sondern auch die Ernsthaftigkeit der Themen unterstrich. Der Stellenwert der Werte ist in den Augen der Mitarbeiter gestiegen. Nicht zuletzt fühlten sich die ausgewählten Mitarbeiter wertgeschätzt und konnten über ihren Beitrag am GPD neue Kontakte innerhalb des Unternehmens schließen.

Die Telekom-Talks sollen zukünftig zu einem festen Bestandteil weiterer Veranstaltungen werden und zu einem wachsenden Pool an Videos im Intranet beitragen.

Anmerkung: Im Kap. 7.3 finden Sie ein Interview mit Reza Moussavian von der Deutschen Telekom AG. Hierin berichtet er über seine Sicht auf die Nutzung des TED-Stils und die Effekte, die sich in der Organisation ergeben.

6.4 Content is King – auch auf der Bühne ist der Inhalt das Wichtigste

So spektakulär die Gäste bei der TED auch sein mögen, das Set-up ist seit vielen Jahren gleich und recht bescheiden. Auf der Bühne findet man ein, maximal zwei Screens, auf denen der Redner zu sehen ist. Jeder Redner steht allein auf der Bühne und hält in der klassischen TED-Zeit von 18 min seinen Talk. Es gibt kein Feuerwerk, keine endlosen PowerPoint-Präsentationen und keine steppenden Clowns – hier zählt einzig und allein der Inhalt, der möglichst verständlich und unterhaltsam aufbereitet wird. Natürlich erwartet niemand von Ihrer Unternehmenspräsentation, dass Sie in 18 min alles gesagt haben. Aber von TED kann man lernen, wie Dramaturgie und Ablauf zu einem Veranstaltungtag beitragen, der abwechslungsreich ist und Spaß macht. Dabei können Sie übrigens auch guten Gewissens auf eingespielte Beiträge zurückgreifen. Auch bei TEDx-Konferenzen bekommt man regelmäßig Videos von Talks anderer Konferenzen zu sehen, die inhaltlich zum Thema passen und nicht langweilen.

Unsere generelle Empfehlung ist: Ein Vertreter aus der Unternehmensführung sollte maximal 30 bis 35 min sprechen. Das mag ungewohnt sein für manchen CEO, der sich gerne reden hört, aber es überfordert die Anwesenden nicht. Holen Sie sich einen Moderator dazu, der unterhaltsam durch den Tag führt, die einzelnen Programmpunkte ankündigt und erklärt, warum der jeweilige Punkt für das Publikum im Saal relevant ist. Für die Redner ist es unerlässlich, dass sie inhaltlich, aber auch formal vorbereitet werden. Wir alle kennen den Schreckensmoment auf Hochzeiten oder anderen Familienfeiern, wenn sich jemand sich erhebt mit den Worten: „Ich bin kein großer Redner, aber lassen Sie mich die nächsten zwei Stunden nutzen, um …"

▶   Tipp: Auch wenn Sie der CEO sind – überlassen Sie anderen das Wort. Was Sie
       zu sagen haben, wird Ihre Mitarbeiter meist nicht überraschen. Und damit auch
       nicht inspirieren.

Wie bei den TED-Konferenzen sollte auch bei Ihrer Veranstaltung gelten: keine Text-Charts. Der Einsatz von Text-Charts führt fast nie zu besserem Verständnis, dafür aber sehr oft zu Langeweile. Und ein Unternehmensentscheider, der Charts abliest, zeigt, mit Verlaub, auch nicht wirklich Führungsstärke, denn ablesen kann nun wirklich jeder.

Seien Sie flexibel, wenn das Programm einmal umgestellt werden muss. Und noch wichtiger: Vertrauen Sie auf die Kompetenz aus Ihrem Unternehmen. Überraschen Sie das Publikum mit vielen internen Rednern. Leider unterschätzen viele Unternehmen noch immer den hohen Grad an Begeisterung, den eigene Mitarbeiter als Redner zu ihrem jeweiligen Thema mitbringen und auch dem Publikum vermitteln. Natürlich gehört Mut dazu, wenn man neben großen Namen auch Unternehmensmitarbeiter aus der zweiten oder dritten Reihe zu Wort kommen lässt, aber in den allermeisten Fällen wird dieser Mut belohnt. Wenn Sie das Fallbeispiel „Deutsche Telekom AG" auf den vorigen Seiten lesen, werden Sie sehen: Die Präsentation neuer Ideen durch eigene Mitarbeiter führt zu einem extrem hohen Grad an Identifikation bei anderen Mitarbeitern im Unternehmen. Oder anders formuliert: Sie führt zu Begeisterung und Neugierde, die Sie für die Umsetzung neuer Pläne und Ziele brauchen.

Lassen Sie uns noch einmal zusammenfassen, wie ein Erfolgsrezept aussehen kann, das wir mit einem fiktiven TED-Kochbuch zusammenstellen. Man nehme überzeugende Qualität und ansprechende Inhalte auf der Bühne als Basis. Ergänzt werden kurze, abwechslungsreiche Vorträge und verschiedene Formate, die den Tag auflockern. Scheuen Sie sich nicht, wie die TED es erfolgreich vormacht, auch mal Künstler auf die Bühne zu holen. Zum einen sprechen sie den emotionalen Teil jeden Zuschauers an, zum anderen können sie auch ein ganz besonderes Highlight für Ihre Tagesveranstaltung sein. Schließlich noch einen guten Moderator auswählen, der durch den Tag führt. Wichtig bei der Wahl des Moderators sollte auch sein, dass er in der Lage ist, sich in die Sicht des Publikums zu versetzen und Fragen zu stellen. Nicht jeder Mitarbeiter traut sich vielleicht vor ein großes Publikum mit seinen Fragen. Daher ist es umso wichtiger, dass ein Moderator die Stimmung im Saal spürt und mit dem Publikum interagiert, damit alle mit einem guten Gefühl, mehr Wissen und guten Ideen die Veranstaltung verlassen.

▶   Tipp: Schätzen Sie jeden Beitrag, auch wenn er leise daher kommt. Gerade diese
       Meinungen können oft besonders wertvoll sein, um die Stimmung zu erfassen.

6.5   Bühne, Licht und Produktion

Ein Faktor, der bei Unternehmensveranstaltungen oft unterschätzt wird, sind die Punkte Bühne, Licht und Produktion. Natürlich hat jeder Verantwortliche für die Vorbereitung von Konferenzen und Tagungen ein ganzes Set an vertrauten Dienstleistern, mit denen er zusammenarbeitet. Deshalb möchten wir an dieser Stelle nicht darauf eingehen, wie man diese bestmöglichst brieft – aber wir wollen zeigen, welches Potential in einer gelungenen Inszenierung der Veranstaltung steckt.

Zunächst einmal sollten wie bei der TED alle Inhalte dokumentiert werden. Dafür benötigt man einen, besser zwei Fotografen und ein Video-Team für die Bühne sowie ein zweites Video-Team für die Aufzeichnung von Diskussionen und Stimmung. Achten Sie deshalb unbedingt darauf, dass die Bühne groß genug ist für Projektionen und eine überzeugende Ausleuchtung. Nach unserer Erfahrung steht beste Redner auf verlorenem Posten, wenn der Video-Mitschnitt am Ende aussieht wie ein verwackeltes Urlaubsvideo. Für manche Veranstaltungsprofis mag es banal klingen, aber nur mit einer optimalen Ausgangslage für Redner-Auftritte und Podiumsdiskussionen, erscheinen Ihre Ideen in der späteren Auswertung in einem guten Licht. Wir haben leider zu viele Unternehmensvideos und Präsentationen gesehen, bei denen die oben genannten Punkte nicht beachtet wurden. Deshalb sparen Sie hier bitte nicht am falschen Ende, sondern investieren Sie für die wichtigen Veranstaltungen in Teams mit drei, vier oder mehr Kameras. Nur wenn unterschiedliche Blickwinkel, die Reaktionen des Publikums, die Auftritte der Redner und des Moderators und ähnliches gut eingefangen werden können, kann der Cutter später einen Beitrag daraus machen, der die Themen spannend und lebendig zusammenfasst. Spätestens, wenn ein Beitrag ins Internet gestellt wird, lohnt der größere Aufwand doppelt. Das Internet „vergisst" schließlich nicht, das Video wird also lange zu sehen sein und Wirkung zeigen.

▶   Tipp: Man sollte nicht am falschen Ende sparen. Deshalb zögern Sie nicht, die Ergebnisse Ihrer Veranstaltung professionell dokumentieren zu lassen.

6.6   Geben Sie Verantwortung ab – unterstützen sie alle, die sie tragen

Wer seine jährliche Unternehmensveranstaltung oder seine Leadership Summits gut vorbereitet, hat sein Geld sinnvoll angelegt. Schon die Berücksichtigung einiger weniger Regeln und Techniken bei der Vorbereitung, Durchführung und Nachbereitung solcher Events könnten dazu beitragen, dass die Executives solche Termine besser und effektiver nutzen können, um das Wissen der Mitarbeiter zu verbreitern und in einen konstruktiven Dialog zu treten.

Bereits in der Vorbereitungsphase sollten alle Beteiligten über die jeweiligen Verantwortlichkeiten und Rollen informiert sein. Legen Sie frühzeitig einen Event-Projektleiter fest, der verantwortlich für die Planung und die Agenda ist. Auch ein Design-Team sollte rechtzeitig zusammengestellt werden. Auf der inhaltlichen Ebene gilt es zunächst, klare Ziele für das Event zu formulieren. Für ein erfolgreiches Summit ist es darüber hinaus sinnvoll, sich frühzeitig über mögliche Teilnehmer Gedanken zu machen, damit sie mit Informationen und Material zur Vorbereitung und zum gegenseitigen Austausch versorgt werden können.

▶   Tipp: Definieren Sie frühzeitig die verantwortlichen Rollen. Und vergessen Sie nicht: Entscheidungen im Gremium sind nicht immer Premium.

Gerade wenn die Abgrenzung zwischen den Planern, Koordinatoren und Designern unscharf ist, wird die Rollenverteilung besonders wichtig. Sonst hat am Ende niemand die Verantwortung und die Kraft, um die Veranstaltung im Sinne des Unternehmens zu formen. Dabei hilft es, wenn die jeweiligen Verantwortungsbereiche schon im Vorfeld genau festgelegt werden. Ein typischer Fehler, den wir immer wieder beobachten: Der Konferenz-Planer ist innerhalb des Unternehmens nur ausführendes Organ, der die verschiedenen Präsentationen zusammenhalten soll. Erfolgreicher ist dagegen die Ernennung eines Projektleiters, der die Verantwortlichen mit der nötigen Autorität stärkt und ihnen den Rücken freihält, wenn sie sich gegen zu viele Eingriffe in ihre Konferenzplanung wehren. In enger Zusammenarbeit mit dem Design-Team werden alle Materialien und wichtige Logistik-Themen koordiniert und abgestimmt.

Ebenfalls wichtig für den Erfolg ist die Wahl eines Master of Ceremony, auch Moderator genannt, der die verschiedenen Redner ankündigt, für gute Übergänge zwischen den einzelnen Programmpunkten sorgt und das Feedback des Publikums entgegennimmt und darauf reagiert. Hilfreich für Gruppen-Diskussionen und Workshops sind zusätzliche Unterstützer, die den Teilnehmern erklären, was von ihnen erwartet wird und wie sie sich einbringen können.

Auch mit der Auswahl eines möglichen Veranstaltungsortes sollte rechtzeitig begonnen werden. Doch wichtiger als der Ort sind zwei andere Fragen, die das Vorbereitungsteam mit dem C-Level des Unternehmens klären muss. Zum einen die Frage, was das Ergebnis aus Sicht der Teilnehmer sein soll. Und zum anderen die Frage, was die Besucher zurück in das Unternehmen tragen sollen, wenn sie nach dem Termin wieder in ihre Abteilungen kommen. Vielleicht gelingt es nicht sofort eine zufriedenstellende Antwort auf diese beiden Fragestellungen zu finden, aber zumindest eine gemeinsame Richtung sollte sich finden lassen. Steht ein Thema wie Wachstum ganz oben auf der Agenda? Oder liegt der Fokus auf einer kulturellen Transformation? Viele Executives wollen möglichst viele Ergebnisse präsentieren. Aber schließlich sollte die Agenda nicht aussehen wie ein Takeaway-Buffet, an dem sich jeder seinen Lieblingshappen nehmen kann. Eine klare Sprache und eine verständliche Guideline sind hier unverzichtbar.

6.7   Die Konversation früh beginnen

Schon acht bis zehn Wochen vor der eigentlichen Konferenz empfiehlt sich eine Umfrage unter allen Teilnehmern, bei der bereits die Ziele der Konferenz anklingen sollten. So hat der Mitarbeiter, der den Event hauptverantwortlich plant, genug Zeit, um auf Feedback und erkennbare Änderungsnotwendigkeiten zu reagieren. Vielleicht gibt es neue Themen, die man bislang nicht bedacht hatte. Oder es kommen Ideen auf, die noch fehlten oder übersehen wurden. Bei entsprechendem Feedback ist jetzt auch noch genug Zeit, um die Fragestellung oder die Themen zu überarbeiten. Greifen Sie dabei gerne auf offene Fragen zurück: Welche Frage wünschen Sie oder Ihr Team sich als Thema, das unbedingt angesprochen werden sollte. Oder nutzen Sie das Modell des bekannten „elevator pitches" (vgl. Kap. 7.4), das danach fragt, was Sie gerne beantwortet hätten, wenn Sie mit dem CEO des Unternehmens in einem Fahrstuhl wären.

Nutzen Sie während der eigentlichen Veranstaltung Hightech- und Low-Tech, Online-Umfragen, Workshops und ähnliche Formate, um Ideen der Teilnehmer im Saal gut zu den Unternehmensvertretern und Rednern auf der Bühne kommunizieren zu können. Und planen Sie genug Zeit und Raum ein, damit sich die Teilnehmer zwischen den einzelnen Programmpunkten kennenlernen können. Frei nach einer alten Fußballer-Weisheit gilt schließlich „Nach der Veranstaltung ist vor der Veranstaltung": Bleiben Sie auch nach dem eigentlichen Termin am Ball, wenn es darum geht, die vereinbarten Ziele zu überprüfen und zu checken, wie die Ergebnisse der Tagung in konkrete Maßnahmen und Aktionen umgesetzt werden können, um zukünftig besser zusammenarbeiten zu können.

6.8   Das Event um die Ziele und den Inhalt herum koordinieren

Eigentlich sollte es selbstverständlich sein, dass die Präsentationen von Podien herab, Break-out-Sessions, aber auch interaktive Sessions inhaltlich konsistent sind. Doch was wie eine Selbstverständlichkeit klingt, ist es leider nicht immer. Einer der Gründe dafür ist recht simpel und doch verhängnisvoll: Viele Präsentationen werden erst wenige Tage vor dem Konferenztermin oder sogar erst am Tag der Zusammenkunft dem Vorbereitungsteam übermittelt.

Auch hier zeigt die TED, wie man es besser machen kann. Hier liegen die Deadlines für alle Beiträge so früh, dass der Kurator sich alle Präsentationen rechtzeitig kritisch anschauen kann. So verhindert man übrigens auch, dass es zu inhaltlichen Überschneidungen bei verschiedenen Beiträgen kommt.

Bei Unternehmenskonferenzen sollte vor allem darauf geachtet werden, dass alle Präsentationen auf die gemeinsamen Ziele des Meetings fokussiert sind. Dazu lohnt es sich, einen Mitarbeiter zu finden, der beispielsweise aus der Personal- oder Kommunikationsabteilung stammt. Er sollte sich alle Beträge noch einmal in Ruhe anschauen können und allen Beteiligten ein konstruktives Feedback geben. Sollten Sie niemanden im eigenen Unternehmen finden, lohnt sich die Wahl eines externen Redenschreibers, der diese

Aufgabe übernehmen kann, und das am besten schon vier bis sechs Wochen vor dem eigentlichen Termin, nicht wenige Tage vor Beginn.

Zu diesem Zeitpunkt sollte auch das Redner-Coaching (vgl. Kap. 5) beginnen, wenn es verfügbar ist und den Kollegen angeboten werden kann. So lassen sich Inhalte noch anpassen und Grafiken und vergleichbare Elemente abstimmen. Zugegeben, diese Rolle ist nicht immer einfach, denn oft muss ein Speaker Coach intervenieren, wenn Präsentationen zu detailliert oder einfach zu lang sind. Aber es lohnt sich, wie das Beispiel TED immer wieder beweist. Auch hier ist es wichtig, dass die Verantwortlichen sich auf Rückendeckung vom Top-Management verlassen können – nur so entstehen wirklich gute, spannende Beiträge, von denen am Ende alle etwas haben.

▶   Tipp: Auch wenn es nicht jeden begeistern wird – geben Sie sich nicht mit Vorträgen und Statements zufrieden, die Sie nicht wirklich überzeugt haben.

Fallstudie Messe Berlin – IFA⁺ Summit

1. **Die Organisation**

Die Messe Berlin ist seit 1822 im internationalen Messe-und Kongresswesen tätig. Über 100 regionale, nationale und internationale Eigen- und Gastveranstaltungen finden jährlich auf den Berliner Messegeländen, in Deutschland und weltweit statt.

Neben den fünf Internationalen Leitmessen Internationale Grüne Woche Berlin, ITB Berlin/Asia, IFA, InnoTrans und Fruit Logistica Berlin/HongKong hält das Veranstaltungsportfolio der Messe Berlin zahlreiche weitere Highlights bereit: Ob Ernährung, Tourismus, Logistik, IT-Gesundheitswesen oder Consumer Electronics – das Messeprogramm ist sehr vielseitig. Quelle: www.messe-berlin.de

2. **Die Ausgangssituation und Zielsetzung**

Die IFA findet jährlich in der ersten Septemberwoche in Berlin statt. Sie ist die wichtigste Messe für Consumer Electronics weltweit. Mit der neuen Konferenz IFA⁺ Summit sollte ein neues, eigenes Konferenzformat ins Leben gerufen werden, dass die unterschiedlichen Zielgruppen bei der IFA im Rahmen eines spannenden Kongresses anspricht.

Ziel des IFA⁺ Summit ist es, die Zukunftsthemen der IFA lebendig auf der Bühne zu inszenieren, Thought Leadership zu betreiben und den Teilnehmern, einen Blick in die Zukunft zu gewähren. Kommunikativ soll das IFA⁺ Summit Geschichten und Themen inszenieren, die dann in allen Social-Media-Kanälen und Medien weiter verbreitet werden können, um die Relevanz und die Positionierung der IFA global weiter zu stärken und kommunikativ auszubauen.

Zielgruppe sind Branchen-Experten, Innovatoren, Experten aus Politik, Wirtschaft und Wissenschaft sowie nationale und internationale Gäste, Multiplikatoren und Medienvertreter.

Die Messe überließ Stephan Balzer als Creative Director eine Art „Carte Blanche", d. h. er hatte volle Freiheit das Format sowohl inhaltlich als auch von der Inszenierung neu zu entwickeln.

3. Erfahrungen mit neuer, innovativer Konferenzplattform

Die zweitägige Konferenz umfasst die Themenbereiche Design, Health, Entertainment, Mobility, Home und Entertainment, also ein bewusst breiteres Themenspektrum, mit 34 Sprechern aus mehr als zehn Ländern. Dabei geht es primär darum, die neuesten Trends zu beleuchten und anhand von kurzen Vorträgen und Diskussionsrunden zu präsentieren (Abb. 6.2).

Als Format wird bewusst auf zahlreiche, internationale dabei jedoch kurze Vorträge gesetzt, die nach einer Einführung (15 min.) eines Lead-Vortrags um drei weitere kurze Vorträge mit jeweils 10 min. Länge ergänzt werden. Abschluss jeder Runde ist eine Expertenrunde mit den Rednern, die pointiert die unterschiedlichen Positionen reflektiert.

Als Unterhaltungselement spielt beim IFA[+] Summit eine kleine Band die Übergänge, macht Live-Takes, die damit eine Atmosphäre erzeugt, die an eine „Late Night Show" erinnern. Dieser Entertainment-Aspekt ist ein wichtiges Element der Inszenierung und spielt mit dem internationalen TV-Format, der Leichtigkeit der Präsentation und dem unterhaltenden Charakter der Gesamtveranstaltung.

Die gesamte Veranstaltung wird mit mehreren Kameras dokumentiert, die Beiträge später ins Internet gestellt und über alle Social-Media-Kanäle verbreitet.

Abb. 6.2 Impression vom IFA + Summit mit Jeremy Rifkin. Photo: Severin Wohlleben

6.9   Aktivierung der Teilnehmer in den Tagen vor der Veranstaltung

Frühestens eine, maximal zwei Wochen vor dem Termin sollten Sie schriftliches Material an alle Teilnehmer verteilen, damit diese die Ziele der Veranstaltung kennen, sich vorbereiten und an Diskussionen beteiligen können. Die Zeit, die man braucht, um das Material zu lesen, sollte nicht mehr als 60 min in Anspruch nehmen. Auch ein Webcast kann hier ein sinnvolles Medium sein, das ebenfalls maximal 60 min zur Vorbereitung auf besonders interessante Beiträge dauern sollte. Oft kostet es wertvolle Zeit, wenn Organisationsstrukturen oder Abläufe für den Event am eigentlichen Veranstaltungstag noch erklärt werden müssen. Wer hier schon vorher Instruktionen zur Verfügung stellt, kann sich später schneller Problemen widmen und verliert keine wertvolle Zeit mehr.

6.10   Während des Event

Lassen Sie uns einen Blick auf einen möglichen Ablauf werfen, wie wir ihn empfehlen. Der CEO beginnt den Summit mit einem Kick-off, der maximal 15 bis 20 min dauert. Dabei gibt er den inhaltlichen Rahmen der zweitägigen Veranstaltung vor und benennt die gewünschten Ziele. In den folgenden zwei Tagen kann nun mit unterschiedlichsten Präsentationsformen an der Erreichung dieser Ziele gearbeitet werden. Ob Präsentation, Podiums-Präsentationen oder Übungen und Break-out-Sessions mit allen Teilnehmern – in jedem Fall sollten die Ergebnisse aus Arbeitsgruppen auf der Bühne für alle vorgestellt werden. Während des gemeinsamen Lunch bietet es sich an, einen Gast, der ein passendes Thema wie Marketing oder neue Sales-Ideen anspricht, einzuladen. Nachmittags können dann unterschiedliche Teams ihre Themen vorstellen und Übungen machen. Auch am zweiten Tag lohnt ein solcher Mix, um die Veranstaltung unterhaltsam und abwechslungsreich zu halten. Ergänzt wird dieser Tag um eine Q&A-Session mit dem Executive-Team und einem abschließenden Call-to-Action durch den CEO. Dieser Aufruf sollte natürlich in den kommenden Wochen und Monaten weiterverfolgt werden, um eine Umsetzung zu realisieren.

Bleiben Sie bei aller Planung flexibel genug, um auf Veränderungen zu reagieren. Gerade bei interaktiven Elementen wie Live-Umfragen können neue Themen oder Fragen auftauchen, die nicht unter den Tisch fallen dürfen. Zeigt sich bei einer Umfrage, die Sie auch schnell per Mobiltelefon-Beteiligung durchführen können, dass eine neue Strategie noch nicht verstanden wurde, zögern Sie nicht die Strategie noch einmal zu präsentieren und dann zu überprüfen, ob nun alles verstanden wurde.

Üblicherweise gibt es drei mögliche Wege für eine klassische Top-down-Kommunikation: Präsentationen vom Podium, eingespielte Videos und das bekannte Q&A mit den

Top-Executives. Hat das Vorbereitungsteam rund um den Content Director einen guten Job gemacht, sind diese drei Elemente überzeugend in das Thema des Summit integriert. Bei Podiumsdiskussionen ist unser Rat das alte Sprichwort, nach dem weniger oft mehr ist. Lassen Sie nicht mehr als vier Personen zusammenkommen, von denen jeder maximal 15 bis 20 min sprechen sollte. Und bitte nicht mehr als fünf bis sieben Folien pro Präsentation. Oft gibt es bei den stattfindenden Q&A-Sessions mit offenen Mikrofonen Helfer am Rand, damit auch wirklich jeder zu Wort kommt, der eine Frage stellen möchte. Eigentlich eine gute Idee, um herauszufinden, was den Unternehmensmitarbeitern am Herzen liegt. Doch leider ist das Ergebnis oft unbefriedigend. Viele Fragen sind keine guten Fragen, während andere nur dazu dienen, sich beim Executive-Team anzubiedern.

Schon Richard Wurmann hatte als TED-Gründer mit der Herausforderung zu kämpfen, dass viele Menschen nicht wirklich hilfreiche Fragen stellten, sondern den Rahmen für ein eigenes Statement nutzten, das sie wie eine Frage erscheinen ließen. Für die einen führt das zu Langeweile, während andere sich vielleicht gar nicht mehr trauen, noch selbst eine Frage zu stellen.

Wir haben einen Vorschlag, mit dem es besser und effektiver geht: Legen Sie die Q&A-Session an den zweiten Tag, aber befragen Sie schon am ersten Abend das Publikum. So erfahren Sie, was es wissen möchte, können die besten Fragen aussuchen und sie durch weitere Fragen ergänzen, die Ihnen wichtig erscheinen. Aber ist das nicht undemokratisch? Wir meinen nein. Im Gegenteil: So werden auch die Fragen gestellt, die von Mitarbeitern stammen, die sich vielleicht nicht trauen, vor einer großen Menschenmenge aufzutreten.

6.11   Der Einsatz von Technologien

Es gibt eine Vielzahl von Technologien, die sich einsetzen lassen – ob es um die Meinungen der Teilnehmer geht oder um ein Brainstorming im großen Rahmen. Ein klassisches Mittel ist die Umfrage, die mit Key Pads, browser-basiert oder auch per App, die zuvor heruntergeladen wurde, durchgeführt werden kann (Tab. 6.1). Wichtiger als die Wahl der Technik ist dabei, dass diese Fragen auch wirklich allen Anwesenden gestellt werden. Sie sind der Schlüssel zu einem effektiven und ergebnisorientierten Ablauf.

Eine Reihe von Formaten und Instrumenten für die inspirierende Gestaltung eines Event haben wir im Kap. 7 zusammengestellt und erläutert.

▶   Tipp: So viel Technik wie nötig, so wenig Technik wie möglich: Nutzen Sie moderne Kommunikationsmedien, aber machen Sie sich nicht von Ihnen abhängig.

Tab. 6.1 Tools um aus Großgruppen Beiträge abzufragen. Quelle: Frisch und Greene 2014

The Right Tool to Gather Input from a Crowd

Pre-meeting	Response		Participants		Questions	
	ANONYMOUS	PUBLIC	INDIVIDUAL	GROUP	OPEN-ENDED	PREDEFINED OPTIONS
Survey	●	●	●		●	●
Webcast Q&A		●	●		●	
In-meeting						
Question cards	●		●	●	●	
Keypad polling	●		●	●		●
Poker chip game		●	●	●		●
Text-in answers	●		●	●	●	●
Table discussions		●		●	●	
Breakouts		●		●	●	
Pairs		●		●	●	
Commitment worksheets		●	●	●	●	
Give and Get		●	●		●	
Post-meeting						
Survey	●	●	●		●	●
Intracorporate social network	●	●	●		●	

6.12   Nach dem Event

Wir haben es weiter oben schon einmal kurz angesprochen, aber wir sagen es gerne noch mal, da dieser Punkt leider oft vergessen wird: Die Zeit nach dem Event für eine Nachbereitung ist mindestens genauso wichtig wie die Vorbereitungszeit und die eigentliche Veranstaltung.

Mag die Stimmung nach einem gelungenen Event besser sein als gewohnt und die Kommunikationsziele wurden erreicht, so verliert man doch viel, wenn man jetzt nachlässt und sich einfach zufrieden zurücklehnt. Ein halbherziges Follow-up und fehlende Konsistenz bei der Nachbearbeitung der Erkenntnisse und Ideen, die aus dem Summit hervorgegangen sind, wären ein großer Fehler. Deshalb ist es extrem wichtig, als erstes ein Dokument mit allen Ergebnissen an jeden Teilnehmer zu versenden. Es hilft, die verschiedenen Abteilungen und Direktoren bei der Beantwortung der berechtigten Frage zu unterstützen, die sie von ihren Teams hören werden: Wie sehen die Ergebnisse des großen Meeting aus? Mit dem entsprechenden Material sollte jeder der Verantwortlichen dann in der Lage sein, diese Frage klar und einfach zu beantworten. Dafür reicht es eben nicht, wenn man nur das eigene Notizbuch voller Beobachtungen und Notizen zu Rate ziehen kann. Gute Präsentationen und Video-Mitschnitte von den Talks sind auf jeden Fall zielführender. Und natürlich sollten die Teilnehmer innerhalb von 48 h nach dem Event die Gelegenheit erhalten, eigene Kommentare und Verbesserungsvorschläge zu machen. Dafür bietet sich eine Umfrage an, bei der etwa überprüft werden kann, ob die Erwartungen erfüllt wurden. Stellen Sie die gleichen Fragen vor und nach dem Treffen, dann haben Sie im Anschluss an die Tagung eine gute Kontrolle, was sich verändert hat. Ermutigen Sie Ihre Mitarbeiter auch weiterhin, den Austausch über die verschiedenen Abteilungen hinweg, etwa über das Intranet, zu suchen.

Das allerwichtigste ist und bleibt aber: Die Commitments, die beim Event gemacht werden, müssen nach oben, nach unten und quer durch die gesamte Unternehmensorganisation eingehalten werden. Gibt es noch offene Fragen, sollten diese innerhalb von ein, zwei Wochen beantworten werden – auch von den CEOs und anderen Führungskräften. Für das Executive-Team ist die Arbeit rund um die Veranstaltung noch nicht getan, denn sie müssen nun die Folgen und Fortschritte weiterverfolgen. Ideal wäre es, wenn 30 Tage nach dem Event nachgehakt wird, ob die Commitments eingehalten wurden und welche Aktionen auf welchem aktuellen Stand sind.

So bleibt abschließend zu sagen: Wenn man diese Tipps berücksichtigt und sie in Bereichen wie der Informationsweitergabe engagiert umsetzt, kann Ihr jährliches Meeting oder jede andere Unternehmensveranstaltung deutlich effektiver wirken und einen großen Unterschied zur bisherigen Konferenz-Kultur machen. Wenn alles gut läuft, gibt es am Ende nur Gewinner: Das Executive-Team kennt nun die Wünsche und Vorstellungen im Unternehmen und kann die eigenen Ideen überzeugend vermitteln. Die Mitarbeiter merken, dass sich ihr Einsatz lohnt und ihre Fragen, Anregungen und Ideen ernst genommen werden. Das Vorbereitungs-Team für die nächste Konferenz merkt, wie wichtig und strategisch wertvoll für jeden Teilnehmer ihr Engagement geworden ist.

▶ Tipp: Ein Feedback ist immer hilfreich. Zögern Sie nicht, die Mitarbeiter zu loben, die maßgeblich zum Erfolg der Veranstaltung beigetragen haben.

6.13 Ein Ausblick: Was lässt sich von TED lernen?

Wie werden gute Konferenzen in den nächsten Jahren aussehen? Alles, was wir bislang gesagt haben, führt zu der Frage: Was heißt dies für die Zukunft von Konferenzen und Summits, die Unternehmen durchführen möchten? Betrachtet man die Technologien, die uns inzwischen zur Verfügung stehen – etwa Video, Live-Podcasts und anderes – und die in Konferenzen immer stärker eingebunden werden, dann würde man eigentlich vermuten, dass klassische Konferenzen obsolet werden. Doch so weit wird es sicher nicht kommen. Wir sind überzeugt davon, dass man auch in den kommenden Jahren Face-to-face-Events mit ihren Möglichkeiten der persönlichen Begegnung und des Austauschens von Standpunkten im direkten Gespräch für unverzichtbar halten wird. Einer der Gründe ist, auch bei internen Events, dass viele Menschen Networking schätzen und sich gerne daran beteiligen, wie es mit einer rein technischen Verbindung nicht möglich wäre. Ein zweiter Aspekt ist das Gruppenerlebnis, der nach unseren Erfahrungen aus den TED Talks dazu gehört. Gemeinsam etwas zu erleben und gemeinsam an Ideen zu arbeiten, wird immer höher geschätzt als die Einzel-Erfahrung, die man in einem virtuellen Meeting hat. Was man aber sicher sehen wird, sind mehr Veranstaltungen, bei denen der Grad an Interaktivität zunimmt.

Bei der TED, wo das Format „Speaker auf der Bühne" zugegebenermaßen eher wenig interaktiv ist, sind die Pausen dafür umso wichtiger. Sie sind das interaktive Element, in dem sich alle Anwesenden austauschen und man neue Teilnehmer kennenlernen kann.

Daraus lassen sich einige Punkte ableiten, die Unternehmen übernehmen können, wenn sie Veranstaltungen und Konferenzen planen: Mit der Möglichkeit über Abteilungen und Hierarchien hinweg einen Austausch und ein qualitativ hochwertiges Zusammentreffen der Mitarbeiter zu ermöglichen, lässt sich viel erreichen. Deshalb sollte man in den Locations und ihren Nebenräumen dafür sorgen, dass ausreichend Platz und für Begegnungen zur Verfügung steht, damit sich die Teilnehmer austauschen können. Zusätzliche Möglichkeiten, mit denen Feedback und Vorschläge an die Veranstalter kommuniziert werden können, sind dabei ein weiteres Plus.

Grundsätzlich lässt sich jetzt schon sagen, dass der interaktive und auch der proaktive Beitrag von Mitarbeitern auf Summits und Konferenzen ein wichtiger Erfolgsfaktor für Unternehmen sein wird. Letztendlich wird es am Organisationskomitee liegen, wie Ergebnisse und Verbindungen, die erreicht wurden, auch nach dem Event weiter unterstützt werden. In dieser Post-Event-Phase kann ein wichtiger Lerneffekt für die gesamte Organisation entstehen.

Smarte Organisationen werden auch bei der Zahl der Veranstaltungen etwas lernen: Wie bei der TED gibt es bald nicht mehr nur den einen großen Event pro Jahr. So wie die TED es mit der TEDx vorgemacht hat, gibt es eine Reihe von Veranstaltungen, die über Landesgrenzen hinweg Mitarbeiter zusammenbringen und zu neuem Denken anregen. Hier ist im internationalen Rahmen das Unternehmen Johnson & Johnson als positives Beispiel zu nennen (vgl. Fallstudie in Kap. 2.5). Ein weiterer Erfolgsfaktor ist die Tatsache, dass immer mehr Organisatoren den Mitarbeitern nicht mehr reine Informationsveranstaltungen im alten Stil bieten, sondern Wert auf ein echtes Erlebnis legen. Der Fokus auf eine Dramaturgie und einen gut geplanten Aufbau, mit einem interessanten Auftakt und einem spannenden Ende, werden in Zukunft ebenfalls immer stärker über den Erfolg von Veranstaltungen entscheiden. Grundsätzlich gilt: Die Mitarbeiter werden anspruchsvoller, sie haben immer mehr Vergleichsmöglichkeiten und ihre Anspruchshaltung an die interne Organisation wird steigen.

Auch der Grad an medialer Verwertung wird eine steigende Rolle in Unternehmenskulturen einnehmen – Bilder und Videos, die über ein Inhouse-System verbreitet werden, tragen entscheidend dazu bei, die Identität und die Bereitschaft der Mitarbeiter sich aktiv miteinzubringen, zu stützen und zu steuern.

Am Ende ist die Innovationsfähigkeit der Events natürlich nur ein Teil der Innovationskultur des gesamten Unternehmens. Nur offene, innovative Unternehmen, die einen echten Beitrag, und damit meinen wir auch einen Bildungsbeitrag, für ihre Mitarbeiter leisten wollen, werden sich diesen neuen Formaten gegenüber öffnen und die richtigen Partner dafür an Bord holen. Als Ausblick lässt sich sagen: Diese Art von Konferenzen und Summits hat eine blühende Zukunft vor sich. Denn es wird immer spannender, erlebnisreicher und informativer, sich so zu bilden, und das Potential für Mitarbeiter und Unternehmen auf diesem Feld ist bei weitem noch nicht ausgeschöpft (Abb. 6.3).

Countdown to the Leadership Summit

OBJECTIVES	CONTENT	MEETING DESIGN AND STRUCTURE	SPEAKERS AND PRESENTERS	LOGISTICS
4-6 months				
Begin conversations on desired outcomes.		Appoint summit director and assemble design team.	Identify potential outside speakers.	Select venue and finalize dates.
90 days				
Discuss potential objectives.	Determine required materials for pre-meeting readings and summit presentations.	Determine topics and sequencing.	Secure outside speakers.	Send meeting invites. Finalize travel arrangements.
60 days				
Solicit input on potential objectives from key stakeholders.	Hold pre-meeting webcast. Deploy pre-meeting survey.	Design high-level agenda.	Determine internal presenters and discuss potential objectives. Select emcee.	
30 days				
Establish final set of objectives.	Compile survey results. Draft pre-meeting readings and session material.	Refine structure on the basis of survey results. Draft detailed agenda, including tools to gather input.	Review internal presentations.	Walk through the venue and confirm details, including agenda timing.
1-2 weeks				
Include objectives in pre-meeting reading material.	Distribute reading material to attendees. Finalize session content.	Conduct final walk-through of detailed agenda.	Conduct rehearsals with presenters and emcee. Confirm external speakers.	Secure supplies and make table and breakout assignments. Test audiovisual equipment.
During				
Regularly remind attendees of the objectives.	Compile input gathered through breakouts, keypad polls, etc.	Remind attendees of structure and agenda.	Ensure that speakers and presenters understand their roles.	Coordinate ad hoc needs with venue.
After				
	Deploy post-meeting survey. Distribute summit output and other communication aids.	Follow-up on commitments. Establish forums for continued collaboration.		

Abb. 6.3 Schematische Zeitplanung für die Durchführung eines unternehmensinternen Summit. (Quelle: Frisch und Greene 2014)

Fallstudie: brand-eins-Konferenz

1. Die Organisation

Die brand eins Medien AG mit Sitz in Hamburg bringt einmal im Monat das Wirtschaftsmagazin „brand eins" heraus. Jedes Heft hat einen thematischen Schwerpunkt. Die verkaufte Auf-  lage beträgt 98.715 Exemplare, laut IVW, 1. Quartal 2015. Chefredakteurin des Wirtschaftsmagazins „brand eins" ist Gabriele Fischer, die das Magazin 1999 gründete. Neben der brand eins Redaktions GmbH & Co. KG und dem brand eins Verlag GmbH & Co. oHG gibt es die Tochtergesellschaft brand eins Wissen GmbH & Co. KG, die u. a. das mehrfach ausgezeichnete Magazin „McK Wissen" für McKinsey & Company produziert hat. Inzwischen wird ein Wirtschaftsmagazin mit Schwerpunkt auf Regionen herausgegeben: „brand eins Neuland". Quelle: www.brandeins.de.

2. Die Ausgangssituation und Zielsetzung

Obgleich brand eins seit der Gründung im Jahr 2000 eine Fülle an Themen und spannenden Menschen in ihren Heften vorgestellt hat, wurde die Idee eine Konferenz zu produzieren aufgrund der fehlenden Erfahrung in diesem Bereich und aufgrund der schmalen Struktur der Redaktion und Mitarbeiter bisher nicht umgesetzt. Das TEDx-Team wurde kontaktiert und nach einigen Gesprächen entstand die Idee der gemeinsamen Umsetzung einer brand-eins-Konferenz. Das Ziel war den Abonnenten und brand-eins-Lesern eine neue, interessante Plattform zu liefern sowie Themen und Personen aus dem Wirtschaftsmagazin zum ersten Mal „live" erlebbar zu machen.

3. Erfahrungen, die in Unternehmen nutzbar sind

Die brand-eins-Konferenz erstreckt sich über einen Tag und vereint unterschiedliche Formate: Impulsvorträge, Interviews von Redakteuren sowie Podiumsdiskussionen mit mehreren Referenten wechseln sich ab und beleuchten unterschiedliche Themenbereiche in Theorie und Praxis.

Kern des Programms ist die kuratorische Interpretation des Hefts für eine Konferenz, d. h. es stehen hier keine bekannten Namen aus der Wirtschaft auf der Bühne, sondern es werden Redner recherchiert, die Ihre Geschichte so vorstellen, wie brand eins es auch im Heft so beeindruckend zeigt: Macher und Menschen, die Wirtschaft bewegen, also oft mittelständisch geprägt sind, die deutschen „hidden" Champions, von denen man meist nicht viel kennt, die aber oft Weltmarktführer in ihren Segmenten sind.

Für die Teilnehmer wird das Magazin in der Konferenz damit erlebbar. Die länger andauernden Pausen von z. T. 90 min geben Raum, um sich mit den Redakteuren des Magazins und den Sprechern auszutauschen und diese näher kennenzulernen. Der hohe Grad an Authentizität und die Nähe zum Magazin wird durch die aktive Einbindung der Redaktion in den Vorbereitungsprozess und auf der Bühne unterstrichen.

Abb. 6.4 Impression von der brand-eins-Konferenz 2014 in Hamburg

Durch die Partnerschaft mit einer externen Agentur (red onion GmbH, Berlin) konnte ein erfolgreiches neues Konferenzformat ins Leben gerufen werden, das zur erfolgreichen Umsetzung der brand-eins-Konferenz geführt hat, die in 2015 bereits zum zweiten Mal stattfand.

Hier zeigt sich, dass es ist in Teilen sinnvoll sein kann, externe Unterstützung ins Haus zu holen, wenn man Ideen, Input und Erfahrung in bestimmten neuen Bereichen benötigt (Abb. 6.4).

7.1 Checkliste für die Vorbereitung eines Talk

1. Inhalt: Worüber will ich sprechen? ...

2. Relevanz für das Publikum und das Unternehmen: Warum ist das Thema für mich und meine Kollegen so relevant? ...

3. Gewünschter Effekt: Was ist nach meinem Talk anders? ...

4. Schlüsselnachricht: (max. eine Schlagzeile) ...

5. Storyline – Wie strukturiere ich meinen Talk?

© Springer Fachmedien Wiesbaden 2016
F. Edelkraut, S. Balzer, *Inspiring! Kommunizieren im TED-Stil,*
DOI 10.1007/978-3-658-09573-4_7

6. Persönlicher Bezug/emotionale Beziehung: Was macht das Thema für mich so wichtig?
   Was ist meine Geschichte?

7. Material (PowerPoint, Symbol, Objekt, …): Was will ich nutzen? Welches Objekt, Bild
   steht für meine Geschichte?

8. Schlusssatz/Appell/Abschlussfrage …: Wie beende ich meinen Talk?

7.2   Interview mit Steve Garguilo, Johnson&Johnson

Das folgende Interview wurde von Christopher Kabakis mit Steve Garguilo am 12. Mai
2015 in Berlin geführt. Es ergänzt die Fallstudie „Johnson & Johnson", die in Kap. 2.6
zu finden ist, die TEDx JNJ beschreibt und liefert einige Hintergrundinformationen zum
Best-Practise-Beispiel der TEDx JNJ.

Christopher Kabakis ist verantwortlich für Kommunikation und Corporate Services bei
red onion, einer Kreativ- und Innovationsagentur in Berlin, die unter anderem die Ideen-
konferenzen TEDxBerlin, TEDxHamburg und TEDxMünchen unterstützt und sponsert.

Steve Garguilo ist Senior Manager, Creative Engagement & Curator, für TEDxJNJ.
Er fördert eine Innovationskultur bei JNJ seit Mitte 2013 und ist seit 2009 bei JNJ aktiv.

Steve Garguilo über sich selbst: „I lead a small program office and an enormous volunteer team of passionate associates working to expand our space for ideas at Johnson &
Johnson.

To date, we've established a leadership development program developing creativity
and innovation skills; rolled-out a training curriculum in talk development, experience design, and creative problem solving; launched a non-traditional ideas to action platform that
drives individual accountability around ideas as opposed to a culture of getting ‚picked';
and lead a support network for our grassroots community of Campus Ambassadors around
the world who aim to drive cultural change at their local J&J offices.

We have also established an annual anchor TEDx JNJ experience that brings associates
together in an immersive, authentic environment where 93 % of our participants say our
programs have improved their willingness and ability to challenge the status quo, and
94 % say we've improved their engagement at work.

Our programs regularly have a Net Promoter Score ranging from $+85$ to $+99$. We also recently released a coffee table book showcasing over 100 impact stories of new products, accelerated products, new initiatives, and development stories that are a direct result of our programs.

Our programs have been organized in 38 countries and over 74 Johnson & Johnson locations around the world. Our growing community consists of over 6000 Johnson & Johnson associates. We have a library of 158 compelling TEDx JNJ talks on our internal website, attracting over 21.000 unique visitors (out of 128.000 employees) and over 167.000 total visits."

CHRISTOPHER:

So Steve, my first question here is what was your original idea and motivation to use the logic of TED within Johnson & Johnson?

STEVE:

I've been with J&J now for almost 6 years actually... which is crazy to think about ... and I joined specifically to focus on our emerging markets and how we could think about how we could have more creative solutions and creative projects to distribute our consumer products in rural communities in sub-Saharan Africa and the Middle East. And initially I was given support to do those kinds of things. We did stuff like the ColaLife project – basically it was piggybacking on Coke's supply chains to get products into rural areas. After that I also wanted to do some mobile commerce projects and some other kinds of projects, but I was struggling to do that.

So selfishly, I wanted to create a space to talk about ideas where it would be encouraged and people would actually want to have critical, authentic conversation about our future. I had previously organized TEDx at my university, at Penn State University, so I'd been a TEDx organizer already and I've been a TEDster for a while and so I thought let's try it out in a company and see what that feels like. So we just got together a small group of people and we were like ‚let's try something out' but we had no permission, no money, no anything.

We did a small event upstairs in a bar after hours with a couple of speakers, made a makeshift website, put the talks on there and then a pretty cool thing happened which is a team from Canada called and they were like ‚hey, this is cool you are doing TEDx at JNJ' and they were like ‚can we do this'? And we were like ‚sure'. And then a team in Brazil called, then a team in Belgium, and then a team in Singapore, and then a team in Switzerland and it really turned into this movement of people around J&J clearly being thirsty for this kind of conversation and this kind of forum.

After 6 months there had been seven events in different countries. We now had some good data and some good proof points, so we said ‚look here, we should turn this into something bigger'. So that's when we first got real corporate support to do the global main event experience and this was in spring of 2012.

The very first event was November of 2011. So, in spring of 2012 we got that support to put together a global main event which is known as ‚12.12.12' and we had 39 different sites around the world engaged as a part of it. Since then it's been a continual kind of growth and evolution. So after ‚12.12.12' and all the impact coming out of that I was able to make a pitch to the company to create a full-time position focused on instigating a culture of innovation. In fall 2013 I took over in that capacity. Now, the last year and a half we've really been intentional about designing training programs, leadership programs, ideas to action platforms and other kind of things to complement TEDx JNJ on that journey of saying: we want Johnson & Johnson to be the best company in the world, we want it to be the best place to work, and we want to have this incredibly creative, open environment where people are bringing their ideas to work every day.

CHRISTOPHER:

Sounds great. How did the Canadians and the Brazilians find out at the beginning? Was it because of your website or did they find it by chance? How did you distribute the videos and your content? How did they know about your obscure little event?

STEVE:

Yes, I think it's crazy: much of the talk content – just like TED content – goes viral so to speak. I think a couple of talks were just getting passed around like ‚hey, this is pretty cool, this is really different' and I think it happened that way. I don't know the exact person who shared or the exact person who did whatever … but it kind of happened organically. The other thing is that it happened organically in a couple of places, and then in a couple of other places I also pushed a little bit to say something like ‚hey, we should do something in Singapore and no one from Singapore has reached out yet, so does someone know anyone in Singapore?' and started cold-calling a couple of people to go ‚hey, this is something going on different sites, it should be going on at your site too, because yours is a big site' and they're like ‚okay' and organized it subsequently.

But I think what I learned from that was that the most successful ones, the best ones were going to be those people who did self-select and self-identify and say they wanted to do it versus the people who felt like they're doing you a favor. I think the biggest thing we've learned and want to continue to do is further activate and amplify and support the people who are already inherently change-makers and catalysts and troublemakers because you want them to take that personal ownership and do something great and support them versus trying to just find somebody. Ultimately if someone thinks they're doing a favor for you it will be done not anywhere near to the degree of quality to someone who feels like they're doing something that is their art.

CHRISTOPHER:

Okay. So, the way you developed it was really via a pull movement that you stimulated, right? Not pushing stuff, but it was really people heard about it and then they wanted to get involved in it. After the first 6 months when you pitched it to your bosses … how was the feedback? How did the management respond?

STEVE:

What was good was that I already had proof points. I had stories to tell like ‚here's something people are thirsty for', ‚here's what it's doing to the organization' in terms of clearly demonstrating people's commitment. I remember feedback coming from one of these first events, things like ‚I fell in love with J&J all over again' or ‚for the first time in years I was excited to go home and talk to my kids about what I did at work today' and those kinds of things.

When you have those kinds of anecdotes it should be a no brainer, right, for a senior leader to say ,we should do more of this, I'm going to continue to believe in this vision, and let's do this global main event and see what it's like'. Originally, to be honest, my original plan was to do a big event but I didn't have any money, and I couldn't get any support to do it. So that's why we started with that tiny event and other tiny events in the spirit of ,at least let's do something and see what happens from there'. And I think that's a wise approach because I always think when you start small you learn a lot and you don't need a lot, you don't need anything, so let's just do it. I'm glad that ultimately we had those experiences under our belts before we went and did this big event.

CHRISTOPHER:

How big was the big event?

STEVE:

The first main event had roughly 39 different sites but there was only one site that had live speakers. So, all live speakers were at a place called the Liberty Science Center in Jersey City – a really cool venue – and it was screened out to 39 different places. We had a bunch of adventures that were part of it, so we had different people that went out in New York and did different tours and different kinds of things which was really cool. We had a great line up of diverse speakers. 75 % of our speakers are internal J&J employees that we try to uncover and give them a platform and then we complement that with an outside perspective as well.

We are also big into what we call interactive experiences. So, we don't have breaks. We go from our main stage into sort of interactive sessions where we had this stuff like we created this concept we called ,the generous store' which was like a consumer products store but instead of the price tags being in dollars, the price tags were commitments for acts of generosity like make breakfast in bed for your spouse or play a game for a kid or mentor someone in the company or whatever. So, we did different kinds of things like that. People did not just experience ideas from the main stage but they also experienced them in a more immersive way.

So, you know, after all that we got great feedback like ,it was the best day of my life' and that's when we started to see some impact stories. One example is that we actually had a speaker pull out last minute, and we tried to figure out what to do with the time. So in the end we had 15 people each doing a one minute talk on an idea they wanted to share.

CHRISTOPHER:

15?

STEVE:

15 one minute talks, yeah. And so what happened is a number of really cool things got shared instead of the talk of this one speaker. For example: Ken shared his idea about his escape from Colombia as a child and it was always his dream to work for a health care company that would have an impact back in his hometown community and he had an idea for a telemedicine system called ,ProxiCare'. Well, based on that event and sharing his

idea, he connected with somebody to actually make that happen and ‚ProxiCare' is now his job and he could make that happen just because of that one minute.

We had another speaker who was working on this artificial pancreas for type I diabetes patients. He's been working with JDRF, the juvenile diabetes research foundation, to try to get them to support this and first hadn't been able to get them to buy in. However, he put a lot of work into creating his TED talk, and we helped him to share his story in a more resonant, challenging way to really get the idea across. And afterwards he was able to share it with JDRF and then they did buy in and they got the product to market sooner, got that product in patients sooner than it would have been otherwise. So, it's really based on those kind of things coming out of ‚12.12.12' that we saw there's really an opportunity to do a lot more and that's why we've been able to have the success that we've had since.

CHRISTOPHER:

What does the management think about the conference, I mean other attendances really loved it and got a lot out of it but I mean did they say we should do this every year or twice a year or three times a year?

STEVE:

Right. At first a lot of them didn't quite get it and I think a lot of them still don't. But we work with the ones who do and try to continue to evolve the conversation and have more people understand what we're trying to do. What we try to do isn't about events at all. It's about ideas and creating a space for ideas and creating this kind of cultural shift. And events are one way to do that but there are also other ways that we can do that.

Actually at our main event that we just had last week I actually had everyone repeat after me from stage: ‚TEDx JNJ is not about events, it's about ideas. TEDx JNJ is not about events, it's about ideas.' Because people are always coming up to me and saying ‚hey, when is the next event?', but I say: ‚right now is the next event. The idea you're working on right now, the idea you *should* be working on right now, it's about you taking action and making your ideas happen'. It's not about ‚oh you get to show up at the next thing every now and then' and then go right back to work as if nothing ever happened. This needs to be an every day kind of thing. So, that is an important thing to have people understand that. The way we look at it now is: the TEDx JNJ main event is kind of this annual anchor experience. It's that kind of anchor that will spark and instigate a lot of other kinds of things and will spark and instigate people wanting to do their own salons at their own offices.

There has been 70-something different salons at different J&J offices in different countries. We want to continue to see that happen for sure. The other thing that's evolved as we think about that annual anchor event is: we've evolved the leadership team for that from being solely a volunteer experience, where people just say, ‚hey, want to volunteer?', to actually turn that experience into an accelerated development experience. So, for the 13 key leadership roles – like running the talk development team, running a production team, running an interactive team, those kinds of things – those were actually all individuals whom we let designate as much as 15 % of their time with respect to their goals and objectives in their development plans to TEDx JNJ. They're responsible for determining a vision, recruiting volunteers, leading that team without direct authority, leading them to come up with creative solutions, all those kinds of things, and we're augmenting that with feedback and assessments and training and some other stuff so that people are using their experience of volunteering as part of TEDx JNJ to think about how are they now approaching their work more creatively and more innovatively.

We've been really intentional about that. We've been very intentional about creating training programs or talk development program, which has trained facilitators in Europe, in Asia, and in North America. As well as this whole ideas to action platform, we launched a digital platform, we launched this idea responsibility framework. So, we've done a lot because we say ,you guys know best what the community wants, you're close to this community, who are we as senior leaders to get in the way of that'. We want to create a safe space for you to continue to do that.

CHRISTOPHER:

So, you are using the work around TEDx JNJ for organizational development, for a leadership development program and even performance assessment. Now, can you tell a little bit more about the ideas to action program?

STEVE:

There are a couple of pieces to it. One is: what leads people to not bringing ideas into action? What's the biggest barrier? A lot of people apparently have ideas but yes, there's a problem of people sharing ideas. I think TEDx JNJ has been a really good place to realize that – I can share ideas and I can make that happen and try to combat that barrier. But the other problem is people have ideas but they don't take responsibility for it, they don't take accountability for it to make it happen. They have an idea and think, well, there's a million reasons why it won't work, it's silly or whatever. So, how can we address that? So, we designed something we call the idea responsibility framework (IRF), which we debuted at TEDx JNJ 2015 last week. It was a facilitated experience where people broke up into teams of three. Everyone who wanted to apply for the event had to share an idea that they wanted to get moving and when they came to the event they all had the idea at the back of their name batch and in those groups of three they worked to do what we call action storm which is to come up with action items they could use to make that idea happen. And they work to make those action items as specific as possible. How can you do these things in 5 min or less? And then at the end of the event they all committed to 48 h, 10 days, 30 days of ,here's what I'm doing and it's part of my action plan to take responsibility for my idea'. So taking them through that we are having thousands of good ideas instigated and now actionable.

We also tool-kitted that so that anyone could use that IRF in any of their meetings, any sessions. And we launched a digital ideas to action platform which is a place for people to share their ideas and it's very different than most internal ideas or innovation platforms because most of them tend to be well-intentioned senior leaders saying ,hey, share your ideas and then one or two of you will get picked and get money'. That's great but what that usually ends up being is a where-ideas-go-to-die-platform because a bunch of people share ideas, one or two of them get picked and everyone else says well, I shared my idea and no one did anything with it. And so we say ,no, YOU need to do something with it.

All you need to take responsibility and go do it. We have a thousand vice presidents in the company and you get a no from 999 of them and you can still find a yes. Don't accept a no from someone who can't tell you a yes, just go and make it happen if you believe in it'. So, we're just trying to give the people that permission, the ability and the tenacity to make it happen. This platform is a place for them to share their ideas and say, here's how you can help me or what thoughts do you have or how can I do this better. It's not a way to get picked. It's like I've already picked myself and here's what I'm doing. Because we even see like the Adobe Box which got a lot of press.

Again that's fine but what that reinforces is a culture of waiting for get picked and waiting, I need money, I need this, I need this. I think you don't need any of those things. All you need is taking personal responsibility to pick yourself to do it.

CHRISTOPHER:

Sounds great! What are your plans now for the future? Where is this all going?

STEVE:

So, now I really want to think broadly about all the different ways you can instigate a culture of innovation in a company. So, when you think about it, there are two main things that you need. You need the environment, the culture, the day-to-day kind of behaviors where people are bringing their personal creativity but they're also doing things that are expanding their creative capacity and it's encouraged. So, you need that environment. But then you need to complement that with the right processes, and tools, and structures and deliberate kind of programs to make sure that people can demonstrate their creativity and actually make it happen every day. So, we think TEDx JNJ is a good way to help plant those seeds but what are the other kinds of media, other kinds of things we can create, what are the things we could do to help plant those seeds.

So, one of the ideas that I'm trying to work on is actually something called ,the gauntlet' which will basically be like a TV show that we'll do. There will be someone who presents an idea and instead of the idea being at a level of a TED talk like I-want-to-change-the-way-people-think-about-,blank' it is a very tactical presentation, just ,here's my idea and that's what I'm doing about it' and then they're presenting it to two groups. One group is called the murder board and the other group is called the defenders. And the murder board just destroys the ideas and says all the ways that will never work. And the defenders hold it up and say all the ways it could work. That just gives that person good feedback to think about how should I navigate as I continue to take personal responsibility to make this happen.

So, think about other kinds of stuff we could do, just create further things that get people thinking. Then there is also the structured stuff too like more training programs, more leadership programs. I want to create a design thinking SWAT team that helps train people to facilitate more kinds of creative problem solving sessions. I want to make it THE way that we solve problems at J&J, make this THE way that we approach big problems.

There's also special projects that I want to accomplish such as getting failure integrated into people's performance and development plans, creating transparent goals and objectives. I mean all the different things that I can think of or find to ensure that we create that kind of atmosphere we want for our employees, like that's what I want to be doing.

CHRISTOPHER:

So, you are now kind of the innovation evangelist in your corporation meddling in HR and in communications … and in …

STEVE:

R&D …

CHRISTOPHER:

How do you make sure you get support from all kinds of different stakeholders to implement this leadership and cultural change at JNJ?

STEVE:

Yeah, I think that fortunately we have good support of senior leaders which is most important. You need senior leaders who protect the vision and hopefully help to further expand it. So, you know, we've been fortunate to have visionary leadership that does support it, that does want to allow things to happen. So, I think you need leadership's support but for real change – at least the kind of change that we've realized – I think what you really need is that kind of a grassroots movement that becomes an unstoppable force because if this was a top-down approach to say like, ‚we're going to be more innovative‘ – that sounds horrible already. If it's this genuine desire from the employees to say, ‚this is what we want and we're going to stay true to it‘, then that becomes something that people really want to coalesce around.

CHRISTOPHER:

Coming to the end, what would you recommend to other companies based on your experience from the past 5 years?

STEVE:

I think it's about being intentional about what you want work at your company to be like. What kind of people do you hire? What kind of people do you reward? What does the average day for an employee look like? What does the average meeting look like? Are there meetings? How do people solve problems? What do those things look like? And how can you be more intentional about how they look? Because if you want to still exist as a company in the future then you need to constantly be challenging the status quo and you need to constantly be intentional about your people's creativity.

So that means you need to be intentional about the environment and about the right systems and processes and tools. A lot of companies I think are maybe starting to wake up to that but I think they aren't there yet and so if you're not there yet, what do you need to do to get there? I think the first thing to do is to look *inside* because so often you look outside first to the McKinseys of the world or this Harvard article I read, like these are the experts, because it's the easy way to have the expert because it's a rubber stamp, and if it goes wrong it's on McKinsey.

But I think if you look *inside* first you will find there are change agents and there are rebels in your company who want to be doing this but they are not empowered. You need to empower them – of course with the right kind of direction, that they are going along with your vision – you should be empowering them to make this kind of change. So, discover them, get whatever support you need but be intentional about it: innovation can't be like on a fifth block of priority. It's always ‚these things and innovation' but innovation is not separate. It's in the heart of everything. It's in the heart of how we approach everything. So, real smart leaders of real companies that want to continue to exist will embrace that and make it happen.

7.3   Interview mit Reza Mussavian, Deutsche Telekom AG

Das folgende Interview wurde von Stephan Balzer (red onion) mit Reza Mussavian (Deutsche Telekom AG) im Mai 2015 in Berlin geführt.

STEPHAN:

Wie Bist Du persönlich auf TED gestoßen?

REZA:

Ich bin da „indirekt" drauf gestoßen, durch den Film „An Inconvenient Truth". Die Mischung aus Inhalt, Emotion, Fakten und Präsentationsstil hat mich fasziniert und so bin ich als großer Fan von Al Gore dann auf TED gestoßen, das muss so 2006, 2007 gewesen sein.

STEPHAN:

Wo sahst Du einen Nutzen für die DTAG?

REZA:

Transformation passiert auf vielen Ebenen: Durch konkrete unmittelbare Unterstützung von Transformations-Projekten, durch Case Studies und Veröffentlichungen, durch Experimente und Prototyping, in einem Konzern durch Richtlinien, Strategien – sowie Leadership. Als Leader muss man die richtigen Inhalte mitgestalten, das ist Grundvoraussetzung, aber man muss sie auch vermitteln können. Was bringt die beste Idee, wenn sie keine „Follower" hat? Da sehe ich großes Potenzial über „TED"-inspirierte Coachings Führungskräfte zu „entwickeln", wie man über Empathie, Storytelling, den Mix aus Emotion und Fakten unternehmensrelevante Themen vermittelt, damit Akzeptanz und Bereitschaft schafft, und über TED sozusagen, einen weiteren Baustein zur Transformation bildet.

STEPHAN:

Was ist umgesetzt worden?

REZA:

Coaching für 250 Top-Führungskräfte des Konzerns. Aus dem abgeleitet haben dann einzelne Top Leader dieses Coaching für Ihre Führungsteams angefragt und umgesetzt, z. B. aus dem Bereich Compliance, Marketing, HR. Und diese Führungskräfte wiederum haben einzelnen Mitarbeiter, Projektleitern, Experten das Coaching ermöglicht.

Wir haben für einen Bereich mit 1200 Mitarbeitern, die erste Führungsriege gecoacht, die ihre Strategie à la TED ihrer Belegschaft vorgestellt hat. Ich kann hinzufügen, dass es sich nicht um einen Kreativbereich handelt, sondern gerade das Gegenteile viel mit Sicherheit, Datenschutz, Regulierung etc. zu tun hat. Das Ergebnis war umwerfend, die

Begeisterung und damit Akzeptanz für die Bereichsstrategie waren großartig. Wir haben für wichtige Top-Management-Events einige Speaker gecoacht, ihren Vortrag folienfrei und im TED-Stil zu präsentieren. Das erste Mal vor über 1 1/2 Jahren. Noch heute werden diese Speaker auf Ihre Vorträge angesprochen, weil die Art der Erzählung, die Verbindung mit einer Personal Story von Zuhörern besser und nachhaltiger aufgenommen wird.

Wir haben an unserem „Tag der Leitlinien", unsere Unternehmenswerte, im Vorfeld einen konzernweiten Aufruf gestartet, einen „Call for Presenters" zum Thema gelebte Kultur. Wir haben acht Mitarbeiter aus dem ganzen Konzern ausgewählt, die dann gecoacht wurden und an dem besagten Tag präsentiert haben. Die Gecoachten haben mir mitgegeben, dass es eine „Erfahrung fürs Leben" war. Die Zuhörer waren begeistert und ich kann sagen, mit Gänsehaut-Feeling. Ich persönlich kann mich nur selten daran erinnern, von PowerPoints mal Gänsehaut bekommen zu haben... Auch diese Momente sind wichtig und ein Anstoß für neues Denken, neues Arbeiten – Transformation.

STEPHAN:

Was ist dein Fazit aus den ersten Erfahrungen? Teilnehmer-Feedbacks?

REZA:

Wir haben durchweg positives bis begeisterndes Feedback, von Vorstand, Führungskräften, Mitarbeitern, als Präsentatoren wie auch Zuhörer. Diese Art der Präsentation ist zu einem weiteren Baustein meiner Aufgabe der Kulturtransformation geworden und wir werden diese Art des „TED inspired" Coaching weiterführen. Damit ist es mir wichtig zu erwähnen, dass wir in Vergangenheit, weder in Zukunft irgendjemanden dazu zwingen. Bereitschaft kann nicht verordnet werden, sondern muss wachsen und aus Eigenantrieb erfolgen. Der erfolgt teils über Word-to-Mouth, teils über Sogwirkung. Das ist viel effektiver als Top-down-Verordnung.

Zur Person Dr. Reza Moussavian: Er arbeitet bei der Deutschen Telekom als Vice President und leitet den 2013 neu gegründeten Bereich „Shareground" im Personalressort. Während Start-up- oder Produktinkubatoren mittlerweile bei vielen deutschen Konzernen bekannt und eingeführt sind, hat sich die Telekom zu einem darüber hinaus gehenden Schritt entschlossen, nämlich Start-up-Denken, disruptive Innovationskultur, neues Arbeiten auch auf der Organisations- und Kulturseite zu fördern. Der Shareground ist der „Kultur-Inkubator" der Telekom und beschäftigt sich mit Fragen rund um Transformations- und Innovationskultur: Die Aufgaben umfassen das Einführen von Arbeitsmethoden wie Design Thinking im Rahmen großer (Business) Transformationsprogramme, Einführung von Einfachheitsstrategien und -techniken in ausgewählten Einheiten, Befähigung im Umgang mit disruptivem Wandel und Innovation von (Top-) Führungskräften und deren Teams, Pilotierung des ersten Corporate MOOC („massive open online course", ein digitales Lern- und Zusammenarbeitsformat) eines DAX-Unternehmens, Einführung der unternehmensinternen Crowd-basierten Forecasting-Plattform, bis hin zu Studienarbeiten zur Digitalisierung der Arbeitswelt. Dr. Moussavian ist seit 2005 im Telekom-Konzern. Vor der Leitung des Shareground war er für die Telekom-Tochter Detecon Consulting als Managing Partner für die Transformation von Telekommunikationskunden in Nahost und Afrika mitverantwortlich (Abb. 7.1).

Abb. 7.1 Reza Moussavian, Vice President Group Transformational Change/SHAREGROUND, Deutsche Telekom AG

7.4 Formate und Tools für die (inspirierende) Kommunikation und Events

Im Folgenden wollen wir Ihnen einige Formate vorstellen, die zur Kommunikation oder als Bestandteil von Events eingesetzt werden können. Dabei kommen (Software-) Instrumente ebenso vor, wie Organisationsformate.

Barcamp

Das Barcamp oder auch Unkonferenz ist eine Form der Großgruppenmoderation, die dem „Open Space" ähnelt. In diesem offenen Veranstaltungsformat, werden die Inhalte zu Beginn durch die Teilnehmer festgelegt. Der Ablauf ist häufig so, dass nach einer einführenden Keynote eine Aufforderung an alle Teilnehmer erfolgt, Themen vorzustellen, die mit anderen Teilnehmern diskutiert/bearbeitet werden sollen. Die jeweiligen Initiatoren stellen ihr Thema kurz vor, es wird das Interesse abgefragt und das Thema in einem Zeitgitter (vgl. Abb. 8.2) platziert. Je nach Anzahl der Barcamp-Teilnehmer (meist zwischen 20 und 300) werden unterschiedlich viele parallel ablaufende Sessions durchgeführt. Eine Session dauert 45 min plus 15 min Pause.

Barcamps dienen dem inhaltlichen Austausch und der Diskussion, erbringen häufig jedoch auch konkrete Ergebnisse. Der Vorteil des Formats liegt darin, dass jeder Anwesende seine Themen einbringen kann und ein hierarchiefreier, offener Austausch im Vordergrund steht. So kann ein Barcamp beispielsweise genutzt werden, den Status einer Organisation vor einer Veränderung oder bei Einführung eines neuen Themas zu klären. Auch die vertiefende Diskussion einer neuen Strategie kann Gegenstand eines Barcamp sein. Hier erhält das Management ein direktes Feedback, was in einem klassischen Konferenzformat eher unwahrscheinlich ist. Ein wichtiger Erfolgsfaktor für Barcamps ist die konsequente Weiter- bzw. Nachverfolgung der Themen und Beschlüsse nach der Veranstaltung. Diese muss sichergestellt sein, damit die erarbeiteten Ergebnisse nicht versanden (Abb. 7.2).

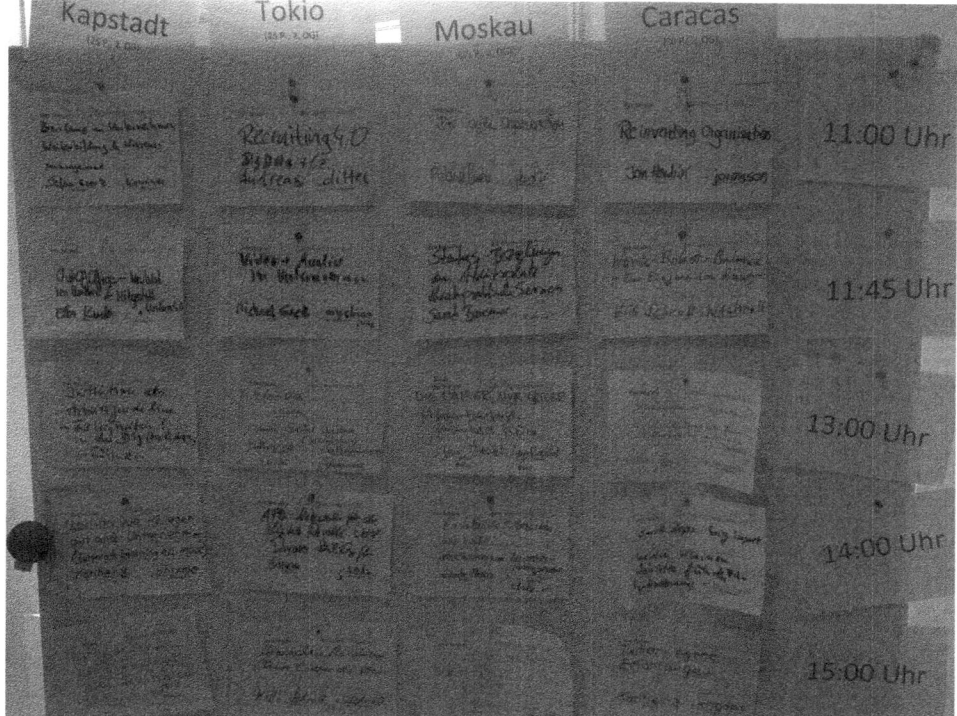

Abb. 7.2 Zeitschema eines Barcamp im Juni 2015 in Berlin. Die einzelnen Beiträge wurden von Freiwilligen zu Beginn des Barcamp vorgestellt

Weitere Informationen unter: http://de.wikipedia.org/wiki/Bootcamp

Dialogbild

Dialogbilder visualisieren komplexe Themen auf anschauliche und nachvollziehbare Weise. Sie sind ein effektives Instrument, um Wissen zu vermitteln, Zusammenhänge darzustellen und Orientierung zu geben. Dialogbilder ergänzen andere Kommunikationsmittel. Sie können in Diskussionsgruppen, bei internen Schulungsmaßnahmen, Präsentationen und Workshops eingesetzt werden. Das 2 × 1 m große Bild wird auf einen Tisch gelegt und wirkt einige Minuten auf die Teilnehmer. Ein Moderator führt dann anhand eines vorher abgestimmten Leitfadens durch das Bild und stellt Fragen, die zu Diskussionen oder zu Erfahrungsberichten auffordern. Zur Erstellung eines Dialogbildes wird eine Expertengruppe gebildet, die sich je nach Anforderung aus Vertretern verschiedener Fachbereiche zusammensetzt. Zusammen werden der Aufbau des Bildes, Inhalte und Symbole, sowie begleitende Utensilien und ein Moderatorenleitfaden definiert (Abb. 7.3).

Weitere Information unter: http://www.dialogbild.de/files/file/Dialogbild_Praesentation.pdf

Abb. 7.3 Ausschnitt aus einem Dialogbild. Dargestellt ist der Prozess zur Entwicklung eines Dialogbildes. Mit freundlicher Genehmigung der Dialogbild GmbH

Dialogbilder werden unter anderem im Veränderungsmanagement oder größeren Organisationsvorhaben erfolgreich eingesetzt, um die Mitarbeiter an dem Prozess zu beteiligen oder veränderte Visionen zu kommunizieren und in konkrete Handlungsweisen zu übertragen.

Elevator Pitch
Eine 30 bis 90 s dauernde Kurzpräsentation, die sehr kurz eine Personenvorstellung, Projektidee etc. vermittelt. Der Begriff resultierte aus der Überlegung, dass eine Kurzpräsentation (meist als Sales Pitch) in einem Aufzug erfolgt, falls man dort zufällig einer relevanten Person begegnet. Ziel ist, so viel Interesse zu erzeugen, dass sich der Angesprochene anschließend mit einem Businessplan, Verkaufsunterlagen, einer Bewerbungsmappe etc. befasst. Es kommt darauf an, den Angesprochenen emotional zu packen. Hierzu eignen sich Metaphern, rhetorische Fragen usw.

Flipped Classroom
Flipped Classroom bezeichnet Lernformate, in denen die Vermittlung des Stoffs vor dem eigentlichen Unterricht erfolgt und der Unterricht (Präsenzzeit) für die praktische Arbeit bzw. die Klärung von offenen Fragen und Problemen genutzt wird. Für die Vermittlung des Stoffs werden E-Learning-Plattformen oder Web-Videos (z. B.: Khan Academy) verwendet.

Pecha Kucha, Petcha Kutcha
Der Begriff stammt aus dem Japanischen und beschreibt lautmalerisch die Geräusche, die entstehen, wenn viele Menschen gleichzeitig sprechen. Bei dieser Vortragstechnik werden

20 für einen Vortrag passende Bilder projiziert und jeweils 20 s gezeigt. So resultiert eine feste Dauer von 6:40 min. Häufig wird das Format mit 14 Präsentationen hintereinander organisiert. In den Bereichen Design, Kunst, Mode und Architektur hat sich das Format inzwischen etabliert. In Unternehmen wird die feste Vorgabe des Formats genutzt, um z. B. Wissen und Information effizient zu vermitteln. Dies häufig in Lunch & Learns oder kurzen Mitarbeiterkonferenzen.

Learning Journey

Dieses Lernformat entstammt der Personal- und Führungskräfteentwicklung. Mehrere Vertreter eines Unternehmens reisen zu anderen Unternehmen oder Organisationen, um sich vor Ort intensiv mit einem Thema zu befassen, für das die besuchten Unternehmen stehen. Beliebtes Ziel für Learning Journeys sind in den letzten Jahren Unternehmen im Silicon Valley. Hier informieren sich Führungskräfte über den Stand der Digitalen Transformation und überlegen, welche Konsequenzen dies für ihre eigenen Unternehmen haben kann. Beispiele unter: http://www.wdhb.com/de.

Lunch & Learn

Das ursprünglich in den USA entwickelte Format dient der gegenseitigen Information von Mitarbeitern. In der Mittagspause werden Mitarbeiter eingeladen, einem meist 20-minütigen Vortrag eines Kollegen zuzuhören (learn) und anschließend zu diskutieren. Zur Präsentation bringen alle ihr Mittagessen (lunch) mit. Das Format hat sich für die schnelle Kommunikation in Teams oder zwischen verschiedenen Bereichen („Silos aufbrechen") in Unternehmen bewährt.

PowerPoint

Die Präsentationssoftware von Microsoft, die häufig als Synonym für Kreativitätskiller und Langeweile in Meetings dargestellt wird, hat sich in den Unternehmen fest etabliert. Bei sinnvoller Nutzung bietet ihre Nutzung vielfältige Möglichkeiten, das gesprochene Wort sinnvoll zu unterstützen und Reden und Vorträge optisch aufzuwerten. Wie diese Software (und jede andere Präsentationssoftware) sinnvoll eingesetzt werden kann, zeigen viele Autoren. Eine ergiebige Quelle für Tipps findet sich unter www.slideshare.net, wo vielfältige Präsentationen zur Optimierung von Visualisierungen über die Suchfunktion zu finden sind.

Prezi

Ein web-basiertes Präsentationsprogramm, in dem eine Präsentation auf einem virtuellen, großen Blatt erstellt werden. Durch Maussteuerung kann der Präsentator einzelne Bereiche des Blattes vergrößern oder wieder auf eine größere Ansicht zoomen. So entsteht eine Art interaktives Whiteboard, auf dem Texte, Bilder und Filme interaktiv bewegt, vergrößert/verkleinert und verschoben werden können. Insgesamt entsteht der Eindruck eines Films. Sinnvoll eingesetzt werden so komplexe Zusammenhänge leichter darstellbar. Es besteht allerdings das Risiko, dass die Zuhörer „verloren" gehen. Die einzelnen Elemente in Prezi sind nicht einzeln kopierbar, die Gesamtpräsentation kann nicht heruntergeladen und verteilt werden. Weitere Informationen unter: https://prezi.com/about/.

Slams (from Poetry to Science)
Der Begriff „slam" (Englisch für zuschlagen, zuknallen, harte Kritik) wurde zunächst im Sport verwendet. Hier stand er für „Volltreffer", z. B. „slam-dunk" im Basketball. Heute steht der Begriff vor allem für Wettbewerbe, in denen Dichter (poetry slam), Wissenschaftler (science slam, u. a.: http://www.scienceslam.org/) oder andere Gruppen untereinander im Wettstreit stehen und in einer kurzen Präsentation ihre Gedichte, Lieder, Forschungsergebnisse etc. vorstellen. Die Zuschauer bestimmen anschließend einen Sieger. Durch das kompetitive Format sind die Redner gezwungen, sehr zuhörerorientiert zu präsentieren, was die Nachvollziehbarkeit erkennbar steigert und zu einem Spannungselement in der Veranstaltung führt.

Video Scribing
Vgl. Kap. 2.6, hierbei handelt es sich um einen Animationsstil, bei dem eine Reihe handgezeichneter Bilder vor einem weißen Hintergrund genutzt werden, um eine gleichzeitig erzählte Geschichte zu illustrieren. Meist wird die Technik in Form von Videos (video scribing) eingesetzt. Einschlägige Plattformen und Software erlauben die Erstellung von Video Scribes auf Basis vorgefertigter Materialien. Beispiel: http://www.sparkol.com/.

Visual Facilitation (Graphic Recording)
Dieses Format bezeichnet die visuelle Begleitung und Protokollierung von Gruppenprozessen. Ein Zeichner (Moderator, Prozessbegleiter) nutzt eine Kombination aus Bildern, Text und Containern, um das Gesagte, Diskutierte und die Ergebnisse des Prozesses zu visualisieren. In der Regel entstehen großflächige Bildwände, welche die verschiedenen Abschnitte der Veranstaltung darstellen.

Visual Facilitation wird zunehmend auch in Unternehmen eingesetzt, um Veranstaltungsprotokolle zu erstellen, die einerseits in der Veranstaltung selbst schon verfügbar sind und durch die Kombination aus Wort und Bild auch später noch angesehen werden. Vielfach werden Visuals in Team- oder Projekträumen aufgehängt, um Vereinbarungen etc. für alle sichtbar zu machen (Abb. 7.4).

7.5   Folien und visuelle Gestaltung

Die nachfolgenden Tipps stammen von Jason Wishnow, TED's Director of Film + Video:
   Less is more
   A single, strong, graphic image or succinct line of text will tell your story better than a crowded collage or packed paragraph. Remember, people need to process everything you're saying while simultaneously absorbing your slides. Rather than one complex slide, show several slides, each with one idea, image or data point. Please eliminate slides that are essentially Headline + Bullet-Points. These can get very tired.

Abb. 7.4 Beispiel für Visual Facilitation der TEDx-Konferenz „World 2.0– The next step" in Berlin. Die einzelnen Talks sind als „Bubble" mit Details der Inhalte ausgeführt. Facilitator: Malte von Tiesenhausen

Image size

Please design your presentation to fit within any of the following specs.

Wide screen HD (16:9 aspect ratio):

1920 × 1080 (hi res) WIDESCREEN HD

(16:9 aspect ratio): 1280 × 720 (low res)

Title safe

Please keep a 10–20 % margin around your text, much as you would when typing on a piece of paper. This ensures that everyone will be able to read your slides.

Text size

You rarely need more than six lines of text on a slide. Often, only a line or two will do. Slide image size Minimum font size

1024 × 768 28 pts

800 × 600 24 pts

1920 × 1080 (wide) 40 pts

1280 × 720 (wide) 28 pts

Text clarity

Sans-serif fonts (like Helvetica) are easier to read at a distance than serif fonts (like Times New Roman).

Background

A simple, elegant background behind your text should be used to complement and en-hance the readability of your words. If using a dark or black background, you may want to make the text bold.

Graphs, graphics, and photos

Use high-resolution pictures and graphics. Full-quality photos from a digital camera will look better than images pulled off the web. You must properly license all images for TED's use in worldwide video and web distribution. Don't grab images from the web unless they are clearly licensed under Creative Commons for use.

For data graphs or charts, be sure to follow the minimum font size guidelines above for all text, including labels on x- and y-axes and data points.

Five examples

Five presentations featuring clean, crisp, effective design that worked live at TED, and also online.

1. http://www.ted.com/talks/view/id/128– John Doerr, Profit and Salvation in Greentech (2007)
2. http://www.ted.com/talks/view/id/1– Al Gore, 15 Ways to Avert a Climate Crisis (2006)
3. http://www.ted.com/talks/view/id/187– Larry Lessig, Creativity and the Law (2007)
4. http://www.ted.com/talks/view/id/161– Erin McKean, Redefining the Dictionary (2007)
5. http://www.ted.com/talks/view/id/148– Rives, 4 a.m. (2007)

Technical

To avoid last-minute glitches with your presentation onsite, font files should be embed-ded in your presentation file.

7.6   Beispieltalk „The happy secret to better work"

Der folgende TED Talk von Shawn Achor kann gut in der Personalentwicklung eingesetzt werden. Analog dem Beispiel „How great leaders inspire action" von Simon Sinek, (vgl. Kap. 2.6) kann er eingesetzt werden, um Mitarbeiter und Führungskräfte über ein zu be-arbeitendes Thema reflektieren zu lassen (Tab. 7.1).

Tab. 7.1 Beispiel für die Nutzung eines TED Talks in der Personalentwicklung

Titel	Shawn Achor, „The happy secret to better work"
Abstract	We believe that we should work to be happy, but could that be backwards? In this fast-moving and entertaining talk, psychologist Shawn Achor argues that actually happiness inspires productivity (filmed at TEDx Bloomington)
	TEDx Bloomington, filmed May 2011, posted Feb 2012
Schlagworte	Selbstwahrnehmung, Teambildung, Unternehmenskultur, Glück

Tab. 7.1 (Fortsetzung)

Einsatz	Der Talk fragt zunächst, woran sich Wissenschaft, Wirtschaft und wir Menschen allgemein vor allem orientieren. Der Autor arbeitet heraus, dass wir uns viel zu oft am Durchschnitt orientieren und in der Konsequenz auch den Durchschnitt anstreben
	Gleichzeitig bestimmt unsere Art, die Welt wahrzunehmen und zu bewerten auch, wie wir uns fühlen und worauf wir hinarbeiten. Den Durchschnitt?
	Achor argumentiert, dass nur 25 % unseres beruflichen Erfolges durch den IQ und andere Faktoren bestimmt sind. 75 % des Erfolges resultieren aus dem Optimismus (Anm.: Im Deutschen würden wir eher Erwartungshaltung sagen), das soziale Umfeld und die eigene Fähigkeit, Stress als Herausforderung, nicht als Bedrohung zu betrachten
	Um erfolgreich zu werden, gilt es nicht Ziele zu definieren und deren Erreichung glücklich zu sein, sondern erst eine zufriedene Grundhaltung zu entwickeln und dann kommt der Erfolg von allein
	Der Autor stellt einfache Möglichkeiten vor, die Grundzufriedenheit zu trainieren und erhöhen. Dazu gehören u. a.: - täglich drei positive Dinge suchen/identifizieren - Meditation (als Selbstwahrnehmung, nicht als spirituelles Instrument) - zu anderen Menschen freundlich sein
	Der Talk kann genutzt werden, um folgende Themen zu bearbeiten: - Selbstwahrnehmung und Motivation - Teambildung - Unternehmenskultur
Ziel(e)	Selbstwahrnehmung und Motivation: Die Teilnehmer reflektieren ihre eigene Haltung und ihr Verhalten hinsichtlich des Themas Zufriedenheit
	Teambildung: Die Teilnehmer entwickeln gemeinsame Werte und Verhaltensanker, wie sie zukünftig miteinander umgehen wollen. Darüber hinaus werden „Durchschnitt und (gewollte) Ausreißer" definiert
	Unternehmenskultur: Die Teilnehmer entwickeln Maßnahmen, wie sie die Unternehmenskultur positiv beeinflussen wollen
Dauer	12:20
Ablauf	1. Einführung in das Thema 2. Film spielen 3. Einzelarbeit: Was hat der Vortrag, bei mir ausgelöst? Wo sehe ich Ansatzpunkte, die Erkenntnisse zu nutzen? 4. Gruppenarbeit in Zweiergruppen: Austausch der individuellen Erkenntnisse und Zusammenfassung
	5. Vorstellung der Ergebnisse der Paare in der Gesamtgruppe, Diskussion und Visualisierung des Fazits (Metaplanwand und Karten) 6. Aktionsplan: Was ist nach dem Workshop zu tun? 7. Zusammenfassung und Verabschiedung
Link	http://www.ted.com/talks/shawn_achor_the_happy_secret_to_better_work.html
Material	Rechner/Beamer/Internetzugang, Flip-Chart, Metaplanwände, Moderationskarten, Stifte
Erweiterung	Dieses Modul kann gut in Kontexte eingebaut werden, die sich mit der Organisation von Arbeit, etwa in Zeiten von Reorganisation etc. befassen

Tab. 7.1 (Fortsetzung)

Verw. Talks	Zur Frage, ob Stress Folge einer Wahrnehmung oder eine Grundhaltung ist, kann gut im Kontext mit dem Talk von St. John diskutiert werden. Er arbeitet heraus, dass „passion" der wichtigste Faktor für Erfolg ist
	Die Realität in der Wirtschaft (ggf. die Personalabteilung um Zahlen oder Material bitten) zeigt, dass Stress eher bei Menschen vorkommt, die sich nicht in der Lage sehen, ihr Leben und Arbeiten selbst zu bestimmen. Unternehmer und Führungskräfte sind erheblich seltener krank und in der Eigenwahrnehmung von Stress betroffen, obwohl sie deutlich mehr arbeiten

7.7   Das Extraordinary-Leadership-Modell von Zenger/Folkman

Die Kompetenzforscher John Zenger und Joseph Folkman haben Anfang der 2000er Jahre die Zusammenhänge der Führungsqualität mit den individuellen Kompetenzen der Führungskräfte untersucht. Sie haben dazu die 360°-Feedbacks von über 20.000 Führungskräften (über 200.000 Datensätze) unterschiedlicher Branchen ausgewertet und eine Reihe von Zusammenhängen gefunden, die für die Entwicklung exzellenter Führung sehr hilfreich sind. Bis heute sind über 50.000 Führungskräfte weltweit mit über 1,5 Mio. Datensätzen in die Untersuchungen einbezogen, wobei die ursprünglichen Erkenntnisse bestätigt wurden (Folkman 2014). Eine Auswahl der Erkenntnisse, die auch von einzelnen Führungskräften für die individuelle Weiterentwicklung genutzt werden können, wollen wir im Folgenden kurz vorstellen.

Gut ist nicht gut genug

Der früher eher intuitive Zusammenhang von Führungsleistung und Unternehmenserfolg konnte eindeutig gezeigt werden. Alle Erfolgsparameter, von Mitarbeiter- und Kundenzufriedenheit, über Umsatz und Gewinn waren eindeutig mit der Bewertung der Führungsleistung korreliert. Etwas überraschend war dabei die Erkenntnis, dass der Abstand zwischen schlechten und guten Führungskräften genauso groß war, wie der zwischen den gut bewerteten Führungskräften und als exzellent bewerteten Führungskräften. Diese erreichten Werte in der Mitarbeiterzufriedenheit und bei den anderen Erfolgsfaktoren, die deutlich besser waren als die der „nur" gut bewerteten Manager. Für eine Organisation, gerade in Branchen mit schwierigen Rahmenbedingungen bedeutet dies, dass es mehr Sinn macht, die vorhandenen guten Führungskräfte weiter zu entwickeln und zu Top-Leistungen zu führen. Dies ist erfahrungsgemäß deutlich einfacher, als die schwächeren Führungskräfte (mit viel Aufwand) zu sehr wahrscheinlich nur mittelmäßigen Leistungen zu bringen.

Man muss nicht perfekt sein

Die Ergebnisse der Untersuchungen zeigten weiterhin, dass die exzellent bewerteten Führungskräfte bei weitem nicht perfekt waren. Sie zeigten in der Regel zwei bis drei heraus-

Ergebnis-orientierung	Veränderungen vorantreiben	Charakter	Interpersonelle Fähigkeiten	Individuelle Fähigkeiten
• Handelt ergebnis-orientiert • Setzt herausfordernde Ziele • Ergreift Initiative	• Entwickelt strategische Perspektive • Zeigt Veränderungs-initiative • Verbindet und repräsentiert die Organisation nach Außen	• Zeigt hohe Integrität und Ehrlichkeit	• Kommuniziert kraftvoll und effektiv • Inspiriert und motiviert andere zu Höchst-leistungen • Baut Beziehungen auf • Entwickelt und fördert andere • Zusammenarbeit und Teamwork	• Technische/berufliche Erfahrung • Problemlösung und -analyse • Innovation • Entwicklet sich selbst weiter

Abb. 7.5 Kernkompetenzen nach Zenger und Folkman, die den Unterschied zwischen guten und exzellenten Führungskräften ausmachen können. Quelle: http://zengerfolkman.com

ragende Stärken und keine „fatalen" Schwächen. Als fatale Schwächen gelten gering aus-geprägte Kompetenzen, die für den Erfolg in der jeweiligen Funktion wichtig sind. Nun kennt die Kompetenzforschung bis zu 200 Führungskompetenzen, wovon in den meisten Kompetenzmodellen 50 bis 70 Kompetenzen zugrunde gelegt werden. In den Arbeiten von Zenger und Folkman war eine interessante Erkenntnis, dass die zwei bis drei Stärken der Top-Führungskräfte nicht beliebige Kompetenzen sind. Als relevant erwiesen sich nur 16 Kernkompetenzen (s. Abb. 7.5), nur diese können den Unterschied zwischen guten und exzellenten Führungskräften ausmachen. Liegen besonders ausgeprägte Kompetenzen vor, können sie erkennbar geringer ausgeprägte Kompetenzen positiv überlagern.

Stärken stärken

Für die Entwicklung von Führungskräften ergeben sich bis hierher bereits hilfreiche Er-kenntnisse. Sofern eine Führungskraft über eine solide Grundqualifizierung verfügt und die 16 Kompetenzen kennt, die den Unterschied machen, kann eine sehr gezielte Weiter-entwicklung der vorhandenen Stärken bei diesen 16 Kernkompetenzen erfolgen. Mit gro-ßer Wahrscheinlichkeit wird es sich um Bereiche handeln, in denen ohnehin ein größeres Interesse besteht, gute Grundlagen und auch eine gewisse Leidenschaft vorhanden sind. Dies sind beste Voraussetzungen, noch besser zu werden und gezielt an den zwei bis drei Kompetenzen zu arbeiten.

„Cross-Training" für Kompetenzen

Die Entwicklung von Stärken weist in der Praxis eine Schwierigkeit auf. In den Bereichen, in denen ein Mensch bereits gut ist, hat er einige Energie und Zeit in die Erreichung die-ses Zustandes investiert. Eine Weiterentwicklung erfordert daher ein deutlich fokussiertes und zielgerichtetes Handeln als bisher. Die Forschung von Zenger und Folkman zeigt, dass auch bei der Kompetenzentwicklung von Führungskräften ein Effekt genutzt werden kann, der im Sport bereits länger üblich ist, das sogenannte Cross-Training. Hierunter versteht man die Entwicklung von Fähigkeiten, die mit der zu entwickelnden Kompetenz nur indirekt zu tun haben, aber helfen, die Gesamtleistung zu steigern. So kann ein Golfspieler, der bereits viel in seinen Schwung investiert hat, über ein Mentaltraining seine Leistung im Turnier oder ein Marathonläufer über Ernährungsumstellung die Leistung seines Körpers steigern. Für die 16 Kernkompetenzen von Zenger und Folkman existieren jeweils fünf bis zwölf Begleitkompetenzen, d. h. Kompetenzen, die im Sinne eines Cross-Training gesteigert werden können und gleichzeitig die Leistung in der Kernkompetenz steigern. Auch hier liegt der Vorteil dieses Modells für die einzelne Führungskraft darin, dass mehr Spielraum bei der Auswahl geeigneter Maßnahmen der Kompetenzentwicklung besteht.

7.8 Die Psychologie des Überzeugens

Der Titel dieses Kapitels ist auch der Titel eines Buches, das von Robert Cialdini (2009) geschrieben wurde. Cialdini beschreibt darin eine Vielzahl an Denk- und Verhaltensmustern, die es erlauben, Menschen zu beeinflussen. Dabei stellt er sechs Wege der Beeinflussung besonders heraus:

- Soziale Bewährtheit
- Reziprozität
- Commitment und Konsistenz
- Autorität
- Sympathie
- Knappheit

Soziale Bewährtheit
Mit sozialer Bewährtheit wird die Tendenz von Menschen beschrieben, sich am Verhalten und den Aussagen anderer Menschen zu orientieren. Viele Menschen orientieren sich an dem, was Gruppen von Menschen tun, zu denen man selber gehört oder gehören möchte.

In der Werbung und im Vertrieb wird soziale Bewährtheit oft eingesetzt. Als ein besonders wirksames Beispiel gelten „Tupper-Partys", bei denen Bekannte oder Nachbarn in einer Gruppe im privaten Rahmen zusammenkommen. In einem solchen Kontext wirken Gruppenprozesse besonders intensiv und es kommt schnell zu „Nachahmeffekten", wenn ein erster Kauf getätigt ist. Verstärkt wird der Abverkauf durch kleine Geschenke zu Beginn, die das Bedürfnis anregen, etwas zurück zu geben (vgl. Reziprozität).

Eine besondere Herausforderung kann die soziale Bewährtheit in Zeiten größerer Unsicherheit bedeuten. Wenn Menschen sich unsicher fühlen, in widersprüchlichen Situationen befinden oder die Zukunft ungewiss ist, wird das Verhalten anderer Menschen umso wirksamer. Gerade bei Veränderungen und in Krisen kommt den öffentlich wahrnehmbaren Menschen eine besondere Rolle zu. Ihnen wird leichter gefolgt.

Neben der Unsicherheit spielt Ähnlichkeit eine relativ große Rolle. Menschen orientieren sich eher an Menschen, die ihnen ähnlich sind. Dies können Faktoren wie Alter, Geschlecht, Bildungsstand usw. sein. Besonders stark wirkt das Gefühl, die gleichen Werte und Glaubenssätze zu teilen. Daher kommen Ritualen und Symbolen, etwa den Trikots und Schals des eigenen Vereins, Haarschnitt, Anzug/Jeans eine so große Bedeutung zu. Sie zeigen, dass man sich einer bestimmten Gruppe zugehörig fühlt, die einen definierten Satz an Werten und Regeln teilt.

Wie soziale Bewährtheit praktisch funktioniert, wird auch im TED Talk von Derek Sivers, „How to start a movement" gezeigt (www.ted.com/talks/derek_sivers_how_to_start_a_movement). Er analysiert darin, was die wesentlichen Faktoren dafür sind, dass ein Einzelner eine Bewegung auslösen kann. Eine besondere Bedeutung kommt dem „first follower" zu, der durch sein Engagement zeigt, dass auch andere der Idee oder dem Vorbild folgen können.

Reziprozität
Reziprozität ist das gefühlte Verlangen, etwas zurückzugeben, wenn wir etwas bekommen haben. Dieses „sich verpflichtet fühlen" gibt es in allen menschlichen Gesellschaften und kann sehr positive soziale Effekte haben, etwa wenn erfahrene Personen als Mentoren oder Berater für weniger erfahrene Mitmenschen tätig werden. Reziprozität kann jedoch auch ausgenutzt werden, indem kleine Geschenke dazu animieren sollen, einem Kauf wohlwollend gegenüber zu stehen und ggf. sogar mehr zu kaufen, als eigentlich gewollt bzw. sinnvoll (vgl. Tupper-Partys bei sozialer Bewährtheit). Schnell verschwimmt auch die Grenze zwischen „kleine Geschenke erhalten die Freundschaft" und Korruption, so dass viele Unternehmen spezifische Regeln für den Umgang mit Geschenken definiert haben.

Auch in Verhandlungen kommt Reziprozität zum Tragen, wenn durch kleine Zugeständnisse der Verhandlungspartner mehr oder weniger bewusst bewegt wird, ebenfalls Zugeständnisse zu machen. In gewisser Weise ist das Prinzip auch Grundlage für erfolgreiches Netzwerken. Die stabilsten Netzwerke sind diejenigen, in die alle Beteiligten zunächst investiert haben und auf diese Weise ein „Anrecht" auf Ausgleich erworben haben. Entsteht ein Gefühl des gegenseitigen Unterstützens und das Vertrauen, dass die eigenen Investitionen ausgeglichen werden. Es entsteht eine sehr effiziente Kollaboration.

Nicholas Christakis, „The hidden influence of social networks"

Christakis zeigt in seinem Talk auf, wie soziale Netzwerke auf ihre Mitglieder wirken und welchen Einfluss wir darauf nehmen können. Die präsentierten Daten zeigen eindeutig, wie sehr wir uns am Verhalten anderer orientieren (vgl. 1. Soziale Bewährtheit).

Quelle: http://www.ted.com/talks/nicholas_christakis_the_hidden_influence_of_social_networks

Commitment und Konsistenz

Menschen streben danach, sich konsistent zu früher gezeigtem Verhalten und Entscheidungen zu zeigen. Sobald wir eine Entscheidung getroffen haben, wird sie in der Eigenwahrnehmung „richtiger", als sie es zuvor war und auch die Einschätzung von Erfolgschancen etc. steigt. Wir wollen überzeugt sein, das Richtige entschieden zu haben bzw. das Richtige zu tun und werden einiges unternehmen, dies auch zu rechtfertigen. Diese Konsistenz mit früherem Verhalten kann so weit gehen, dass wir völlig falsche Dinge tun, nur damit wir konsequent wirken. Verstärkt wird dieser Wunsch nach konsistentem Verhalten dadurch, dass konsequent handelnde Menschen als intelligenter, logischer und ehrlicher wahrgenommen werden.

Im Verkauf wird das Konsistenzprinzip beispielsweise in der Weihnachtszeit ausgenutzt. Es werden Spielsachen beworben, die Eltern ihren Kindern versprechen. Zur Weihnachtszeit sind diese Spielsachen dann nur in sehr begrenztem Umfang verfügbar, was die Eltern zwingt, andere Geschenke zu kaufen. Zu Beginn des neuen Jahres werden die beworbenen Spielsachen dann verfügbar gemacht und ein großer Teil der Eltern wird diese kaufen, um das ursprüngliche Versprechen einzulösen. Die Geschäfte haben doppelt verkauft.

Auch in Verhandlungen kann der Effekt genutzt werden. Wird einem Verhandlungspartner vor dem Start der Verhandlungen beteuert, dass er als fairer Verhandlungspartner bekannt sei, hat diese einen erkennbaren Einfluss auf das Verhalten. Passiert so etwas „vor aller Augen", wird der Effekt weiter verstärkt. In diesem Sinne werden schriftliche Stellungnahmen verwendet. Einmal fixiert, liegt eine Position vor, die auch weiterhin wirkt.

Ein TED Talk von Derek Sivers (s.u.) zeigt die Abhängigkeit vom Erfolg guter Vorsätze (eigene Entscheidung) und deren Kommunikation an andere auf. Interessant ist dabei, dass ein Gespräch über unsere guten Vorsätze zu einer wahrgenommenen Realität führt, was wiederum den Einsatz für dieses Ziel reduziert. Ein Widerspruch zu Commitment und Konsistenz? Eher ein ergänzender Aspekt, zum Verständnis der Schwierigkeiten, die wir manchmal mit uns selbst haben.

Derek Sivers, „Keep your goals to yourself"

„After hitting on a brilliant new life plan, our first instinct is to tell someone, but Derek Sivers says it's better to keep goals secret. He presents research stretching as far back as the 1920s to show why people who talk about their ambitions may be less likely to achieve them."

Quelle: http://www.ted.com/talks/derek_sivers_keep_your_goals_to_yourself

Autorität

Unter Autorität wird eine Art sozialer Positionierung verstanden, die einer Institution oder Person zugeschrieben wird und nach der sich andere Menschen in ihrem Denken und Handeln richten. Autorität kann aus unterschiedlichen Wahrnehmungen oder Beziehungen kommen, etwa aus Respekt und Anerkennung (z. B. Experten, Traditionen), gesellschaftlichen Rollen (z. B. Eltern, Vorgesetzte, Polizei) oder Glauben resultieren. Autorität hat viel mit dem Vorhandensein von Vertrauen zu tun. Fehlt dieses, wird eine Autorität abgelehnt, wird Vertrauen aufgebaut, entsteht automatisch Autorität.

Ein TED Talk, der sich dem Thema Wissenschaft und Vertrauen widmet, ist der von Naomi Oreskes: „Why we should trust scientists".

Naomi Oreskes, „Why we should trust scientists"

„Many of the world's biggest problems require asking questions of scientists – but why should we believe what they say? Historian of science Naomi Oreskes thinks deeply about our relationship to belief and draws out three problems with common attitudes toward scientific inquiry – and gives her own reasoning for why we ought to trust science."

Quelle: http://www.ted.com/talks/naomi_oreskes_why_we_should_believe_in_science

---

Sympathie

Nach dem bisher Dargestellten wird es nicht überraschen, dass Menschen sich bevorzugt an denen orientieren, die ihnen sympathisch sind, oder die sie für sympathisch oder attraktiv halten. Wie oben bereits dargestellt, gehört auch Ähnlichkeit zu den Faktoren, die Sympathie erzeugen und darüber hinaus genauso funktionieren wie Komplimente, Dinge und Menschen, die wir kennen.

Die Sympathie, die für Menschen empfunden wird, hat auch viel mit Assoziationen und dem Kontext zu tun. Menschen in wenig attraktiven Berufen werden weniger sympathisch empfunden als solche in attraktiven Berufen. Erleben wir Menschen in einem schwierigen Kontext (Autounfall) wirkt sich dies negativ aus, ein positiver Kontext (Urlaubsliebe) dagegen positiv.

Eine Konsequenz von Sympathie und Netzwerken zwischen Menschen zeigt Dave Troy in seinem TED Talk über soziale Netze und was sie uns über Städte verraten.

Dave Troy, „Social maps that reveal a city's intersections – and separations"

„Every city has its neighborhoods, cliques and clubs, the hidden lines that join and divide people in the same town. What can we learn about cities by looking at what people share online? Starting with his own home town of Baltimore, Dave Troy has been visualizing what the tweets of city dwellers reveal about who lives there, who they talk to – and who they don't."

Quelle: http://www.ted.com/talks/dave_troy_social_maps_that_reveal_a_city_s_intersections_and_separations

---

Knappheit

Das Prinzip der Knappheit besagt, dass uns Dinge, die nicht frei verfügbar sind, als wertvoller erscheinen: selten = wertvoll. Dies zeigt sich zum Beispiel bei Fehlprägungen von

Münzen oder Briefmarken, die ihren eigentlichen Wert verloren haben, aber durch die geringe Verfügbarkeit deutlich im Wert steigen. Oder wie es im Shopping-TV heißt: Rufen Sie sofort an, es sind nur noch wenige Stücke verfügbar.

Im Umkehrschluss führt das Knappheitsprinzip dazu, dass seltene Dinge oder Vorrechte nicht wieder hergegeben werden und für den jeweiligen Eigentümer verteidigenswert sind (Reaktanztheorie). Müssen Menschen die knappen Güter dann noch gegen Wettbewerb verteidigen, werden ungeahnte Kräfte freigesetzt. Die emotionale Erregung des Gedankens an den Verlust überlagert logisches Denken und eine rationale Abwägung von Aufwand, Risiken und notwendigem Einsatz.

Ein TED Talk, der sich mit dem Wohlergehen von Menschen und dem Beitrag von Staaten befasst, ist von Nic Marks, der seinen „Happy Planet Index" vorstellt. Darin spielen Knappheiten und die Verteilung von Ressourcen eine wesentliche Rolle.

Nic Marks, „The Happy Planet Index"

„Statistician Nic Marks asks why we measure a nation's success by its productivity – instead of by the happiness and well-being of its people. He introduces the Happy Planet Index, which tracks national well-being against resource use (because a happy life doesn't have to cost the earth). Which countries rank highest in the HPI? You might be surprised."

Quelle: http://www.ted.com/talks/nic_marks_the_happy_planet_index

Beim Überzeugen bedenken

Name-Letter-Effect:

Peter Bertram lässt sich wahrscheinlich eher von Plan B überzeugen als Volker Ahrens, der sich wohl wiederum leichter für Vorschlag A begeistern lässt. Der Grund: Wir mögen Dinge lieber, die die gleichen Buchstaben enthalten wie unser Name – wobei Anfangsbuchstaben besonders ins Gewicht fallen. Die Psychologie bezeichnet die Liebe zu den eigenen Buchstaben als Name-Letter-Effect, also Name-Buchstabe-Effekt.

Rhyme-as-Reason-Effect:

Im Wein liegt die Wahrheit, im Reim wird sie vermutet. Aussagen, die sich reimen, glauben wir eher als solchen, die sich nicht reimen. Das hängt damit zusammen, dass das Gehirn Gereimtes besonders gut verarbeiten kann. Weil der Reim wie eine Begründung wirkt, hat die Forschung den Effekt Rhyme-as-Reason-Effect genannt.

Presenter's Paradox:

Ein starkes Argument wiegt stärker, wenn es allein steht, als wenn ihm weitere weniger starke Argumente zur Seite gestellt werden. Das liegt an der Art, wie das Gehirn Argumente zu einem Thema verarbeitet, nämlich holistisch. Die Argumente werden addiert und durch ihre Anzahl geteilt. Obwohl die Argumente in der Summe mehr wiegen, bringen sie insgesamt weniger Gewicht auf die Meinungswaage als das starke Argument allein. Weil das paradox ist, wird der Effekt Presenter's Paradox genannt, übersetzt: Geber-Paradoxon.

Zero-Risk-Bias:

Jedes Risiko verlangt vom Gehirn Aufmerksamkeit, deshalb mag das Gehirn keine Risiken und versucht, deren Anzahl zu minimieren. Das ist der Grund, warum wir lieber ein großes Risiko eingehen als drei kleine, auch wenn das Gesamtrisiko im zweiten Fall geringer ist. Die Psychologie nennt diese Präferenz Zero-Risk-Bias: Nullrisiko-Verzerrung. Für die Präsentation von Ideen bedeutet das: Vernachlässigbare Risiken vernachlässigen und das größte Risiko mutig ansprechen. Psychologischer Merksatz: Ein Risiko allein stellt einer Idee kein Bein.

False-Uniqueness-Effect:

Wir halten uns für viel außergewöhnlicher, als wir eigentlich sind. Und wir streben danach, uns von anderen Menschen abzuheben. In der Psychologie werden diese beiden Tendenzen unter dem Begriff False-Uniqueness-Effect zusammengefasst: der Effekt der falschen Einzigartigkeit. Dieser Effekt ist der Grund dafür, dass eigentlich belanglose Aussagen wie „Diese Meinung ist Mainstream" oder „Das sind die gängigen Bedenken" auf viele Menschen wie starke Argumente wirken und tatsächlich dazu führen können, dass sie ihre Meinung ändern.

Quelle: Volker Kitz, Manuel Tusch, „Unlogisch überzeugen". managerSeminare, April 2014

7.9   Wahrnehmungsverzerrungen und Beurteilungsfehler

Manche Redner sind davon überrascht, dass ihr Publikum auf Aussagen nicht so reagiert, wie sie es erwartet haben. Dies kann unter Umständen daran liegen, dass die wahrgenommene Nachricht und die Intention des Redners nicht übereinstimmen. Es ist zu Fehlwahrnehmungen oder Beurteilungsfehlern gekommen. Dies passiert leider häufiger, als die meisten Menschen glauben und daher sollen hier ein paar Hinweise auf die häufigsten Abweichungen folgen. Diese sind eigentlich für Führungskräfte gedacht, die sich auf Beurteilungsgespräch mit ihren Mitarbeitern vorbereiten, können aber ebenso gut für die Vorbereitung einer Rede dienen, wenn der Redner prüfen will, ob in seiner Geschichte oder der geplanten Dramaturgie potenzielle Stolperfallen liegen.

Die Qualität eines Beurteilungssystems und die Zielerreichung hängen stark vom Beurteilenden ab, hier unseren Zuhörern. Jeder Mensch hat eine andere Wahrnehmung, eine andere Sicht der Dinge. Nur wer sich selbstkritisch hinterfragt, oder potenzielle Missverständnisse von vornherein vermeidet, beugt Beurteilungsfehlern vor. In der Praxis treten immer wieder die folgenden Beurteilungsfehler auf (Tab. 7.2).

Tab. 7.2 Zeitschema eines Barcamp im Juni 2015 in Berlin. Die einzelnen Beiträge wurden von Freiwilligen zu Beginn des Barcamp vorgestellt

1. Tendenzen zu bestimmten Beurteilungen	Mildetendenz
	Strengetendenz
	Tendenz zur Mitte
2. Wahrnehmungsfehler	Implizite Persönlichkeitstheorien
	Halo-Effekt
	Sympathie-Effekt
	Stereotype
3. Effekte durch die Reihenfolge der Beobachtung	Recency-Effekt
	Verschiebung des Beziehungsrahmens
4. Sonstige zufällige Effekte	Stimmungs-Effekt
	Umgebungseffekt

Mildetendenz

Die Führungskraft tendiert dazu, den Mitarbeiter eher wohlwollend einzuschätzen und negative Urteile zu vermeiden. Mögliche Gründe dafür könnten sein, dass die Führungskraft einen bereits gewonnenen positiven Eindruck nicht gefährden möchte bzw. sie einen relativ niedrigen Leistungsstandard zugrunde legt (z. B. aus einem ausgeprägten Harmoniebedürfnis heraus).

Strengetendenz

Die Führungskraft tendiert dazu, den Mitarbeiter eher kritisch einzuschätzen. Ursache kann sein, dass die Führungskraft einen negativen Eindruck vom Mitarbeiter oder einen sehr hohen Leistungsstandard gesetzt hat.

Tendenz zur Mitte

Die Führungskraft tendiert dazu, den Mitarbeiter auf einem mittleren Niveau zu beurteilen und damit Extremurteile zu vermeiden. Die Tendenz wird häufig dann gezeigt, wenn die Führungskraft sich hinsichtlich ihrer Einschätzung des Mitarbeiters unsicher ist oder ihre Einschätzung im Mitarbeiterbeurteilungsgespräch nicht begründen möchte.

Implizite Persönlichkeitstheorien

Viele glauben, den Charakter einer Person an bestimmten Merkmalen festmachen zu können. Solche „Theorien" über die Persönlichkeit unserer Mitmenschen prägt die Wahrnehmung stark. Sinn dieser Theorien ist eine schnelle Einschätzung unbekannter Personen (z. B. bei neuen Mitarbeitern). Beispiele für implizite Persönlichkeitstheorien sind: „Gut gekleidete Menschen sind intelligenter als schlecht gekleidete" oder „Menschen mit einem schwachen Händedruck sind weniger durchsetzungsstark".

Der erste Eindruck wird stark durch implizite Persönlichkeitstheorien beeinflusst und hat häufig großen Einfluss auf die Wahrnehmung und das Verhalten der Führungskraft.

Halo-Effekt (Überstrahlungseffekt)

Der Gesamteindruck, den die Führungskraft von einem Mitarbeiter gewonnen hat, entscheidet darüber, welche Eigenschaften er dem Mitarbeiter zuschreibt. Ist der gefühlsmäßige Gesamteindruck eher positiv, tendiert die Führungskraft dazu, dem Mitarbeiter auch andere gute Eigenschaften zuzuschreiben.

Sympathie-Effekt

Der Grad der gegenseitigen Sympathie beeinflusst ebenfalls die Beurteilung. Personen, die besonders sympathisch wirken, werden insgesamt positiver beurteilt – insbesondere, wenn der Mitarbeiter in bestimmten Verhaltensbereichen der Führungskraft ähnelt oder die Führungskraft durch den Mitarbeiter an eine sympathische Person erinnert wird.

Stereotype

Stereotype beziehen sich auf bestimmte Gruppen von Menschen, Professoren sagt man Zerstreutheit nach und Buchhaltern Gewissenhaftigkeit und Verschlossenheit.

Recency-Effekt
Kürzlich aufgetretene Verhaltensweisen sind stärker im Gedächtnis und verzerren die Beurteilung. Das kontinuierliche Sammeln einer Vielzahl von Einzelbeobachtungen hilft, diesem Effekt vorzubeugen.

Verschiebung des Bezugsrahmens
Die Einschätzung, ob ein Mitarbeiter gute Leistung erbringt, erfolgt immer innerhalb eines bestimmten Bezugsrahmens. Dieser Bezugsrahmen beinhaltet z. B. die Einschätzung darüber, wie die Qualität der vergangenen beruflichen Leistungen bzw. das vorjährige Ergebnis der Mitarbeiterbeurteilung war. Zudem spielt auch ein Vergleich zwischen den einzelnen Mitarbeitern eine große Rolle. Es besteht z. B. die Gefahr, dass die Beurteilung eines Mitarbeiters stark von den Kompetenzen der anderen Kollegen abhängig gemacht wird.

Stimmungs-Effekt
Auch die situative Stimmung der Führungskraft beeinflusst die Beurteilung. Gute Stimmung führt zu einer eher positiven, schlechte Stimmung zu einer eher negativen Beurteilung.

Umgebungseffekt
Die Umgebung, innerhalb derer das Mitarbeiterbeurteilungsgespräch geführt wird, beeinflusst die Führungskraft (aber auch den Mitarbeiter). So ist es vorstellbar, dass sich dunkle, triste Räume oder eine starke Geräuschkulisse negativ auf die Atmosphäre auswirken und auf diese Weise zu dem oben beschriebenen Stimmungs-Effekt führen.

Hier geben wir einige Tipps, wie Sie diesen Beurteilungsfehlern vorbeugen können, wenn Sie eine eigene Rede vorbereiten:

- Wenn Sie ein „Randthema" oder ein Thema, das besonders emotional wirken könnte, vorbereiten, seien Sie besonders kritisch.
- Fragen Sie andere Personen, wie ein Text oder ein Auftritt auf sie wirkt.
- Überlegen Sie, welchen Ersteindruck sie erzeugen wollen.
- Was soll das Publikum vor allem in Ihnen sehen? Was soll es an Ihnen wahrnehmen?
- Welche Passagen der Rede sind gefährdet, falsch oder unvollständig verstanden zu werden? Wo unterscheidet sich die eigene Aussage von der allgemeinen Meinung, „Wahrheiten" oder Gewohnheiten? Diese Stellen besonders intensiv ausarbeiten.
- Prüfen sie den Kontext in Ihrer Darstellung und den Kontext für die Rede. Wo muss der Kontext besonders erläutert werden oder wird der gegebene Kontext besonders wirksam sein?

Auch bei TED spielte das Thema bereits eine Rolle. Besonders erwähnt werden soll Dan Ariely, der bereits fünf TED Talks hielt. Er ist Professor für Psychologie und Verhaltensökonomie an der Duke University. Sein Buch „Predictably Irrational" ist inzwischen ein Bestseller. In seiner Arbeit hinterfragt er immer wieder die Kräfte, die menschliches Verhalten beeinflussen und die oft irrationalen Verhaltensweisen, die Menschen an den Tag legen. Seine TED Talks finden Sie unten:

Dan Ariely, „How equal do we want the world to be? You'd be surprised"

„The news of society's growing inequality makes all of us uneasy. But why? Dan Ariely reveals some new, surprising research on what we think is fair, as far as how wealth is distributed over societies… then shows how it stacks up to the real stats." (2015)

Quelle: http://www.ted.com/talks/dan_ariely_how_equal_do_we_want_the_world_to_be_you_d_be_surprised

„What makes us feel good about our work?"

„What motivates us to work? Contrary to conventional wisdom, it isn't just money. But it's not exactly joy either. It seems that most of us thrive by making constant progress and feeling a sense of purpose. Behavioral economist Dan Ariely presents two eye-opening experiments that reveal our unexpected and nuanced attitudes toward meaning in our work." (2012)

Quelle: http://www.ted.com/talks/dan_ariely_what_makes_us_feel_good_about_our_work

„Beware conflicts of interest"

„In this short talk, psychologist Dan Ariely tells two personal stories that explore scientific conflict of interest: How the pursuit of knowledge and insight can be affected, consciously or not, by shortsighted personal goals. When we're thinking about the big questions, he reminds us, let's be aware of our all-too-human brains." (2011)

Quelle: http://www.ted.com/talks/dan_ariely_beware_conflicts_of_interest

„Our buggy moral code"

„Behavioral economist Dan Ariely studies the bugs in our moral code: the hidden reasons we think it's OK to cheat or steal (sometimes). Clever studies help make his point that we're predictably irrational — and can be influenced in ways we can't grasp." (2009)

Quelle: http://www.ted.com/talks/dan_ariely_on_our_buggy_moral_code

„Are we in control of our own decisions?"

„Behavioral economist Dan Ariely, the author of Predictably Irrational, uses classic visual illusions and his own counterintuitive (and sometimes shocking) research findings to show how we're not as rational as we think when we make decisions." (2008)

Quelle: http://www.ted.com/talks/dan_ariely_asks_are_we_in_control_of_our_own_decisions

7.10 Gedanken zum Zuhören

In diesem Buch geht es darum, wie wir eine Rede, Präsentation oder ein Verkaufsgespräch so gestalten, dass es die Zuhörer fesselt, inspiriert und zu einer Handlung bewegt. Hierzu haben wir viele Aspekte, von der Funktionsweise unseres Gehirns, über die Entwicklung einer wirksamen Geschichte, bis zu konkreten Tipps für den Bühnenauftritt diskutiert. Dies alles nutzt aber nur dann, wenn das Publikum auch zuhört. Daher wollen wir im Folgenden die Betrachtung einmal drehen und ein paar Überlegungen zum Zuhören anstellen.

Dazu zunächst eine Frage: Sind Menschen effiziente Zuhörer? Die Meisten leider nicht. In der Regel können wir unmittelbar nach einem Gespräch nur rund 50 % des Inhalts korrekt wiedergeben. Davon sind dann viele Informationen falsch zitiert oder aus dem Zusammenhang gerissen. Im Allgemeinen liegt die Effizienz unseres Zuhörens bei mageren 25 %.

In Gruppen wird von Sprechern/Rednern erwartet, dass:

- die Äußerungen klar und präzise sind,
- die Meinungen und Standpunkte der Anderen umgehend erfasst und respektiert werden,
- schnell auf Veränderungen der Stimmung, neue Informationen etc. reagiert wird.

Die Zuhörer sollen daher nicht mit den Gedanken abschweifen, sich auf Papiere und andere schriftliche Informationen konzentrieren oder die Effizienz im Zuhören auf andere Weise reduzieren. Zu schnell verpassen sie das Wesentliche oder reagieren vielleicht sogar verkehrt.

Das „aktive" Zuhören ist ein komplexes Verhalten, das die Fähigkeit zum Hören und die Wahrnehmung von Reaktionen umfasst. Prinzipiell lassen sich vier Arten des Zuhörens unterscheiden:

1. Verständnis-Zuhören: Was meinen die Anderen?
2. Empathie-Zuhören: Wie fühlen sich die Anderen?
3. Kritik-Zuhören: Was ist meine Meinung?
4. Respekt-Zuhören: Mag oder schätze ich, was andere sagen?

Erfolgreiche Sprecher sind meist auch gute Zuhörer. Sie wissen, wann sie welche Art des Zuhörens einsetzen oder an welche Art des Zuhörens „appellieren" müssen. Gleichzeitig sind sie auch beim Zuhören proaktiv, d. h. sie warten nicht bis Missverständnisse auftreten, sondern klären potenzielle Unverständlichkeiten sofort. Darüber hinaus achten Sie darauf, dass alle in der Gruppe dem Geschehen folgen. Als Redner greifen Sie beispielsweise Fragen und Widerstände der Zuhörer proaktiv auf und geben Antworten, bevor die Zuhörer dies selber versuchen und geistig abschweifen.

Wie können wir unsere Zuhör-Fähigkeiten verbessern? Für Redner empfiehlt es sich, die eigene Zuhörfähigkeit bewusst zu trainieren und die dabei gewonnenen Erkenntnisse in der Vorbereitung eigener Reden zu nutzen. Als Erstes halten wir uns an die goldene Regel: Höre einem anderen zu, wie Du es von ihm erwartest. Dieser Regel zu folgen ist gar nicht einfach. Sie bedeutet, dass wir unsere eigenen Interessen, Meinungen, Klischees usw. vorübergehend ignorieren. Während wir einem anderen zuhören, versuchen wir uns „in seine Schuhe zu stellen". Wir respektieren ihn als Menschen, inklusive seiner Interessen, Meinungen, Klischees usw. Das kann ganz schön hart sein und die Realität sieht daher meist anders aus.

Viele Menschen sind so damit beschäftigt, ihre eigenen Ideen zu „verkaufen" und sich selbst zu bestätigen, dass es verwundert, wie viel sie doch aus den Gesprächen mitnehmen. Lassen Sie uns einige grundlegende Strategien entwickeln, mit denen Sie ein effektiver und „aktiver" Zuhörer werden:

1. Störungen ausschalten
2. Kernsätze identifizieren
3. Non-verbale Signale einbeziehen
4. Zusammenfassen
5. Durchdenken
6. Die Gruppe unterstützen

Störungen ausschalten
Sie treten in Meetings bzw. Gesprächen in den unterschiedlichsten Formen auf. Lärm in Form von Seitengespräche oder Handyklingeln gehört hier ebenso dazu, wie eine zu hohe Raumtemperatur, Unterbrechungen usw. Störungen können auch durch Teilnehmer eines Meetings entstehen. Möglicherweise spricht jemand zu laut, zu leise, undeutlich und besonders beliebt, zu monoton. Auch Verhaltensweisen, sprachlicher Ausdruck, Herumspielen mit dem Kugelschreiber oder sogar das Aussehen können auf andere störend wirken.

Wenn Störungen von außen kommen, können sie durch organisatorische Maßnahmen und Disziplin beseitigt werden. Scheuen Sie sich auch nicht, das Fenster zu öffnen, wenn die Luft zu schlecht wird oder andere unterstützende Maßnahmen zu initiieren. Entstehen die Störungen in der Gruppe, sprechen sie das zugrunde liegende Verhalten offen an. Einer freundlichen Bitte lauter zu sprechen oder die zu kleine Schrift auf der Folie verbal zu unterstützen, kann sich niemand entziehen. Gleichzeitig signalisieren sie dem Sprecher auch, dass Sie an seinen Ausführungen interessiert sind.

Tipp: Handys ausschalten. Während einer Rede oder einem Verkaufsgespräch ist das Klingeln eines Handys extrem störend. Viele Menschen vergessen einfach, das eigene Gerät vorher auszuschalten. Ein Redner kann dies vermeiden, indem er vorab diesen Punkt adressiert. Die einfachste Variante ist, das eigene Gerät unmittelbar vor dem Start der Rede demonstrativ auszuschalten. Bei Konferenzauftritten und anderen Großveranstaltungen kann eine humorvolle Variante darin bestehen, den Zuhörern einen Tipp zu geben: „Und nach dem Vortrag bitte nicht vergessen, das eigene Handy wieder einzuschalten!"

Kernsätze identifizieren

Gute Zuhörer sind in der Lage die zentralen Aussagen einer Mitteilung zu identifizieren. Sie erkennen, was Meinung und was Tatsachen sind, und können zwischen Argumentation und Beweis unterscheiden. Schlechte Zuhörer dagegen neigen dazu, sich nur an einzelne, isolierte Aussagen zu erinnern.

Zugegebenermaßen hängt dabei auch viel vom Sprecher ab. Wenn sich jemand nicht klar und präzise ausdrückt oder die eigentliche Aussage in einem nicht endenden Wortschwall versteckt, ist es für jeden Zuhörer schwer zu folgen. Gute Zuhörer lassen sich davon jedoch nicht beeindrucken und bitten den Redner beispielsweise um „eine kurze Zusammenfassung des Gesagten in drei Sätzen". Eine andere Strategie ist die Bitte um einen Kommentar zu einer kurzen eigenen Zusammenfassung. Derartige Unterbrechungen sind nicht unhöflich oder unpassend, sondern helfen allen Zuhörern und auch dem Redner sich auf das Wesentliche zu konzentrieren.

Non-verbale Signale einbeziehen

Redner fassen nicht alles, was sie bewegt in Worte. Häufig sind daher non-verbale Signale besser geeignet zu erkennen, was wirklich gemeint ist. Eine Veränderung der Lautstärke, der Betonung oder eine Pause können auf das hinweisen, was der Sprecher (bewusst oder unbewusst) für besonders bedeutsam hält. Die Mimik sagt viel darüber aus, wie eine Aussage empfunden wird, freudig, ängstlich, ärgerlich usw.

Aber Vorsicht, Körpersprache kann leicht missverstanden werden. Die Interpretation hängt vom Kontext ab und vielfach gibt es mehrere Interpretationsmöglichkeiten. Gute Zuhörer werden ihre Interpretation daher überprüfen, indem sie den Sprecher direkt danach fragen, ob sie die Signale richtig verstehen: „Heißt Ihr Nicken, dass Sie dem Vorschlag zustimmen?"

Zusammenfassen

Zusammenfassung heißt, die Aussagen Anderer so wiederzugeben, wie diese sie wahrscheinlich gemeint haben. Zusammenfassung ist damit eine Art Feedback in Form einer Frage: „So habe ich es verstanden – ist das so gemeint?" In der Praxis neigen wir dazu, zu früh zu glauben, wir hätten verstanden, was der Redner meint.

Zusammenfassen heißt nicht wiederholen, es bedeutet mit eigenen Worten das Gesagte wiedergeben. Zusätzlich gehört die Frage nach Bestätigung dazu.

Eine Zusammenfassung kann somit auch andere Zwecke erfüllen:

Klärung eines Sachverhaltes: „Als Du sagtest, Du würdest Herrn Müller nicht vom Flughafen abholen, hast Du gemeint, dass ich es tun soll?"

Einverständnis prüfen: „Du hast gesagt, dass Du die Arbeit übernimmst. Ich habe aber das Gefühl, dass Du mit der Entscheidung nicht glücklich bist."

Ergebnisse zusammenfassen: „Was alle zu sagen scheinen ist, dass unser Unternehmen in den nächsten… Richtig?"

Durchdenken

Einer der wichtigsten Ratschläge zum Zuhören ist, erst zu durchdenken und dann zu reagieren. Nichts anderes ist gemeint mit: „Nicht aufregen, zähl erst einmal bis zehn". Diese Weisheit gilt nicht nur für unangenehme Situationen sondern generell. Bevor wir auf das Gesagte reagieren, sollten wir uns sicher sein, es auch verstanden zu haben. Nur dann sind wir auch in der Lage angemessen zu reagieren.

Die Gruppe unterstützen

In effektiven Gruppen unterstützen sich die Mitglieder gegenseitig beim Verständnis von Aussagen. Dies kann beispielsweise dadurch erfolgen, dass ein erfahrener Zuhörer, als eine Art „Übersetzer", wiedergibt, was unter dem gerade Gesagten zu verstehen ist. Eine andere Möglichkeit ist die regelmäßige „Überprüfung" des gemeinsamen Verständnisses durch kurze Fragerunden. Besonders wertvoll ist die Hilfe, wenn einzelne Gruppenmitglieder erregt sind, z. B. in einer Konfliktsituation. Dann ist die Zusammenfassung und Gegenüberstellung der Standpunkte vielfach der erste Schritt zu einer Lösung. In vielen Fällen wird ein aufmerksamer Zuhörer ohnehin feststellen, dass die Kontrahenten mehr gemeinsam haben, als diese selber denken.

Ebenso wichtig wie das Zuhören bei anderen Rednern, ist es sich selbst zuzuhören. Ihre Beiträge werden qualitativ gewinnen, wenn Sie in der Lage sind, die Reaktionen der Zuhörer auf Ihre Beiträge zu erfassen und zu bewerten. Zwei Strategien können Ihre Fähigkeit sich selbst zuzuhören steigern.

Die erste Strategie ist die Übersetzung von Zuhörer-Reaktionen in Handlungsanweisungen bezüglich Ihrer Art zu sprechen und zuzuhören. Hilfreich sind Fragen wie:

- Hören mir alle zu oder spreche ich wie gegen eine Wand?
- Verstehen alle, was ich sage, oder werden häufiger Verständnisfragen gestellt bzw. in Seitengesprächen geklärt?
- Verändern sich meine Stimme und mein Herzschlag, wenn ich einen kontroversen Punkt oder einen Zuhörer mit anderer Meinung anspreche?

Die zweite Strategie, sich über das eigene Zuhörverhalten klar zu machen, ist die eigenen Gedankenprozesse zu beobachten. Diese Strategie berücksichtigt, dass man in einer Gruppe nicht immer sagen sollte, was man sagen möchte.

Um dies zu illustrieren schauen wir uns folgende hypothetische Situation an:

Ein mittelständisches Unternehmen möchte ein neues Produkt auf den Markt bringen. Dieses soll dem Unternehmen ermöglichen, die derzeit schwierige wirtschaftliche Situation zu meistern. Um ein möglichst optimales Ergebnis zu erzielen, wird ein Komitee gegründet, das alle wesentlichen Entscheidungen in diesem Projekt treffen soll. Seit einiger Zeit kommt es zu mehr und mehr Spannungen zwischen dem Vertreter der Entwicklungsabteilung und dem Vertreter der Finanzabteilung, die gegensätzliche Interessen vertreten.

Der Streit lähmt die Kommissionsarbeit inzwischen soweit, dass keine Entscheidungen mehr möglich sind.

Wenn Sie ein Mitglied der genannten Kommission wären, was könnten Sie tun, um die Situation zu verbessern? Viel hängt davon ab, ob Sie in der Lage sind, anderen und sich selbst Zuzuhören und sich an die goldene Zuhörregel zu halten. Die folgenden Fragen könnten Ihnen helfen, Ihre eigenen Gedanken zu strukturieren:

1. Was möchte ich sagen? „Ich wünschte, Sie beiden würden sofort aufhören sich wie im Kindergarten zu benehmen. Wir anderen haben keine Lust auf Ihre Spielchen."
2. Was sind die Folgen, wenn ich sage, was ich sagen möchte? Beide werden verärgert bzw. verletzt sein und der Rest der Gruppe wird noch weiter frustriert.
3. Habe ich verstanden, was gesagt wurde? Was versucht jede Seite auszudrücken? Meint der Entwicklungsvertreter mit „fehlender Marktreife", das das Produkt nicht funktionieren wird oder etwas anderes? Meint der Finanzvertreter mit „überzogene Entwicklungskosten" die direkten Ausgaben für die Entwicklung oder etwas anderes?
4. Habe ich kritisch zugehört? Liegt einer der beiden Kontrahenten falsch? Beide haben gute Argumente vorgebracht, rutschen jetzt aber zunehmend ins Persönliche ab.
5. Habe ich emphatisch zugehört? Wie würde ich mich in der Haut der Kontrahenten fühlen? Vielleicht wäre ich genauso aggressiv?
6. Habe ich respektierend zugehört? Haben die beiden Streithähne nützliche Beiträge geliefert, die wir aufnehmen und weiter entwickeln können?
7. Gut, was soll ich jetzt sagen? Ich sollte als Vertreter der Gruppe sprechen beiden Kontrahenten mitteilen, wie sehr wir ihre Beiträge schätzen. Die Gruppe als Ganzes wird durch den Konflikt jedoch in ihrer Arbeit behindert und die Frage ist, was wir gemeinsam tun können, um diesen Konflikt zu bewältigen.

Nehmen Sie sich die Zeit, sich die Fragen zu stellen, um einen angemessenen und nützlichen Beitrag zu entwickeln. Die Betrachtung der Situation aus den verschiedenen Blickwinkeln hilft Ihnen, sich auf die Anderen einzustellen und viele Schwierigkeiten im menschlichen Miteinander zu vermeiden bzw. aufzulösen.

In der Praxis ist es nicht immer einfach, sich auf allen Ebenen auf andere Menschen einzustellen. Je nach unserer eigenen Persönlichkeit und der des Anderen werden bestimmte Formen des Zuhörens leichter, andere schwerer umzusetzen sein. So wird ein introvertierter Mensch wahrscheinlich ein aufmerksamerer Zuhörer sein, als ein Extrovertierter, der eher sich selbst darstellt. Viele Männer neigen dazu auf das „Was" (Verständnis, Kritik) zu hören, während viele Frauen eher nach dem „Wie" (Empathie, Respekt) fragen. Kommen dann noch interkulturelle Unterschiede dazu, wird es noch schwerer, den Partner sicher zu erfassen und angemessen zu reagieren. In solchen Situationen hilft meist nur eins: Sprechen Sie offen über Ihr Bild einer Situation und fragen Sie den Anderen, wie er dieses beurteilt.

Zusammengefasst können wir feststellen, dass „aktives" Zuhören harte Arbeit ist. Es fällt uns häufig schwer, die eigenen Interessen zugunsten der Interessen anderer zurückzustellen. In einer Gruppe geht es jedoch genau darum, eine Balance zwischen allen Interessen zu finden. Nur wenn dies gelingt, wird die Gruppe leistungsfähig, erfolgreich und damit zufrieden sein.

Gutes Zuhören ist ein wesentlicher Schlüssel zu Ihrem Erfolg als Redner

Bis hierher haben wir sechs der ursprünglich definierten Zuhörstrategien angesprochen. Dazu gehört ebenfalls das Thema Geduld. Beim Zuhören ist Geduld eine wesentliche Tugend, die auch nicht von allen beherrscht wird. Wer kennt nicht die netten Zeitgenossen, die keinen Gesprächspartner ausreden lassen können und permanent unterbrechen. Wie reagieren wir darauf? Negativ!

Bitte bringen Sie immer die Geduld auf, den andern ausreden zu lassen. Insbesondere bei Führungskräften ist diese Geduld ein wesentliches Signal. Es zeigt dem Gesprächspartner, dass er respektiert und Wert auf seinen Beitrag gelegt wird.

Ausnahme: Die permanenten Schwätzer und Dauerredner dürfen unterbrochen werden, schließlich wollen wir mit dem Gespräch auch etwas erreichen und unsere Zeit effizient nutzen. Die Unterbrechung sollte allerdings darauf gerichtet sein, zu einem Ergebnis zu kommen. In frühen Gesprächsphasen können Sie auch um eine kurze Zusammenfassung des Gesagten bitten.

Geduld beim Zuhören hat noch einen weiteren Nutzen. Vielfach ergibt sich die Situation, dass ein Gesprächspartner (meist die Führungskraft) über das Gesprächsthema bereits informiert ist und sich seine Gedanken dazu gemacht hat. Falls der Gesprächspartner diese Zeit noch nicht hatte (oder schlicht langsamer denkt), braucht er Zeit zur eigenen Orientierung. Wenn er nun unter verbalem „Dauerfeuer" steht, hat er hierzu keine Chance und wird sich entsprechend reserviert verhalten. Auch hier gilt das Motto: Erst denken (lassen), dann reden.

Abschließend noch ein paar Worte zu den häufigsten Zuhörfehlern:

1. Das Zuhören wird als lästige und unumgängliche Pflicht absolviert. Dem Gesprächspartner entgeht Desinteresse bzw. Unruhe aber – zumindest auf Dauer – nicht.
2. Die Form der „Darbietung" wird überbewertet. Spricht der Gesprächspartner langweilig, ohne Betonungen, oder im Dialekt, so kann dies das Zuhörverhalten negativ beeinflussen. Beiträge von redegewandten und wortreichen Menschen werden häufig positiver beurteilt.
3. Es wird zu schnell ein Urteil über den Gesprächsbeitrag gefällt, häufig gar, wenn der Gesprächspartner noch nicht ausgesprochen hat und bereits eigene Gegenargumente vorbereitet werden. Wichtige Inhalte können durch dieses Überhören verloren gehen.
4. Der Hörer psychologisiert zu viel. Hinter jedem Problem des Gesprächspartners wird ein persönliches Problem vermutet – andere mögliche Gründe werden ausgeblendet.

Tab. 7.3 Frageformen und ihre Wirkung

Art	Beispiel	Was wird erreicht?
Kontakt-/Eisbrecherfrage	Hatten Sie eine angenehme Herfahrt?	Stellt persönlichen Kontakt her, bevor das eigentliche Gespräch beginnt
Offene Frage, sogenannte „W"-Frage	Wie beurteilen Sie das? Was halten Sie von dieser Maßnahme?	Meinungsbild wird eingeholt, der andere wird persönlich angesprochen, großer Antwortspielraum
Geschlossene Frage	Haben Sie den Vorgang bereits beantwortet?	Verlangt präzise Antworten, schränkt Antwortmöglichkeiten ein, meist eine Ja- oder Nein-Antwort
Berichtsfrage (Informatorische Frage)	Was haben Sie bereits in dieser Angelegenheit unternommen?	Verlangt zusammenhängende Darstellung eines Sachverhalts
Weiterführende Frage	Wie würde sich diese Änderung auf den Arbeitsablauf auswirken?	Regt zum Nachdenken an, ohne zu belehren
Suggestivfrage	Ihnen ist doch auch an einer schnellen Entscheidung gelegen?	Zwingt dem Gesprächspartner den eigenen Standpunkt auf
Zweifelsfrage	Sind Sie sich wirklich sicher, dass dies die beste Lösung ist?	Verunsichert, bringt den Gesprächspartner zum Nachdenken
Gegenfrage	Wie meinen Sie das? Sie möchten wissen, ob…? Denken Sie, dass ein…?	Bringt den Gefragten wieder in die Offensive, kann über unsichere Momente weghelfen, gibt Zeit zum Überlegen
Alternativfrage	Welchen meiner beiden Vorschläge gefällt Ihnen?	Es werden zwei Alternativen vorgelegt und der Spielraum eingeengt

5. Eigene Ansichten, Erfahrungen und Ratschläge werden vorschnell mitgeteilt, ohne auf die Bedürfnislage des Redners zu achten.

6. Der Hörer fühlt sich durch Aussagen des Gesprächspartners angegriffen und reagiert mit z. B. Zurechtweisung, Richtigstellung, Unterbrechung, Streit. Eigene Ansichten werden mit diesen Reaktionen möglicherweise vorschnell der anderen Seite übergestülpt.

7. Bei schwieriger Materie wird abgeschaltet. Vorinformationen haben bereits zu einer Meinungsbildung über den Gesprächspartner geführt und beeinflussen die Bereitschaft zuzuhören bzw. nicht mehr genau hinzuhören.

8. Das Zuhören wird übertrieben. Der Gesprächspartner fühlt sich möglicherweise ausgehorcht, wenn keine eigenen Aussagen von der anderen Seite gemacht werden.

9. Die Aussagen werden zu schnell als uninteressant abgewertet.

7.11   Fragen und Fragetechniken

Wer gut zuhören kann, wird auch eine gute Fragetechnik brauchen können, denn Fragen sind eines der stärksten Kommunikationsmittel. Auch auf der Bühne sollten Fragen oft eingesetzt werden. Die Redner verfolgen damit mehrere Ziele, für die unterschiedliche Fragetypen eingesetzt werden können. Hier ein paar Gedanken zur Nutzung von Fragen und Beispiele für deren Einsatz.

Wozu setze ich Fragen ein?

1. Die Antworten auf meine Fragen liefern Informationen
2. Meine Fragen erzwingen die Aufmerksamkeit des Gesprächspartners, denn als höflicher Mensch will er mir ja eine Antwort geben.
3. Fragen regen zum Nachdenken an. Ich muss mir die Antwort auf eine Frage überlegen
4. Wer fragt, der führt. Diese bekannte Weisheit stimmt absolut. Durch geschickte Wahl der Fragen steuere ich das Gespräch in die von mir gewünschten Bahnen.
5. Zeit verschaffen. Zeit, die meine Gesprächspartner benötigen, um meine Frage zu beantworten, kann ich für eigene Überlegungen nutzen.
6. Missverständnisse lassen sich vermeiden, indem ich meine impliziten Erwartungen oder Vermutungen durch Fragen überprüfe. In einem Kommunikationsprozess setzen wir unbewusst viele Aspekte als gegeben voraus. Unsere impliziten Erwartungen, „Fachchinesisch" etc. können die Kommunikation beeinflussen, ohne das den Gesprächspartnern dies offensichtlich wird. Fragen erlauben, diese verdeckten Teile der Kommunikation ans Licht zu bringen.

Nicht zuletzt verbessern Fragen und Antworten das Verständnis von der Sache, dem Verständnis des anderen, der bestehenden Beziehung und der erwünschten Handlung. Um die genannten Vorteile des Fragens nutzen zu können, sollten unterschiedliche Formen von Fragen sinnvoll eingesetzt werden (Tab. 7.3).

7.12   Liste rhetorischer Stilmittel

Die folgende Liste zeigt einige rhetorische Stilmittel, die in der Vorbereitung eines Talk genutzt werden können. Allein die Überlegung, welche Hilfsmittel für die gewählte Story hilfreich sein können, wird die sprachliche und argumentative Qualität der Story steigern.

Accumulatio:	Mehrfachnennung thematisch zusammengehörender Begriffe. Beispiel: Sonne, Mond und Sterne …
Anapher:	Wiederholung am Satz- oder Versanfang. Beispiel: „I have a dream" in der berühmten Rede von Martin Luther King.
Antizipation:	Eine Vorausschau in die Zukunft.
Antitheton:	Gegenüberstellung zweier entgegengesetzter Gedanken, die allerdings keinen Widerspruch darstellen. Beispiel: Das wird eher schaden als nutzen.
Bathos:	Gegenüberstellung von höheren und niedrigeren Werten. Beispiel: Das Unwetter zerstörte mehrere Häuser und machte viele Menschen obdachlos. Zwei Küken fielen aus dem Nest.
Chiffre:	Begriff oder Zeichen, das nur Eingeweihten verständlich ist. Beispiel: Dunkelheit als Synonym für Depression.
Correctio:	Korrektur, Verbesserung des Gesagten. Beispiel: Wir waren erfolgreich, nein, wir triumphierten.
Diminutiv:	Verniedlichung, Kosenamen. Beispiel: Schnuckilein.
Dysphemismus:	Abwertung, Schimpfwort, Herabstufung. Beispiel: Saftschubse statt Flugbegleiterin.
Emphase:	Nachdrückliche Hervorhebung eines Wortes zur Gefühlsverstärkung. Beispiel: „Menschen! Menschen! Falsche heuchlerische Krokodilsbrut!" (Schiller)
Enumeration:	Aufzählung. Beispiel: die Großen, die Kleinen, die Dicken, die Dünnen.
Epitheton:	Beiwort, das eigentlich nicht genannt werden braucht. Beispiel: Die weise Athene, der listenreiche Odysseus.
Euphemismus:	Beschönigende Umschreibung. Beispiel: „kräftig" statt „fett", „lebendige Umgebung" statt „lautes Viertel".
Evidenz:	Auflistung, die konkretisiert, detailliert. Der Hauptgedanke wird in mehrere Teilgedanken aufgeteilt, die als Aufzählung erscheinen, den Hauptgedanken aufgreifen und über Detailaspekte unterstützen.
Exclamatio:	Ausruf. Beispiel: „Los, auf Ihr Recken."
Floskel:	Phrase, die keinerlei inhaltlichen Wert besitzt. Beispiel: Ein Mann muss tun, was ein Mann tun muss.
Framing:	Im Framing wird eine Nachricht, eine Marke oder ein anderer „Kommunikationsinhalt" mit einem Kontext verknüpft bzw. eingebettet. Framing wird gezielt eingesetzt, um den Inhalt „aufzuladen", d. h. eine Assoziation wird erzeugt, z. B. mit Freude, Bedeutung etc.
Hyperbel:	Starke Übertreibung. Beispiel: fuchsteufelswild, Schneckentempo.
Imperativ:	Aufforderung. Beispiel: „Los jetzt!"
Inversion:	Umkehrung der normalen Wortstellung. Beispiel: Charmant ist er, der Frauenliebling.
Ironie:	Verstellung, Vortäuschung, versteckter Spott.

Kakophonie:	Unangenehme oder unästhetische Laute oder Klänge. Beispiel: Rex Xerxes.
Klimax:	Stufenweise Steigerung. Beispiel: „Sie bekommen nicht 6, nicht 8, nicht 10 Aale, nein 12 und ich lege noch eine Scholle drauf."
Konzetto:	Geistreich-witziges Gedankenspiel. Beispiel: In seiner Amtszeit hätte man öfter mal auf den Bush klopfen sollen.
Lautmalerei:	Nachahmung eines Lautes oder akustischen Phänomens. Beispiel: schrappschrappschrapp.
Metapher:	Übertragene Bedeutung, bildliche Formulierung. Beispiel: Haupt der Familie.
Neologismus:	Sprachliche Neubildung. Beispiel: Jugendsprache.
Onomatopoesie:	Lautmalerei, durch die der Klang die Bedeutung unterstreicht. Beispiel: Kuckuck, Wuuuusch.
Oxymoron:	Innerer Widerspruch. Beispiel: Hassliebe, beredtes Schweigen.
Parabel:	Eine mit dem Gleichnis verwandte lehrhafte und kurze Erzählung, in der moralische Grundsätze und Fragen bildhaft beschrieben werden.
Paradoxon:	Scheinbarer Widerspruch oder Aussage, die der allgemeinen Meinung widerspricht. Beispiel: Ich weiß, dass ich nichts weiß.
Paralipse:	Vorgebliche Auslassung, der Autor täuscht vor, etwas auszulassen. Beispiel: „Ganz zu schweigen davon, dass Caesar auch in Gallien …"
Periphrase:	Umschreibung eines Begriffs durch Einzelmerkmale. Beispiel: Vater des Wirtschaftswunders.
Sentenz:	Knapper, treffend formulierter Sinnspruch, der einen Satz zusammenfasst und zu allgemeiner Bedeutung erhebt. Beispiel: Die Axt im Haus erspart den Zimmermann.
Sustentio:	Auslöser von Überraschung, da eine Erwartungshaltung über den weiteren Text nicht befriedigt wird. Beispiel: Sein oder nicht sein, das ist hier der Schwank.
Totum pro parte:	Das Ganze steht für einen Teil. Beispiel: Deutschland ist Weltmeister.

Quelle: Auswahl von Stilmitteln: http://de.wikipedia.org/wiki/Liste_rhetorischer_Stilmittel

7.13   **TEDPads Black und White**

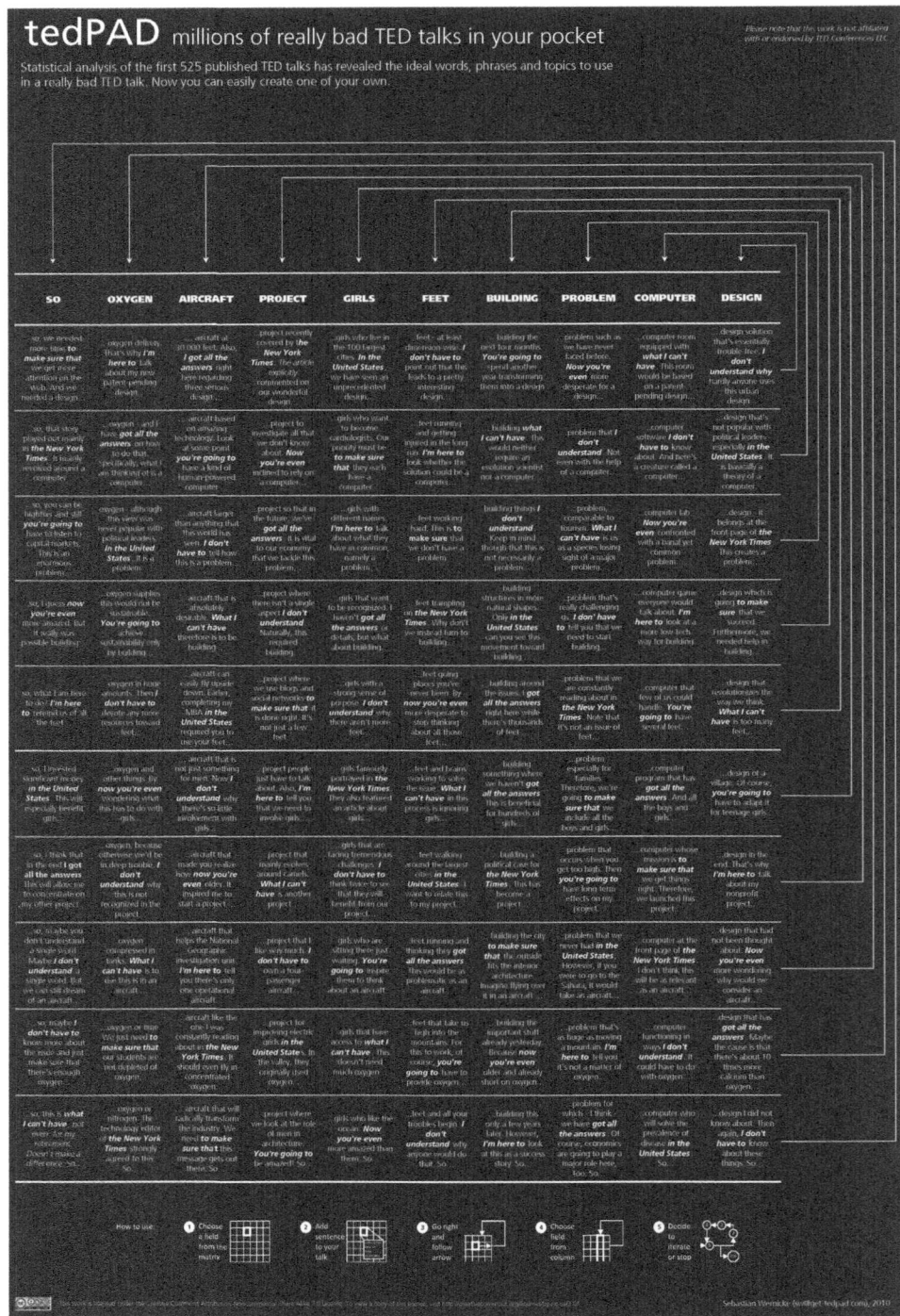

Mit freundlicher Genehmigung von Sebastian Wernicke. Quelle: http://get-tedpad.com

Fazit und Ausblick

Oft sind es kleine Dinge, die die Welt verändern. Sie starten klein und erst mit der Zeit und einer wachsenden Zahl an Unterstützern entsteht die Kraft, Großes zu bewegen. Dies gilt für das Internet, das als Kommunikationsinstrument zwischen Wissenschaftlern für militärische Forschungen in den USA startete, und auch für TED, eine zunächst kleine Konferenz in Kalifornien. Beide sind heute nicht mehr wegzudenken und die Kombination aus „ideas worth spreading" und dem Internet hat dazu geführt, dass Innovationen und fortschrittliches Denken schnell jeden Winkel der Welt erreichen.

Zum Erfolg hat ganz wesentlich beigetragen, dass ein global funktionierender Kommunikationsstil etabliert wurde, der ein hohes Inspirationspotenzial besitzt. Die Verknüpfung aus persönlichen Geschichten und Leidenschaften der Redner mit dem eigentlichen Inhalt wird von allen Menschen weltweit verstanden. In allen Kulturen waren es schließlich Geschichten und Geschichtenerzähler, die das kollektive Gedächtnis bewahrten, aber auch neue Ideen verbreiteten. Die Kommunikation sozialer Gruppen ist stets narrativ angelegt und Menschen orientieren sich an ihrem sozialen Umfeld.

Auch andere Organisationen und Formate nutzen Geschichten. Aber erst die TED hat mit klaren Regeln und einer professionellen Produktion von Web-Videos die Grundlage für die globale Verbreitung der präsentierten Ideen gesorgt. Es wird eine Brücke geschlagen zwischen den nüchternen aber relevanten Informationen auf Basis von Zahlen und Fakten und dem menschlichen Grundbedürfnis, die Geschichte und Leidenschaften hinter diesen Fakten zu erfahren. Erst so erhalten Fakten einen Sinn und den Status „worth spreading".

Die aktuellen Fortschritte in der Kommunikation finden immer mehr Einzug in die Wirtschaftswelt und immer mehr Unternehmen können die Logik von TED Talks in der eigenen Kommunikation nutzen. Hier besteht auch ein entsprechender Bedarf, denn der Erfolg von Unternehmen hängt in Zukunft ganz wesentlich von wirksamer Kommunika-

© Springer Fachmedien Wiesbaden 2016
F. Edelkraut, S. Balzer, *Inspiring! Kommunizieren im TED-Stil*,
DOI 10.1007/978-3-658-09573-4_8

Abb. 8.1 Impression von der
TEDx Hamburg im Juni 2015.
(Foto: Sebastian Gabsch)

tion nach Innen und Außen ab. Den sich verändernden Kommunikationsverhalten und
-erwartungen anzupassen ist ein logischer und notwendiger Schritt.

Gleichzeitig fördern die unter den Stichworten „Industrie 4.0" und „Arbeit 4.0" diskutierten Entwicklungen die Bedeutung der Kommunikation. Eine zunehmende Indivi-
dualisierung von Produkten und Prozessen, eine größere Komplexität und Unvorherseh-
barkeit von Entwicklungen steigert die wahrgenommene Widersprüchlichkeit und in der
Folge ein steigendes Bedürfnis nach Orientierung und Gewissheit. Organisationen und
Unternehmen können diese Bedürfnisse zunehmend weniger bedienen, da sie sich immer
schneller verändern und selber immer komplexer werden. So rücken einzelne Personen in
den Fokus, die durch ihre Rollen, aber vor allem durch Integrität, Inspiration und glaub-
würdige Kommunikation Orientierung bieten und Vertrauen schaffen.

Viele Führungskräfte, die eine entsprechend stärkere Rolle einnehmen sollen oder wollen, verfügen noch nicht über die Kompetenz, das gesamte Spektrum der Kommunikation
von zahlenorientierten Berichten bis hin zu inspirierenden Geschichten, abzudecken. Wer
die gesamte Bandbreite beherrscht, besitzt in der VUCA-Welt allerdings einen echten Vorteil und kann über die Kommunikation seine Wirkung vergrößern.

Für die Zukunft ist zu erwarten, dass die Kombination aus technischen Möglichkeiten
und sozialer Kommunikation weiter an Bedeutung gewinnt und Möglichkeiten eröffnet,
an die heute noch nicht zu denken ist. Die Technik erlaubt größere Effizienz in der Kommunikation und in den Lernprozessen, die eine immer größere Rolle spielen. Schnell ver-
änderliche Welten erfordern eine schnelle Anpassung und damit die Fähigkeit und Bereitschaft Neues zu lernen.

Die Effizienz in der Kommunikation stellt sich aber nur ein, wenn auch effektiv kommuniziert wird, d. h. die richtige Information in der richtigen Weise an die Zielgruppe
gelangt. Inspiration als motivierende Grundlage von Kooperation, Weiterentwicklung und
der Schaffung neuen Wissens und neuer Erkenntnisse spielen dabei eine wachsende Rolle.
Die Menschen, die es schaffen, andere zu inspirieren, werden die wahren Leader der zukünftigen Welt sein – in der Wirtschaft und allen anderen Bereichen des Zusammenlebens.

Literatur

Bücher und Zeitschriftenartikel

Algesheimer, Rene (2013). Hands on Presentations. Universität Zürich

Anderson, Chris (2013). How to give a killer presentation. Harvard Business Review, Juni 2013

Ariely, Dan (2008). Predictably Irrational. Harper Collins

Campbell, Joseph (2008). The Hero with a Thousand Faces. New World Library

Cialdini, R. (2009). Die Psychologie des Überzeugens. Huber

Deiser, Roland, Newton Sylvain (2013). Six social-media skills every leader needs. McKinsey Quarterly, Februar 2013

Donovan, Jeremy (2014). How to deliver a TED Talk. McGraw Hill

Duarte, Nancy (2012). HBR Guide to Persuasive Presentations. Harvard Business Review

Duarte, Nancy (2010). Resonate. John Wiley & Sons

Edelkraut, Frank, Balzer, Stephan (2014). Was Sie von Web-Videos lernen können. Weiterbildung 6/2014

Folkman J. R. (2014). Gute Führung reicht nicht. managerSeminare, Ausgabe 4, S. 72–76

Frisch, Bob, Greene, Cary (2014). Leadership Summits that work. Harvard Business Review, März 2014

Gallo, Carmine (2014). Talk like TED. Mc Millan

Gloger, Axel (2015). Best Practise von der Bühne. managerSeminare, Heft 202, S. 52–55

Kawasaki, Guy (2015). The Art of the Start 2.0. Penguin

Kitz, Volke, Tusch, Manuel (2014). Unlogisch überzeugen. managerSeminare, April 2014

Sattler, Andrea (2015). Weiterbilden in 18 minuten. Personalmagazin, Heft 01/2015, S. 38–39

Schami, R. (2010). Das Geheimnis des Kalligraphen. DTV

Zenger J. H., Folkman J. R. (2012). How to be Exceptional. McGraw Hill, New York

Zenger J. H., Folkman J. R. (2009). The Extraordinary Leader. McGraw Hill, New York

Online-Quellen

TED Playlists, plus educational support material, delivered by Wiley. http://eu.wiley.com/WileyCDA/Section/id-WILEYTED.html

How to design better slides. 10 tips from the TED Blog. http://blog.ted.com/2014/07/15/10-tips-for-better-slide-decks/

© Springer Fachmedien Wiesbaden 2016
F. Edelkraut, S. Balzer, *Inspiring! Kommunizieren im TED-Stil*,
DOI 10.1007/978-3-658-09573-4

Linda Flanagan; What Students Can Learn from Giving TEDx Talks. http://ww2.kqed.org/minds-hift/2014/11/25/what-students-can-learn-from-giving-tedx-talks/. Zugegriffen: 25.11.2014

Gallo, Carmine; Why Your Next Presentation Will Be Compared To A TED Talk. https://www.linkedin.com/pulse/why-your-next-presentation-compared-ted-talk-carmine-gallo. Zugegriffen: 16.03.2015

Lindsay, F.; The 7 universal story plots that still entrance audiences (2015). http://www.sparkol.com/blog/the-7-universal-story-plots-that-still-entrance-audiences/

Toastmaster (2014). http://www.businessinsider.com/toastmasters-public-speaking-champion-da-nanjaya-hettiarachchi-2014-9

Torgovnick May, Kate und Ludoph, Emily (2015). http://blog.ted.com/a-ted-speaker-coach-shares-11-tips-for-right-before-you-go-on-stage/

Zak, Paul J. (2014). Why Your Brain Loves Good Storytelling, Harvard Business Review, Oktober 2014. https://hbr.org/2014/10/why-your-brain-loves-good-storytelling/
https://www.youtube.com/watch?v=q1a7tiA1Qzo

Zenger Folkman (2010), „25 Methods for Inspiring Others – Developing Coaching Skills for All Leaders". http://www.zfco.com/media/articles/ZFA-25-Methods-to-Inspire.pdf

Sachverzeichnis

© Springer Fachmedien Wiesbaden 2016
F. Edelkraut, S. Balzer, *Inspiring! Kommunizieren im TED-Stil*,
DOI 10.1007/978-3-658-09573-4

The manufacturer's authorised representative in the EU is Springer
Nature Customer Service Centre GmbH, Europaplatz 3, 69115 Heidelberg,
Germany. If you have any concerns regarding our products, please
contact ProductSafety@springernature.com

Printed and bound by CPI Group (UK) Ltd, Croydon, CR0 4YY
23/04/2026
02095637-0002